高职高专“十三五”规划教材·公共基础课系列

大学生创业基础

主　编　刘卫锋　张之峰

华中科技大学出版社
中国·武汉

内容简介

《大学生创业基础》包括创业、创业精神与人生发展，创业者与创业团队，创业机会与创业风险，创业资源，创业计划，新企业的开办，创业初期的营销管理，创业初期的财务管理，创业初期的顾客管理等九章内容。通过学习本教材，使学生掌握创业的基础知识和基本理论，熟悉创业的基本流程和方法，了解创业的法律法规和相关政策，激发学生的创业意识，提高学生的社会责任感、创业精神和创业能力，促进学生创业和就业全面发展。

图书在版编目(CIP)数据

大学生创业基础/刘卫锋，张之峰主编. —武汉：华中科技大学出版社，2016.9(2020.10重印)
ISBN 978-7-5680-2193-7

Ⅰ.①大… Ⅱ.①刘… ②张… Ⅲ.①大学生-创业-高等学校-教材 Ⅳ.①G647.38

中国版本图书馆 CIP 数据核字(2016)第 213956 号

大学生创业基础 刘卫锋 张之峰 主编
Daxuesheng Chuangye Jichu

责任编辑：曾仁高
封面设计：原色设计
责任校对：张会军
责任监印：朱 玢
出版发行：华中科技大学出版社(中国·武汉) 电话：(027)81321913
武汉市东湖新技术开发区华工科技园 邮编：430223
录 排：华中科技大学惠友文印中心
印 刷：武汉市洪林印务有限公司
开 本：787mm×1092mm 1/16
印 张：14.25
字 数：370 千字
版 次：2020 年10月第 1 版第 6 次印刷
定 价：39.80 元

前　言

我们正处在一个创新驱动发展、创业生机焕发的时代。在“大众创业、万众创新”成为国家战略之后，全国范围内掀起了一股创业创新的浪潮。据不完全统计，从 2013 年 5 月至今中央层面已经出台至少 22 份相关文件促进创业创新。尤其是针对大学生群体，2015 年 5 月 13 日，国务院办公厅专门下发了《关于深化高等学校创新创业教育改革的实施意见》，明确要求完善人才培养质量标准及培养机制，健全创新创业教育课程体系，改革教学方法和考核方式，强化创新创业实践，改革教学和学籍管理制度，加强教师创新创业及教育教学能力建设，改进学生创业指导服务，完善创新创业资金支持和政策保障体系。

本书按照国家教育部对于高职高专人才培养的具体要求，结合我国高职院校在校学生创业活动的实际情况编写。为满足国家对高校创新创业人才培养的基本需求，兼顾高职高专学生的素质能力现实，本书将知识传授和能力实践相结合，按照创业活动实际发展过程重组知识单元，精选核心内容，广泛借鉴先进成果，以突出先进性和实用性。

本书的编写力争突出三个“三”：三突出——突出能力本位，典型引路，举一反三；三结合——实现知识与能力，文化与职业，教学与自学的高度结合；三提高——提高逻辑分析能力，提高共性操作能力，提高想象创新能力。

本书主编为刘卫锋、张之峰。本书的编写工作分配：第一章由胡晓慧编写；第二章由殷莺编写；第三章由田丰编写；第四章由刘卫锋、张之峰共同编写；第五章由牛钰编写；第六章由刘许亮、范龙共同编写；第七章由聂帅编写；第八章由侯冬梅编写；第九章由马丽亚编写。此外，刘卫锋教授负责全书的整体规划和统稿。

在本书的编写过程中，我们参考和借鉴了众多专家和老师的研究成果，同时也参考和借鉴了大量的国内外企业的经验资料，所引材料尽可能注明，但仍有不少遗漏。在此，谨向各位前辈、同仁表示感谢。另外，由于编者能力有限，书中难免存在不足之处，还请各位专家、老师及广大读者批评指正。

编者

2016 年 5 月

目　　录

第一章　创业、创业精神与人生发展

学习目标 ……

知识目标：了解创业的概念、要素及其对社会和个人发展的影响；理解创业的意义与前景，掌握创业的类型及其不同阶段的主要特征。

技能目标：能够结合实际情况分析大学生创业的意义与价值，能结合自身实际不断培养自己的创业意识与能力。

态度目标：务实求真精神；吃苦耐劳精神；诚实守信精神；乐于奉献精神；具有创业意识和创新精神。

第一节　创业与创业精神

学习提示 ……

使学生了解创业的概念、要点和类型，认识创业过程的特征，掌握创业与创业精神之间的辩证关系，强化学生对创业精神需要培育并可培育的理性认识。

一、创业的定义与功能

（一）创业的定义

创业是创业者对自己拥有的资源或通过努力对能够拥有的资源进行优化整合，从而创造出更大经济或社会价值的过程。创业是一种劳动方式，是一种需要创业者运营、组织、运用服务、技术、器物作业的思考、推理和判断的行为。杰夫里·提蒙斯(Jeffry A. Timmons)所著的创业教育领域的经典教科书《创业创造》(*New Venture Creation*)中定义创业：创业是一种思考、推理结合运气的行为方式，它为运气带来的机会所驱动，需要在方法上全盘考虑并拥有和谐的领导能力。

创业作为一种商业领域的活动，以点滴成就、点滴喜悦致力于理解创造新事物(新产品、新市场、新生产过程或原材料，组织现有技术的新方法)的机会，如何出现并被特定个体发现或创造，这些人如何运用各种方法去开发和利用它们，然后产生各种结果。

创业是一个人发现了一个商机并以实际行动转化为具体的社会形态，获得利益，实现价值。科尔(Cole)提出，把创业定义为发起、维持和发展以利润为导向的企业的有目的性的行为。中国学者郁义鸿认为，创业是一个发现和捕捉机会并由此创造出新颖产品或服务和实现其潜在价值的过程。创业过程需要付出劳动、承担风险，同时也会收获利益与自我满足。

虽然诸多创业学者从不同的侧重点进行了定义，但编者认为教育部创业培训指导委员会专家委员李肖鸣的定义更准确。她认为，创业是不拘泥于当前资源约束，寻求机会、进行价值创造的行为过程。

创业,就是挖掘自身潜力、整合周围资源、体现自身价值的一个过程。在创业的过程中考验的是大学生的综合素质和创业精神。

(二) 创业的功能

创业是创造;创业是富有创业精神的创业者与机会结合并创造价值的活动。不同的视角,赋予了创业不同的功能。

(1) 从财富的创造角度来看,创业包含了为了获得利润进行生产的风险承担;

(2) 从企业的创造角度来看,创业体现了一项从没有过的新企业创造;

(3) 从创新的创造角度来看,创业包含了使已有生产方式或产品过时的资源独特组合;

(4) 从变革的创造角度来看,创业包含了为了抓住环境中的机会而进行的创造性变革,包括对个人生涯、方法、技能等的调整、修正、修改等;

(5) 从雇佣的创造角度来看,创业包含了对生产要素(包括劳动力)的雇佣、管理和发展等;

(6) 从价值的创造角度来看,创业是为了开发没有开启的市场机会,为顾客创造价值的过程;

(7) 从增长的创造角度来看,创业被定义成:为了销售、收入、资产和雇佣的增长的一种正向的、强烈的导向。

二、创业的要素与类型

(一) 创业的要素

创业是由一系列活动构成的实践过程,涉及多个创业要素。通常来说,创业的关键要素包括机会、团队和资源。

创业机会主要是指具有较强吸引力的、较为持久的有利于创业的商业机会,创业者据此为客户提供有价值的产品或服务,同时使创业者自身获益。创业机会是创业过程的核心,是创业者创业成功的重要因素,它关系到新创企业的生存与发展。创业机会往往是一个新的市场需求,或者是一个可以开辟新产品的市场需求,这样的市场需求并非只有创业者认识到,其他的竞争者可能会很快加入竞争的行列。因此,当创业者抓住它时,创业成功的可能性大大增加。

创业活动归根到底是人的活动。当今全球化与互联网时代的特点,就是即便创业者已经专注于某个领域,而且创意不断,还是会有非常多的竞争对手参与进来。不管创业者正在从事哪一领域,创新产品或服务的半衰期都是如此之短,如果创业者能开发出特别吸引用户的功能,产品既可能可以一夜成名,也可能很快过时。如果缺少快速反应的创新能力,创业者很容易就会出局。如何跟上时代的步伐?答案是依靠一个能力互补的强大团队。凭借一个人的力量是无法建立伟大公司的,"选择了正确的团队,就是完成了80%的工作"这是很多风险投资家投资企业时的经验之谈。团队成员之间能力互补,拥有共同的目标和价值观,相互信任,自觉合作,发挥自己的最大潜能。

创业资源是指新创企业在创造价值的过程中需要的特定资产,包括有形与无形资产,它是新创企业创立和运营的必要条件,主要表现形式为创业人才、创业资本、创业机会、创业技术和创业管理等。

(二)创业的类型

创业活动根据创业主体的性质、创业动机、创业起点等因素,可以划分为多种类型。

1. 按照创业主体的性质分类

(1)独立创业。指由创业者个人或者多人组成的创业团队,从资金技术到销售等环节均完全独立的创业。许多年轻人资金有限,为节约成本在初次创业时多采用独立创业类型。

(2)附属创业。是指已经投入市场运营的企业投资创立新企业,或是由本企业业务衍生出的新企业。

(3)公司内部员工创业。是由一些有创业意向的企业员工发起,在企业的支持下承担企业内部某些业务内容或工作项目,进行创业并与企业分享成果的创业模式。这种激励方式不仅可以满足员工的创业欲望,同时也能激发企业内部活力,改善内部分配机制,是一种员工和企业双赢的管理制度。

2. 按照创业动机分类

(1)生存型创业。创业行为出于没有其他更好的选择,即不得不参与创业活动来解决其所面临的困难。生存型创业大多属于复制型和模仿型创业,创业项目多集中在餐饮、商业零售等比较容易进入的生活服务业,一般规模较小,竞争比较剧烈。

(2)机会型创业。创业者基于实现自我价值的强烈愿望,在发现或创造新的市场机会下进行的创业活动。从事机会型创业的人通常不会选择自我雇佣的形式,而是通常具有明确的创业梦想,进行了创业机会的识别和把握,有备而来。

除了以上几种分类方式,还可以按创业起点不同,分为建立新企业和再创业;按创业投入资源不同,分为人力资源转移型创业、技术转移型创业和直接投资型创业;按企业制度创新层次,分为基于产品层次的创业、营销层次的创业和组织管理层次的创业;对于大学生创业按创业时间,可分为在校创业、休学创业、毕业即创业、毕业后创业和深造再创业。

三、创业过程与阶段划分

创业过程是指创业者对一项有市场价值的商业机会从最初的构思到形成创业,以及创业的成长管理过程。整个过程包括创业机会识别、整合资源、创建新企业以及新企业的成长与发展四个主要阶段。

1. 创业机会识别阶段

创业机会识别是创业过程的核心,识别机会的关键是觉察到别人看不见、想不到、难以做到的机会,它包括建立创业设想、进行市场调研和分析、制定初步的经营方案等。

2. 资源整合阶段

整合资源是创业者开发机会的重要手段。创业者在创业活动初期能够掌握和利用的资源较为匮乏,资源的调配与有效利用能够创造新的核心竞争力。通过整合人力资源、资金资源、经营管理资源、产品销售、市场资源,来组建优秀团队,多渠道创业融资。

3. 创建新企业

新企业的创建或新事业的诞生是衡量创业者创业行为的直接标志。包括公司制度设计、企业注册、经营地址的选择、确定进入市场的不同途径等。

4. 新企业的成长与发展

新企业成立之后,进入企业生存与发展阶段。新企业必须重视顾客价值的满足和提升、重视科学的企业管控，才能得以生存和成长。

四、创业精神的本质与来源

创业精神是指在创业者的主观世界中，那些具有开创性的思想、观念、个性、意志、作风和品质等。

（一）创业精神的本质

创业精神是创业者在创业过程中的重要行为特征的高度凝练，主要表现为冒险精神、自信、自强、自立精神，竞争、坚韧、乐观精神，合作意识等几个方面。

1. 冒险精神

创业精神首先体现为一种冒险精神。美国经济学家德鲁克认为，企业家是冒险者，是勇于承担风险、有目的地寻找革新源泉、善于捕捉变化，并把变化作为可供开发利用的机会的人。

创业是一种投入，投入就会有风险，创业是一项需要强大心理承受能力的活动。创业者要具备敢于承担风险的精神，他们不管程度如何，都是愿意冒险之人。

2. 自信、自强、自立精神

信念是自信心能够赋予人主动积极的人生态度和进取精神，能够使人具有敢为人先的胆略和实事求是的科学态度。要成为一名成功的创业者，必须坚持信仰如一，自己充满信心，相信自己一定能行，具有独立的人格和思维能力，不受传统和世俗偏见的约束。

自强是建立在自信的基础之上，不贪图眼前利益，不畏惧一时困顿，勇于实践，在实践中不断增强自身能力和价值，创造更多的财富，使自己成为事业和生活的高手。

自立就是彻底撇掉娇生惯养、依赖父母的心理，告别优柔寡断、蒙混过关的心态，要切切实实地凭自己的头脑和双手、智慧和才能，用自己的不懈努力和辛勤奋斗取得创业的成功。

3. 竞争、坚韧、乐观精神

竞争就是个人或团体间力求压倒或胜过对方的一种心理状态，它能使人精神振奋，努力进取，促进事业的发展。对于创业者来说，竞争的目的在于创业的成功。有竞争才会有提高，因此创业者要面对市场，牢固树立竞争意识。

对一般人来说，忍耐是一种美德；对创业者来说，忍耐却是必须具备的品格。创业的结果有两个：一个是成功，一个是失败。创业不意味着成功，创业者要有面对失败的勇气和失败之后不服输、继续坚持的毅力和耐力。

乐观是一种最为积极的性格因素之一，同时也是一种积极向上的生活态度。乐观就是无论在什么情况下，也能保持良好心态。在残酷的竞争中，创业者要形成一种自我激励的积极性格，看到事物有利的一面，这是给自己找出路，遇到问题想出办法的前提。

4. 合作意识

创业从来不是一个人可以完成的，纵观那些成功的企业，大多都是团队合作的结晶。作为创办企业的核心人物，要具备打造高效创业团队的能力。

（二）创业精神的来源

创业精神的来源主要有两个。一方面，来源于创业者主观上强烈的创业意愿与兴趣。创业者在正式创业前，受个人因素、社会因素等影响，会产生强烈的创业意识与动机。在这种创业意识的引导与影响下，创业者会不断赋予自己正能量，充分发挥自身潜能，调动有利情绪投身创业活动。创业者追求理想与价值的实现是产生创业精神的主要来源之一。另一方面，来源于创业者的客观实践。创业活动是不断参与社会实践的动态过程，为了企业的生存与发展，要在激烈的竞争中胜出，创业者必须不断调整，提高企业经营管理策略，以适应市场的需要。企业的不断发展离不开技术更新、产品更新，这种更新则源于企业领导者的意识创新。

五、创业精神的作用与培育

（一）创业精神的作用

1. 促进人的自由全面发展

创新是创业精神的核心内容。创新作为人们改造世界的创造性活动，它促进了人的自由全面发展，离开了创新，人的自由全面发展就成了无源之水、无本之木。共产主义的实现，依赖于生产力的高度发展，只有这样才能创造出丰富的物质和精神财富，从而充分满足人们的各种需要。高度发展的社会生产力及其创造的社会物质条件，是个人全面发展的现实基础。而社会生产力的发展归根到底离不开人们的创新活动，创新在促进生产力发展的同时又不断地推动着人的自由和全面发展。

2. 弘扬和培育民族精神

民族精神是要有爱国主义的情感，有爱国的情感就会做出对人民有利的事，做什么事都会从民族利益出发，这也是民族精神的表现。改革创新必须紧跟时代的脉搏，时代精神决定改革创新的方向和目标，改革创新关系到一个国家的进步与否。因此，勇于改革、勇于创新就是爱国主义情感的表现，创业精神作为时代精神，具有弘扬和培育民族精神的作用。

3. 推动改革开放和现代化建设

创业精神是创业者百折不挠的力量源泉，是企业诞生的原动力，是企业发展壮大的助推剂。创业精神将在新时期发挥更大的作用，可以加快转变经济增长方式与经济结构转型，促进经济社会又好又快地发展。

（二）创业精神的培育

创业既是一种能力，也是一种精神。资金和项目对创业者来说非常重要，而创业精神作为创业者自身素质是创业成败的关键，创业精神需要在创业过程中慢慢培养。创业者的素质和能力，包括创业者的创业精神，都是可以培养和提高的。

1. 成功企业家对创业精神的示范作用

每一个创业者在创业初期，都应该对本行业做尽可能多的了解。学习别人成功的经验，可以使人更快成功；汲取别人失败的教训，可以使人不复制失败。

2. 在实践中进行创业精神的培育

我们在大学和社会的创业培训实践中发现，真正去创建一个公司是学习创业的最好方法，但是操作起来有很大困难。因此，对于大学生的创业精神培育，主要通过以下方式进行：

（1）通过建立优秀的校园文化，孕育创业精神。

校园文化是学生成长的外部环境。以学生而言，它具有陶冶功能、凝聚功能、激励功能、导向功能。良好的校园文化能够塑造学生的优秀品质。西方校园文化，比如个人自由发展、独立精神、竞争和机会均等、开拓精神、创造性和超前性等都极大地促进了创业教育的开展。高校应想方设法将创业精神有机地融入到学科活动、科技活动等活动中，以培养创业意识。

在各类小发明、小制作、小创造活动及各种劳动过程中，要结合着进行创业精神的培养，逐步孕育学生的创业精神。

(2) 培育创业人格，形成健康向上的创业精神。

依据大学生的心理特点，有针对性地讲授心理健康知识，开展辅导或咨询活动，帮助大学生树立心理健康意识，优化心理素质，增强心理调适能力和社会生活的适应能力，有效消除心理困惑，自觉培养坚韧不拔的意志品质和艰苦奋斗的精神，提高承受和应对挫折的能力。

(3) 坚持知识、能力、素质的辩证统一，科学地培养创业精神。

要培养具有独立创业者精神的新型人才，必须坚持知识、能力、素质的辩证统一。知识是能力和素质的载体，包括科学文化知识、专业基础与专业知识、相邻学科知识。可以通过开设相关的创业课程来增加学生的创业知识。

(4) 突出创新能力的培养，提升创业精神。

突出对学生创新能力的培养，才能适应21世纪经济社会发展对人才的需求。要尊重学生的个性发展，爱护和培养学生的好奇心、求知欲，为学生的禀赋和潜能的充分开发创造宽松的环境。要让学生感受、理解知识产生和发展的过程，培养学生的科学精神和创新思维。

(5) 通过实践强化学生的创业精神。

创立、创建和完善学生实践活动的外部环境，鼓励学生利用课余时间参加适当的社会实践活动，增强学生对社会的了解进而加强对社会的适应能力。如开展创业比赛活动、与企业联合开展学生的实习活动等。

创业精神的培养既取决于客观条件的许可，更依赖于学生的努力。高校应营造有利于人才脱颖而出的氛围，创造各种条件，积极培养学生的创业精神，加上学生们自身的重视，就能培养出现代社会所需要的具有创新精神的各种类型的人才。

20世纪的伟大发明——方便面

被称为20世纪最伟大的食品的方便面，2003年在全世界的产值达到140亿美元。世界方便面协会每两年还召开一次全球高峰会。

1. 被饥饿催生的灵感

安藤百福发明世界上第一包方便面——“鸡肉拉面”是在1958年，当时他已48岁，而开发方便面的灵感则早在1945年就已萌生。

二次大战后，日本食品供应严重不足，人们饿得连薯秧都吃。安藤百福偶尔经过一家拉面摊，看到穿着简陋的人们顶着寒风排起了二三十米的长队。这使他对拉面产生了极大的兴趣，感到这是大众的一个巨大需求，但是他并没有着手开发。一直到他担任董事长的信用组合公司破产，失去了几乎所有财产时，才决心把事业的中心转移到“食”上面来。

1958年春天，安藤百福在大阪府池田市住宅的后院内建了一个10平方米的简陋小屋，找来了一台旧制面机，然后买了面粉、食油等，埋头于方便面的开发。

2. 由重复开发悟出的道理

安藤百福设想的方便面是一种只要加入热水立刻就能食用的速食面。他设了五个目标：味道好且吃不厌；可以成为家庭厨房常备品且具有很好的保存性；简便，不需要烹饪；价格便宜;安全、卫生。

开始研究时完全处在摸索阶段。早晨5点起床后便立刻钻进小屋,一直研究到凌晨一两点,日均睡眠时间不足4小时。这样的日子整整持续了一年。

在面类这一行,他完全是一个外行。面条的原料搭配十分讲究,里面有很大的学问。他把所有能想到的搭配全部试验了一遍,但放到制面机上加工时,有的面松松垮垮,有的粘成一团。做了扔,扔了又做。整个开发成了一个重复的过程,看不见一丝希望。后来,总算悟出了一个经验:食品讲究的是平衡。食品的开发就是追求和发现这唯一而绝妙的平衡的过程。

后来,安藤夫人做的油炸菜肴启发了他。油炸食品的面衣上有无数的洞眼,就像海绵一样,这是因为面衣是用水调和的,其中的水分在油炸过程中会发散掉,形成"洞眼",加入开水,很快就会变软。这样,将面条浸在汤汁中使之着味,然后油炸使之干燥,就能同时解决保存和烹调的问题。这种被他称作"瞬间热油干燥法"的技术很快便拿到了方便面制法的专利。

3. 把面条放进纸杯里

1966年安藤百福第一次去欧美进行视察旅行,希望找到把方便面推向世界的办法。

当他拿着鸡肉拉面去洛杉矶的超市时,他让几个采购人员试尝拉面,他们为难地摇着头,原来是没有找到盛放面条的碗。而能找到的只有纸杯子,于是把鸡肉拉面分成两半放入纸杯中,注入开水,他们用叉子吃着,吃完后把杯子随手扔进了垃圾箱。

安藤恍然大悟,脑子里有了开发"杯装方便面"的构想。容器决定选用当时还算新型的泡沫塑料,轻而且保温性能好,成本也便宜。杯子的形状做成用一只手也能拿起的大小。

在一次从美国回国的飞机上,安藤发现空中小姐给的放开心果的铝制容器的上部是一个由纸和铝箔贴合而成的密封盖子。当时,他正被如何才能长期保存这个问题困扰,想找一种不通气的材料。杯装方便面的铝盖在那一刻就这么定了下来。

(案例来源:楼乘震.方便面发明者安藤百福的故事.深圳商报,2004-03-18)

励志照亮人生,创业改变命运。　　——《赢在中国》主题词

财富无处不在,行动成就梦想。　　——《致富经》栏目主题词

创业者生存定律

在如今这个寡头垄断的时代,所有创业人都需要有一颗向死而生的心,如果没有这个心态,就无法在激烈的竞争中胜过强者而生存。不冲破桎梏,不打破框架,就无法实现创新。如此给自己留下的余地特别少,反之将拥有广阔的发展空间。腾讯创业训练营北京站现场,银泰资本合伙人郭佳为我们分享了九大黄金定律:

定律1:永远保持对人的持续投入——作为创业者,资金永远捉襟见肘,人才更是不可或缺。创业者在人上的投入,需走心。这其中包括对创业伙伴、公司员工以及投资人和董事会成员。创业公司在资源缺乏、回报不高的情况下,可以用梦想吸引同伴,用理想激励员工。同时,不要排斥董事会与投资人的介入,往往他们会为公司带来冲破束缚的惊喜。

定律2:抓住实现梦想的时机——时不可待,说的就是此时。融资过程中会遇到各种无法避免的问题,如利益分配、融资数目等。但有时项目走上正轨的时机在即,如果错过,便是不可挽回。创业者需抓住实现梦想的时机,并保持梦想。

定律3:业绩导向、利益激励结构——当团队还小,创业者必须要有一个基于3年、5年的激励机制甚至更长,这是非常必要的。在无永动机制的情况下想要留下人才很困难,回报对于团队来讲是凝聚精神的关键。所以,领导人心态很重要,必须让员工感受到他的所有贡献并非徒劳。另一方面,投资人和基金要求也很苛刻,创始人需在业务间有所取舍与选择。总之,无论对内还是对外,考虑激励机制的建立,都有很多深层次的意义。

定律4:专注于创造价值而不是仅仅做事——创业者在创业前,需考虑是否能创造更大的价值。需树立目标,向着利益优化的方向选择可做与不可做,而不仅仅是做当前的事。

定律5:简单里面有黄金——对于投资人来说,创业公司拥有越简单的结构越好。其中包括模式设计、组织架构、合作者建立等各方面的结构。历史经验中不难发现,简单明了的事可执行性最高,对于执行来说也是最重要的。创业公司需快速发展,需在烧钱与赚钱的速度上有快速突破,最终达到平衡。公司构架要简单,投资人才看得清楚,对局面清楚认识,更利于企业融资;反之,复杂则使投资人却步。

定律6:不要害怕执着与痴狂——狂热,可能不被很多人看好。但创业者不要因别人的眼光而转移目标,需自己掌握命运,对即坚持。狂热与执着在创业中非常必要,这将为团队充当永动的能量并使之运作永不停歇。如果,创业者能点燃团队每个人心中的狂热,就会产生意想不到的效果。

定律7:总会经历所谓灾难时期,镇定如常切忌乱撞——1999年,中国经历互联网泡沫破裂,纳斯达克大盘一夜之间崩落,非常恐怖。既然已踏上融资之路,创业者就已置身于风暴之中,必须随时准备好迎接这个时刻,做好过冬的准备,不要有任何怀疑,这就是“向死而生”之心。如果你相信此事能成,必要沉着应战,不要动摇目标。

定律8:有质量的董事会是无价资产——很多创业朋友觉得董事会不重要,创业者不要推开董事会能为公司贡献的能量,要善于选择,而对投资人的选择就是对人的投资。

定律9:永远学习且聚拢比你强的人——创业路是孤单的,需互相传递能量。没有快捷之路,但又必有窍门、经验与教训。互教互助十分重要,创业团队需互相取暖,传递正能量,必将脱离困境。

(案例来源:创业者生存定律.北京晨报,2014-10-13)

第二节 知识经济发展与创业

学习提示……

通过对知识经济发展的分析,使学生了解创业热潮形成的深层次原因,认识经济转型与创业热潮的内在联系,明确创业活动对经济社会发展的贡献。

一、知识经济及其影响

经济合作与发展组织(简称“经合组织”)认为:知识经济即以知识为基础的经济,是以现代科学技术为核心的，建立在知识信息的生产、存储、使用和消费之上的经济。即知识或现代科学技术作为一种生产要素在社会再生产过程中起主导作用的经济。其最重要的特征是可以把知识作为资本来发展经济。知识经济也有三个“最大限度”：最大限度地利用知识，最大限度地优化配置自然资源，最大限度地使用高技术，以替代稀缺资源。

知识经济的兴起将对投资模式、产业结构、增长方式和教育的职能与形式产生深刻的影响。在投资模式方面，信息、教育、通讯等知识密集型高科技产业的巨大产出和展现出的骤然增长的就业前景，将导致对无形资产的大规模投资。在产业结构方面：一方面，电子贸易、网络经济、在线经济等新型产业将大规模兴起；另一方面，农业等传统产业将越来越知识化；再者，产业结构的变化和调整将以知识的学习积累和创新为前提，在变化的速度和跨度上将显现出跳跃式发展的特征。同时，知识更新的加快使终生学习成为必要，受教育和学习成为人一生中最重要的受益于知识经济时代的方式。

二、经济转型与创业热潮的关系

经济转型是指一个国家或地区的经济结构和经济制度在一定时期内发生的根本变化。具体地讲，经济转型是经济体制的更新，是经济增长方式的转变，是经济结构的提升，是支柱产业的替换，是国民经济体制和结构发生的一个由量变到质变的过程。

经济转型不是我国特有的现象，任何一个国家在实现现代化的过程中都会面临经济转型的问题。即使是市场经济体制完善、经济非常发达的西方国家，其经济体制和经济结构也并非尽善尽美，也存在着现存经济制度向更合理、更完善的经济制度转型的过程，也存在着从某种经济结构向另一种经济结构过渡的过程。

创业热潮是指在一定的时期内，由于政策调整或社会需求等条件发生变化为某一地区提供了大量的创业机会，使得某一特定群体大规模从事创业活动的现象。我国改革开放以来经历了四次创业热潮。

（一）1984 年邓小平初次视察南方

1984 年春天，邓小平视察深圳、珠海等特区以及《中共中央关于经济体制改革的决定》的酝酿出台，为这股创业浪潮注入了催化剂。张瑞敏、柳传志、王石等企业家成为第一轮创业浪潮的弄潮儿。

（二）1992 年邓小平再次视察南方

1992 年春天，邓小平再次视察南方，与 1984 年的低调慎言不同，这一次，邓小平发表了著名的“南方谈话”。同年 2 月 28 日，中共中央将此次谈话以中央第二号文件的形式向全国传达。国务院还修改和废止了 400 多份约束经商的文件，《人民日报》甚至还发表了《要发财，忙起来》的文章鼓励人们下海经商。陈东升、冯仑、潘石屹、李宁、那英等人成为第二波“下海”的创业者。

（三）1997 年启动的“春晖计划”

1997 年，江泽民在中国十五大报告中指出，鼓励留学人员回国工作或以适当方式为祖国服务。同年，国家教委全面启动鼓励和支持留学生短期回国服务的“春晖计划”。1999 年国庆，“春晖计划”支持了 25 名留学生参加中国建国 50 周年的阅兵仪式。25 人名单中就包括了李彦宏、邓中翰，此后他们回国分别创立了百度和中星微。

（四）2008年的全球经济危机

2008年的全球经济危机，让新一轮海归创业潮和全民创业潮出现了叠加。新一轮海归创业潮以中共中央组织部部长李源潮倡导的“千人计划”为标志，在全国各地展开引进海外高层次人才回国创业。创业范围不再以互联网为主，而是涵盖新能源、新材料、生物医药、汽车制造、文化创意等多领域。全民创业潮的新推动者则包括各级地方政府，他们倡导：“回乡创业”和“大学生创业”，并出台了一系列扶持政策。

三、创业活动的功能

从国家、社会的角度来看，创业的功能主要体现在：增加社会财富，促进经济发展和社会繁荣；提供就业岗位，缓解社会就业压力；实现先进技术转化，促进科技创新和生产力提高等方面。

从创业者的角度来看，创业的功能主要体现在：充分发挥才干，实现人生价值；积累财富，满足个人对物质的追求欲望；回报社会，为社会作贡献等方面。

创业活动作为一种社会行为，它具有以下属性：

第一，创新性。创办一个企业对社会来讲不是一件新鲜事，但对创业者来讲则是一个创新的过程。这里所谓的创新，是指创业者在整个创业过程中所从事的几乎完全是新事物、所解决的几乎完全是新问题，新问题的解决需要创业者的智慧和能力，需要创业者的创造性思维。

第二，风险性。创业活动是有风险的，创业成功将给创业者带来喜悦，创业失败给创业者带来的则不仅是沮丧，还有财产的损失、信心的丧失。如果只考虑到创业风险就不去创业，那就永远不会成为一个成功的创业者。创业成功偏爱于那些细心大胆、勇于面对风险的勇敢者。

第三，利益性。创业者的创业活动也许出于多种目的，但根本的动力是获利，这也是创业者的共同心愿。没有利益驱动，人们就不会冒着风险去创业，创业过程中获利的多少，也是人们衡量创业者创业成功与否的重要标志。

第四，艰难性。任何创业过程都是艰难的，尤其是白手起家的创业者，往往需要经过多年的艰苦奋斗，甚至倾注大量的心血，创业才能成功。所以，创业者要有吃苦的思想准备。

四、知识经济时代赋予创业的重要意义

（一）国家发展战略的需要

就业是民生之本，创业是富民之源。近年来，党中央、国务院高度重视创业工作，把全民创业摆在突出的位置。党的十八大明确提出，要统筹推进各类人才队伍建设，实施重大人才工程，加大创新创业人才培养支持力度。要关注青年、关爱青年，倾听青年心声，鼓励青年成长，支持青年创业。当前，我国正处于全面建成小康社会的关键时期和深化改革开放、加快转变经济发展方式的攻坚时期，鼓励创业，对于提高自主创新能力、建设创新型国家具有重要的战略意义。

（二）增加就业的必然要求

创业是就业的基础和前提，就业离不开创业，以创业带动就业。任何一个社会，其创业

者越多，其生产要素组合就越丰富、活跃，就业也就越容易。美国著名管理学家彼得·德鲁克在研究美国经济与就业关系时发现，创业型就业是美国经济发展的主要动力之一，也是美国就业政策成功的核心。在《创新与创业精神》一书中，德鲁克开宗明义，分析了1965年到1985年间美国的就业结构，发现美国年龄在16～65岁之间的人口从1.29亿增加到1.8亿多，增长了38%，同期就业人数从7100万增加到1.06亿，增加了约50%。德鲁克指出，所有这些就业岗位，基本上都是由中小企业所提供的，由此我们可以看出创业对于促进就业有积极作用。

（三）知识经济时代技术创新的主要实现形式

知识经济的兴起，使知识上升到社会经济发展的基础地位。知识成了最重要的资源，"智能资本"成了最重要的资本，在知识基础上形成的科技实力成了最重要的竞争力，知识已成了时代发展的主流，尤其是以高科技信息为主体的知识经济体系，其迅速发展令世人瞩目。

（四）解决社会问题的有效途径之一

当前，我国进入全面建成十几亿人口的小康社会的关键时期，创业能够在增加社会财富，促进经济发展和社会繁荣；提供就业岗位，缓解社会就业压力；实现先进技术转化，促进科技创新和生产力提高；充分发挥才干，实现人生价值；积累财富，满足个人对物质的追求欲望；回报社会、贡献社会等方面发挥重要作用，成为解决社会问题的有效途径之一。

万科王石的创业故事

历史的PK台总是把话语权交给笑到最后的人。二十年前，在深圳火车站和一群年轻的民工一起，扛上150斤的玉米包搬来摔去的那个33岁的"不像民工模样"的人，今天把他开心的笑容印在一本大32开本的传记封面上。

他就是王石。就连当年被在住地楼下电器修理店顺口叫上跟他去搬运玉米的那个18岁的农村少年，也早已经跟王石混得有头有脸的了。

1. 被天上掉下的馅饼砸中

1983年，王石32岁了。

他还在彷徨。怀揣一颗"法国小说《红与黑》中的主人翁于连一样的个人拼搏的野心"，窝在广东省外经委，每天工作，读书，学英语，日子平淡无奇。但是，他"不甘平庸""好表现"。不过，他无论如何也没有想到以后他"表现的舞台"有如此之大。

1983年春天，在深圳参加"农村社会主义教育运动"时住过的东家夫妇，来广州探望王石的岳父，这一对从前多少有点土气的农民夫妇带来的不只是他们家的土产，而是他们身上的"洋气"：丈夫穿着台湾产的浅灰色夹克，老婆烫了个大卷发。没有这样的样板更说明问题的了：转瞬之间，深圳到底发生了什么？王石要去看看。

1983年5月7日，在王石的生命中是一个重要的标记。这一天，他乘广深铁路抵达深圳。当他看到一个巨大的建设工地般的深圳，"兴奋，狂喜，恐惧的感觉一股脑涌了上来，手心汗津津的"，强烈地意识到这块尘土飞扬的土地孕育着巨大的机会。

2. 一切就这样顺理成章地开始了

第一个站点，深圳特区发展公司(简称特发)。

但是，做什么呢，不知道。

一天，王石去蛇口的路上，看见高高耸立着几个白铁皮金属罐，那里面储藏着玉米。美国大陆谷物公司与深圳养鸡公司合资的饲料生产企业——正大康地，需要大量的玉米。广东不产玉米啊，经打听，玉米来自美国、泰国和中国东北。其中来自东北的玉米却不是直接从东北运来的，因为解决不了运输。

神秘的命运开始造化王石了。

他找到正大康地，说他能解决运输，他可以组织来玉米，“你们要不要?”

“要！马上就可以签合同!”

第一单，一个大单。

不过，王石还并不知道东北和深圳之间的运输情况，是巨大的诱惑使他硬着头皮往前闯。

经过两三通打问，确定了广州海运局的海运。

于是，玉米生意开始了。

特发公司立即设立了一个“饲料贸易组”，组长王石，独立核算。

玉米到了，“饲料组”需要一个组员。楼下的无线电装配车间，拉出来一个又瘦又小，像个童工的小伙子，他叫邓奕权，他成了王石的第一个员工。

第一次 30 吨的玉米生意成交。

王石在自行车后座上夹了两个条纹塑料口袋，去到养鸡公司。

“我来收钱。”他向养鸡公司的袁经理扬了扬手中的编织袋。

“发票呢?”袁经理问。

发票是何物，王石不好意思问，但他立刻想到，无非就是收款证明一类的东西。

王石回到特发公司，对财务部的小张说，“给我开个收款证明!”

暨南大学财会大专班的毕业生不懂“收款证明”。

“你就写收到谁多少钱，特此证明。就行了。”

小张一边嘟噜着“从来没有开过这样的证明”，一边照办。还加盖了财务章。

再骑上自行车，后座还是放着编织袋，特发公司饲料组王石组长又到了养鸡公司。对袁经理说，“给，发票。”

袁经理笑得呛了喉咙，一边咳嗽一边带王石“参观了发票的真面目”。

“他们要发票。”王石又是回到特发的财务室了。

“早开好了，我还纳闷不开发票怎么能收到钱。”小张说。

再次来到养鸡公司财务室，王石“彻底糊涂”了：塑料袋仍然没有用处，却拿到两张一模一样的薄纸——银行转账单。

特发公司财务室的小张告诉王石，这个转账单就是钱，如果对方账上有钱的话。

用王石的话说，在这两来两往的经历中，他“深刻感受到业务知识的贫乏，尤其财务方面，更是个门外汉”。“从那以后，我每天下班无论多晚，都要看两个小时财务书。还学着记账，下月初跟财务的对照。三个月后，我阅读财务报表没有障碍了。”

今天，王石面对巨大的成功和名望，如此讲述他跌跌撞撞的第一步。而在那个时代，很多“第一桶金”的传奇剧都有这样一个相似的脚本。

3. 暴利时代的不正当竞争

进口贸易的好时光是短暂的。

1985年,国务院对计划外调汇和机电产品进口进行全面清理,银行收缩银根,进口电子器材、影视器材市场出现萎缩端倪。但市场仍然显示着一定的利润空间,很多经营商还沉浸在供不应求的假象中。

但王石已经感觉到了危机。展销中心新签的2万台放像机合同,45天后到货。这时,王石通过渠道了解到同行的进货情况:同一时期,其他公司共有5万台到货。

7万台同时到货是一个什么样的市场前景?王石判断一定会立刻滞销,价格会直线下降。退货是不可能的。怎么办?

这时,王石所做的对策,成为他后来在各处演讲一再提到的,创业初期的"不正当竞争"的案例。

他叫来广告投放部经理,口授了一则声明,内容如下:由于台风原因,本展销中心的放像机无法按预订时间送达客户,为保证履行合同,急购放像机2万台。

这一则"求购信息"刊登在当时的广州两家主要报纸上。同时,当天的报纸正好也刊登着放像机的"售卖广告"。

广告后,放像机便向展销中心涌来。王石叫他的技术部组织了4个小组验收。而这些前来出售的放像机,除了个别小数量的,大多是期货。期货当然不要!一定要看到放像机才签合同。这样一来,展销中心并没有购进放像机,其零售价却上升了200元:市场稳住了。

接下来,王石做的是:迅速走货,不惜亏本。他想的是:溜得越快损失越少,而资金回笼后去做新生意,把损失夺回来。

不过,现在,已经练成了中国最知名企业家的王石反思他早期的贸易生涯说,一是那时的超高利润是不合理的,二是说明他"也曾唯利是图"。

王石的公司在不断发展。在那个年代,不断调整的宏观政策,有时就是企业的生命线。而王石总能及时感觉到春江水暖。

1986年,深圳市颁布"国营企业股份制试点暂行规定"。他偶然看文件的影印件,立刻坐不住了。1988年11月21日,一个名叫"深圳万科股份有限公司"的股票上市交易。它的董事长和总经理,叫王石。

4. 与此同时,万科进入房地产开发

此后,万科的路子与众不同。很多企业都在"多元化"的时候,王石开始卖掉万科蒸馏水公司、零售公司、拍电影的公司、做广告的公司、做商业礼品的公司,最后做成一个专业房地产公司。公司业务遍及全国十多个大城市。

"超过25%的利润不做",这一命题以其不符合人们意识中的资本本性而令人感兴趣。在中国社会主义初级阶段的市场,特别是在1992年,对处于暴利时期并且接下来还有相当长一段暴利期的房地产企业来说,超过25%的利润常常是可能的,在现实中万科如何取舍,这个命题放在今天也仍然是尖锐的。

2006年2月20日晚,王石的全国巡回演讲来到成都,记者以这个问题相问,他的回答,除了一个成功的企业需要公众的信任,需要追求公平的利润,还说道,市场也是公平的,暴利是不能持久的,甚至从长远看,是得不偿失的。

按照王石的表述,他跟各地政府的关系,亦出人意料。他向媒体声明,从来没有向公务员行过贿!记者问,如果你的"不行贿"理念,与追求利润相矛盾呢?王石简单地回答,"不行赌也可以获得利润！”

王石提出过“反对暴利”，并且具体到“利润超过25%的不做”；王石提出过“公益事业无止境”，并且把公益与他的公司和他的探险等个人行为结合起来，形成了一连串他津津乐道的案例；提出过“关注普通人”，他把“普通人”定义为，“不享有政治、经济和文化特权的白领、蓝领、自由职业者和工商业主”。

借着推广自传《道路与梦想》的名义，他在十个城市反复宣讲“做一个优秀的企业公民”，这个观念甚至超前于公众对企业的期望；王石正在提倡“关注城市低收入人群的居住环境”，称接下来会与多个城市的政府合作，“开发廉租房”。并宣布2006年，万科成立的第一个基金将用于“古民居住宅的保护”。

王石的话语是不断升级的，而“2006版”已经上升到现代公司文化的最高平台。如果对照中国房地产界的另一个重要人物任志强对公共领域的发言——“品牌就是暴利”“只考虑给富人建房”“禁止炒房就是违宪”，“城市功能穷人与富人应该分区”，等等，可谓鲜明的对台戏。

毫无疑问，王石，或者万科，这回又得分了。

（案例来源：万科王石的创业故事．央视网．2010-11-04）

给自己留了后路相当于是劝自己不要全力以赴。

——王石

我现在知道一个企业都是从小长到大的，别着急，而且创业大概有一年半到两年是瓶颈期，特别难，然后突破瓶颈，组织成长，组织膨胀、业务膨胀，然后陷入经济危机，这时迅速调整，调整过来就好了，调整不过来就死掉。所以我清楚，头两年要克服瓶颈，之后要控制组织，有了这样一套东西以后，我们心平气和了，知道一个企业要做大要有很多年时间。

——冯仑

成功创业所需的十个公开秘密

（1）积极思考是最重要的。

如果想成功，通常是积极的，当心消极的环境，而不是失败。

这个特性是十个中最重要的。你的信念，相信自己可以完成你的目标，必须毫不动摇。如果你对自己说“我不行”，那么你就这样了。不要说“我不能”，把这些词语从字典里去掉。

“这个城市不会可怜谁，如果你不能留下来的时候，你就不得不离开了”。做积极的事情，做积极的人。

（2）确定你的梦想与目标，写下具体目标和你达到它们的步骤计划。

写下梦想与目标，制订计划，就可以实现吗？你是说就如同写一个项目计划吗？是的。那这意味着什么呢？你可能听说过一个格言：新年决心只是一个梦想，而梦想不是目标。

目标的实现是那些具体的、可衡量的步骤，跟进你的目标，实现你的理想。

（3）采取行动：有了目标要采取行动。

正如耐克说“想做就做”那样，采取行动，动手开始写作。每天都试着采取一些行动，为了实现我的目标。虽然可能很小，但它仍然是行动。你已经朝着目标采取行动了吗？

(4) 永远不要停止学习：回到学校或读书，获得技能的培训。

让终身学习成为生命所拥有的，告诉我们的孩子这样做。一旦你离开了学校，会意识到学习是多么愉快的事。今天你学到了什么呢？

(5) 坚持与努力：成功是马拉松，而不是百米冲刺，永远不要放弃。

每一个成功的故事中都有坚持与努力工作，在这世界上没有免费的午餐。但是，如果你正在努力实现想要的，因为热爱所以追求。然后成真了呢？

(6) 学会分析细节：得到所有数据与投入，从错误中学习。

你必须在所有事实与不完整数据两者之间做出适当平衡策略，花些时间收集详细信息，不要为分析而分析。

(7) 集中时间与金钱：不要让其他人分散你的注意力。

专注于你的目标，做积极的人、相信目标就在你身边。

(8) 不要害怕创新：有自己想法，从众心理是平庸之路。

打破固有的想法，问问自己，如果创新会怎么做？

(9) 有效地处理与人沟通：没有人可以孤立生存，学会理解与激励他人。

成功的人都有广泛的人脉，对待他人公开、公平与坚定。不要越过一定界限。那么你是如何处理人际沟通的呢？

(10) 诚实可靠：敢于担当，否则以上九条都不重要。

(案例来源：成功创业所需的十个公开秘密.1688资金项目网.2015-03-11)

第三节　创业与职业生涯发展

学习提示 ……

使学生了解创业与职业生涯发展的关系，认识创业能力提升对个人职业生涯发展的积极作用。

一、广义和狭义的创业概念

创业的概念有广义和狭义之分。广义的创业，是指用创业精神，在生产活动中创新、创造未来。

狭义的创业，是指产生创业思维的创业者及团队，发现和捕捉机会并由此创新、创造出新颖的产品或服务，实现其潜在市场价值的商业运作过程，即是人们创业意识产生之前到企业成长的全过程。

二、创新型人才的素质要求

创新型人才，就是具有创新精神和创新能力的人才，通常表现出灵活、开放、好奇的个性，具有精力充沛、坚持不懈、注意力集中、想象力丰富以及富于冒险精神等特征。

党的十八大报告中强调创新在中国现阶段建设时期的重要作用，要“勇于实践、勇于变革、勇于创新”，包括建设创新型国家、提高科技创新能力、推进实践基础上的理论创新、创新发展理念等内容。"实践创新、理论创新、制度创新"强调"以人为本","培养学生创新精神""加大创新人才培养支持力度"是教育的重点。创业活动与创业者的个体素质关系密切。作为创新型人才应该具备一定的基本素质,包括智能素质、人文素质和身体素质。

(一)创新人才须具备的智能素质

1. 创造性的思维能力

创造性思维形式有:类比思维、逆向思维、侧向思维、发散和集中思维等,具有独创性、变通性、流畅性、多向性、旁通性、凝聚性等特点。运用创造性思维能力是创造性人才进行创新活动的必要条件,是人类一切实践活动中的"金钥匙"。

2. 丰富的想象能力

丰富的想象力是创造的火种和出发点,是有效创造的基础,是获得新知识的基本工具。任何想象都必须建立在科学与实践的基础上。具有丰富广泛的知识和科学求真的态度,才能在面对事态时正确地运用想象,大胆地提出可能存在的各种问题,并相应地设想出各种可能的解决问题的方法。

3. 卓越的实践能力

实践是创新的源泉,也是人才成长的必由之路。创新人才不仅要勇于提出问题,而且要善于解决问题,具有卓越的将设想和创意付诸行动的能力。要创造就离不开实践,通过实践,能更深刻地理解知识、运用知识,并能促使发现问题,探究问题,解决问题。

4. 独立获取知识的能力

科学技术的飞速发展、专业知识更新的日益加快以及学科之间的相互渗透与交叉使得创新人才独立获取知识的能力显得更为重要。要想适应社会,直面知识经济时代的挑战,创新人才就必须掌握独立获取知识的能力,不断更新自己的知识结构。独立获取知识的能力包括以下几个方面:①敏感开发、接受新事物的能力;②捕捉发明思想、信息的能力;③独立的研究、操作与突破能力。

(二)创新人才需具备的人文素质

1. 以马克思主义哲学为指导,建立科学的世界观和方法论

以马克思主义哲学为指导,建立科学的世界观和方法论,是创新人才所应具备的哲学科学素质。

2. 多学科的综合知识结构

合理的知识结构是进行创新思维的硬件系统,是形成创新能力的基础。从社会发展的基本趋势来看,高新科技领域的创新开始越来越多地影响经济发展。

3. 健全的人格和先进的精神素质

健全的人格是创新人才与人合作的前提。先进的精神素质是创新人才进行创新活动时必备的精神要素,是创新人才进行创新的行动指南,更是创新人才在创新领域有更进一步发展的基础。

4. 掌握处理问题的诸多具体方法

对于在创新过程当中遇到的一些问题,创新人才还必须掌握科学、具体的方法正确地处理信息。

（三）创新人才需具备的身体素质

1. 体力素质

体力素质是反映一个人体质强弱的标志之一，是人体进行正常生活、工作和维持生命的最重要的机能素质。创造性活动是一种精神高度集中的活动，它往往需要连续的体力劳动和超常的脑力劳动相结合，而良好的体力素质正是适应这种紧张劳动的物质保障。拥有健康的体魄，才能有足够的身体资本和旺盛的精力投入到漫长而艰苦的科学研究中去。

2. 耐力素质

创新活动是一种创造未来的探索，一种既可能成功又可能失败的冒险，是一个艰苦思索、长期磨练的过程。在这种情况下，耐力素质就显得尤为重要。在创新活动中，耐力突出的人才能够坚持住长期的探索思考过程，并在近似枯燥无味的创新过程中脱颖而出。

3. 身体协调素质

身体协调素质也是创新活动中，对身体要求较高的一种素质。对于创新人才来讲，身体的协调也意味着动手与实践能力的提高。可见，创新型人才各方面能力的提高都是十分重要的。

三、创业能力对个人职业生涯发展的意义和作用

创业成功是可以规划的，创业能力对个人职业生涯发展起着积极作用。

（一）创业能力对个人职业发展的意义

职业选择对于个人和社会都有极其重要的意义。对个人而言，职业选择是否适当，将影响其将来事业的成败及生活是否幸福；对于社会而言，个人择业是否适当，决定社会是否可以繁荣发展。

如今，创业已经成为大学生职业选择的一种，大学生创业积极性很高，但创业是一项实践性很强的过程，创业能力与新创企业成败直接相关。创业能力强，则创业成功率高，反之亦然，

当大学生选择了创业，想成为一名创业者，就需要自我管理、自我决策、自我规划。在选择创业之前，应该进行创业实践训练，在实践中提升和练就自己发现问题、解决问题和创业的能力，然后再去创业，提高创业的成功率和成就感。

（二）创业能力对个人职业生涯发展的作用

1. 创业能力的体现之一就是具有执行力

只有行动才可以把梦想变为现实，计划再好，如果没有行动，也只是一纸空谈。

2. 创业能力的体现之二是具有决策力

职业生涯发展的过程中经常会面临各种选择，需要作出正确的决策。从分析自我、认知环境，到确定职业目标以及实施方案，都需要决策力。

创业能力是可以在实践中提升和培养的，而提升创业能力的途径就是学习和实践。

杨澜和她的职业规划

关注杨澜是因为她似乎是成功的形象代言人，是被媒体和大众定义好了的角色符号。

杨澜把自己定位为传媒人，其实她不仅是一个做传媒的人，也是一个被传媒“做”出来的人物形象。杨澜借大众传媒成就了自己，大众传媒借杨澜创造了一个阳光灿烂的“中国梦”。大多数人所了解的永远是媒体中的、遥远的杨澜。但就是这个闪烁着光环的形象和她的经历让大众看到：99%的努力再加上1%的机遇，我们就可以活得这么精彩。说杨澜是普通人梦想的现实实现者一点都不为过。

职业生涯感言：一次幸运并不可能带给一个人一辈子好运，人生还需要你自己来规划。

毕业于北京外国语学院英语系。大学毕业进入中央电视台主持《正大综艺》节目；后赴美留学，获哥伦比亚大学国际传媒专业硕士学位；回国后，加入凤凰中文卫视做名人访谈节目《杨澜工作室》。2000年3月，成立香港上市公司阳光文化网络电视有限公司并出任主席。同年10月，阳光卫视入选《福布斯》全球300个最佳小型企业之一。她个人也跃居《福布斯》2001年度中国富豪榜第56位。很多人都说她太幸运了。从著名节目主持人到制片人，从传媒界到商界，她一次次成功实现了她人生的转型。杨澜是幸运的，但这种幸运，并非是人人都有，也不是人人都能驾驭的。它需要睿智的眼光、独到的操控能力，是职业经历累积到一定程度厚积薄发而来。就像杨澜自己说的那样：“一次幸运并不可能带给一个人一辈子好运，人生还需要你自己来规划。”

1. 第一次转型：央视节目主持人

在成为央视节目主持人以前，杨澜是北京外语学院的一名大学生，还是一个有些缺乏自信的女生，甚至曾因为听力课听不懂而特别沮丧。直到后来听力水平提高了，才逐渐恢复了自信。她说：“我经常觉得自己不是一个有才华和极端聪明的人。”可这一切并没有影响到杨澜后来的成功。勤勉努力的她，不仅大胆直率，看问题也通常有自己独特的视角。

1990年2月，中央电视台《正大综艺》节目在全国范围内招聘主持人。杨澜以其自然清新的风格、镇定大方的台风及出众的才气逐渐脱颖而出。但是，由于她长得不是太漂亮，在第六次试镜时还只是在“被考虑范围之列”。杨澜知道后，就反问导演：“为什么非得只找一个女主持人，是不是一出场就是给男主持人做陪衬的？其实女性也可以很有头脑，所以如果能够有这个机会的话，自己就希望做一个聪明的主持人。”“我不是很漂亮，但我很有气质。”就是因为杨澜这些话，彻底打动了导演。毕业后，杨澜正式成为《正大综艺》的节目主持人。直到现在，杨澜也一直坚持女主持人不一定非得漂亮，头脑更重要。

进入央视后，杨澜终于感觉到，这次的选择是非常正确的，做传媒就是她喜欢的事情。靠着自身的实力与魅力，杨澜获得了“十佳”电视节目主持人、金话筒奖等。这是很多人一生都无法企及的知名度和注意力，也彻底改变了她未来的人生道路。四年央视主持人的职业生涯，不仅开阔了杨澜的眼界，更确立了她未来的发展方向：做一名真正的传媒人。

但渐渐地，杨澜对这种重复性工作开始有点儿厌烦了。也许是一切来得太容易了，也许觉得自己还可以做更多的事。最重要的是，她开始觉得有点虚：“央视让我一下子进入一个殿堂，但是我往下一看，空空如也，下边的基础都不是我自己建起来的，是一个庞大的机构赋予你支持，我觉得特别不踏实，所以我得自己从下边垒砖头慢慢起来，这样才会踏实。”

2. 第二次转型：美国留学生

1994年，当人们还惊叹于杨澜在主持方面的成就时，她又做出了一个令人惊讶的决定：辞去央视的工作，去美国留学。

在事业最明亮的时候选择激流勇退，这就意味着她要放弃目前所拥有的一切，包括触手可得的美好未来。但资助她留学的正大集团总裁谢国民先生，说了这样一句话：“我觉得一个节目没有一个人重要。”这给杨澜留下了很深的印象。

26岁的时候，杨澜远赴美国哥伦比亚大学，就读国际传媒专业。在异国他乡的生活，比想象中的还要艰苦。有一次，杨澜写论文写到半夜两点钟，好不容易敲完了，没有来得及存盘，电脑就死机了。杨澜当时就哭了，觉得第二天肯定交不了了。宿舍周围很安静，除了自己的哭声，只有宿舍管道里的老鼠在爬来爬去。但最后，她还是擦干眼泪，把论文完成了。谈起这段生活，杨澜说：“有些人遇到的苦难可能比别人多一点儿，但我遇到的困难并不比别人少，因为没有一件事是轻而易举的，需要经历的磨难委屈，一样儿也少不了。”

虽然如此，但这段生活给杨澜带来的收获要远远比磨难多。她的视野开阔了许多，更亲身接触到了许多成功的传媒人和先进的传媒理念。

业余时间，她与上海东方电视台联合制作了《杨澜视线》——一个关于美国政治、经济、社会和文化的专题节目，这是杨澜第一次以独立的眼光看世界。她同时担当策划、制片、撰稿和主持的角色，实现了自己从最底层“垒砖头”的想法。40集的《杨澜视线》发行到国内52个省市电视台，杨澜借此实现了从一个娱乐节目主持人向复合型传媒人才的过渡。

更重要的是，在这期间，她认识了先生吴征。作为事业和生活上的伙伴，在拓展人际关系网络和事业空间方面，吴征可以说居功至伟。他总是鼓励杨澜尝试新的东西：宁可在尝试中失败，也不能在保守中成功！正是吴征的帮助，使得杨澜未来的道路越走越宽。

3. 第三次转型：凤凰卫视主持人

1997年回国后，杨澜开始寻找适合自己的机会。当时，凤凰卫视中文台刚刚成立，杨澜便加盟其中。1998年1月，《杨澜工作室》正式开播。

凤凰卫视的两年，在杨澜的职业发展上起了重要作用。她不仅积累了各方面的经验和资本，也同时预留了未来的发展空间。

在凤凰卫视，杨澜不只是主持人，还是《杨澜工作室》的当家人，自己做选题，自己负责预算，组里所有的柴米油盐，她都必须精打细算。这种经济上的拮据，对杨澜来说是一个非常好的锻炼，使她知道如何在最低的经费条件下，把节目尽量完成到什么程度。

在随后的两年时间里，杨澜一共采访了120多位名人。这些重量级的人物也构成了杨澜未来职业发展的一部分，不少人在节目之后仍和她仍保持密切的联系。这种联系除了会给杨澜带来一些具体的帮助之外，精神上的获益也不可忽视。同时，与来自不同行业不同背景的嘉宾交流，也让她开阔了视野。

两年后，杨澜已经有了质的变化。她拥有了世界级的知名度、多年的传媒工作经验，以及重量级的名人关系资源，对于她而言，进军商界显然所欠缺的只是资本而已。而吴征，正是深谙资本运作的高手。

4. 第四次转型：阳光卫视的当家人

1999年10月，杨澜辞去了凤凰卫视的工作。从凤凰卫视退出之后，杨澜曾一度沉寂。2000年3月，她突然之间收购了良记集团，更名为阳光文化网络电视控股有限公司，成功地借壳上市，准备打造一个阳光文化的传媒帝国。

由电视界转向商界，对于这次转变，杨澜表示，她投身商界不是简单的为了赚钱，还为了实现她过去不能实现的媒体理念。

与大多数商人的低调不同，杨澜选择了始终站在阳光卫视的前面。在媒体上，经常可以看到关于杨澜的报道。她从一个做传媒出来的人变成了一个传媒名人。这种对传媒资源运用的驾轻就熟，使得她的阳光卫视一出世就有了许多优势。

杨澜创业不久,就遇到了全球经济不景气,杨澜立刻感觉到了压力。她几乎天天都想着公司的经营。由于市场竞争的压力,杨澜将公司的成本锐减了差不多一半,并逐渐剥离了亏损严重的卫星电视与香港报纸出版业务,同时她还将自己的工资减了40%。

2001年夏,杨澜作为北京申奥的形象大使参加了在莫斯科成功申奥的活动。同年,她的"阳光文化"接手了中国最大的门户网站之一——新浪网,开创了网络和电视相结合的时代,又与四通合作成立"阳光四通",开始进军网络业和IT业。

这一切都给公司所有员工带来了信心。终于,阳光文化在截止2004年3月31日的2003财政年度中取得了盈利,摆脱了近两年的亏损。之后,阳光文化正式更名为阳光体育,杨澜同时宣布辞去董事局主席的职务,全身心地投入到了文化电视节目的制作中。

5. 万变不离其宗

由央视的名主持到远涉重洋的学子,再到凤凰卫视的名牌主持,最后到阳光卫视的当家人,杨澜的角色在不断地变化。而以一位文化经营商的身份出现在公众的视野里,则是杨澜人生最重要的一次角色转换。

但正所谓"万变不离其宗"。无论如何转、如何变,杨澜始终把自己定为"传媒人",聪慧的她很清楚自己就是这块料,所以从没有偏离做媒体这个大方向。而她的变化就在于她制定的目标层次一直在提高。

杨澜在她的《凭海临风》一书中,曾写到了乘热气球的经历。热气球的操作员能做的只是调整气球的高度以捕捉不同的风向,而气球的具体航线和落点,就只能听天由命了。这正是乘坐热气球的魅力所在:有控制的可能性,又保留了不确定性,所以比任何精确设定的飞行都来得刺激。"其实人生的乐趣也是如此,全在这定与不定之间"杨澜这样认为。

(案例来源:http://wenku.baidu.com/link?url=06e-zGkQnT8ol1JyDFMyao4scWPeVziEMnzCK7AATqq5IWoPI_4TSOqEKfvntdvpdw4wLtoHCzmvdlncACeLKRd7uove5VDEvJfr1JhXBke)

创业语录

野蛮社会,体力可以统御财力和智力;资本社会,财力可以雇用体力和智力;信息社会,智力可以整合财力和体力。

——牛根生

一个公司在两种情况下最容易犯错误:第一,是有太多的钱的时候;第二,是面对太多的机会。一个CEO看到的不应该是机会,因为机会无处不在,一个CEO更应该看到灾难,并把灾难扼杀在摇篮里。

——马云

众筹是不是非法集资?

不是。众筹模式从商业和资金流动的角度来看,其实是一种团购的形式,和非法集资有本质上的差别,所有的项目不能够以股权或是资金作为回报,项目发起人更不能向支持者许诺任何资金上的收益,必须是以实物、服务或者媒体内容等作为回报,对一个项目的支持属于购买行为,而不是投资行为。

(咨询来源:众筹是不是非法集资?.创业网.2015-02-25)

巩固与训练

案例分析

在绍兴市新建北路5号，有家“新天烘焙”蛋糕店，与其他蛋糕店有点不同，这家店不仅宽敞明亮，而且在店铺的一角摆放着一张圆桌、两张凳子，桌上还放着几本杂志，有点休闲吧的味道。这家与众不同的蛋糕店的主人，是位刚走出大学校门的年轻人——浙江大学城市学院2006届毕业生陶立群。陶立群毕业后自主创业，现在已拥有5家蛋糕连锁店和一家加工厂，成为绍兴市里小有名气的创业青年，今年被评为绍兴市创业之星。

2006年6月，陶立群从浙江大学城市学院工商管理专业毕业时，决定开个蛋糕店。他做出这个决定并不是盲目的——大学期间，他曾经经营过校内休闲吧、小餐厅，都做得不错。曾做过“元祖蛋糕”代理的他，对蛋糕市场有所了解，觉得能在这一行闯出一片天地。虽然父母极力反对，但陶立群认准了这条路，决意走下去。2006年夏天，他白天顶着烈日逛绍兴市区大大小小的蛋糕店，看门道、想问题，晚上则躲在房间里查资料，了解市场行情。他还跑到杭州、上海等大城市做蛋糕市场的调查，搞可行性分析。陶立群的调查有不小的收获：绍兴当时只有“亚都”“元祖”两家知名品牌蛋糕店，其余的都是本地小蛋糕店，中高档品牌蛋糕市场相对空缺，而且当时绍兴还没有一家蛋糕店的糕点是现卖现烤的。陶立群的创业梦想定位在打造本地中高档蛋糕品牌上。

2个多月后，当满满9页的《新天烘焙蛋糕店可行性策划书》放在父母面前时，陶立群的父母被感动了，他们拿出积蓄支持儿子创业。2006年年底，第一家“新天烘焙蛋糕店”在绍兴市新建北路5号正式开张，陶立群做起了小老板。他将店面分成两部分，前半部分是自选式的透明橱窗，便于顾客自行挑选；后半部分则用来加工糕点，现做现卖。

起早摸黑，对在创业之初的陶立群来说是常事。为节约成本，采购、运货等工作，陶立群都自己一个人做。优质的用料、独特的口味、高质的服务，赢得了消费者的喜爱。2007年5月、10月，陶立群先后开出第二、第三家连锁店。

2008年9月，又有两家新天烘焙店在绍兴市区开张。在鲁迅故里做讲解员的曹圣燕是新天烘焙店的忠实顾客，她说，“新天”不仅布置得有情调，并且糕点的品种多、口味好，所以经常买。谈及今后的打算时，陶立群说，他下一步要在蛋糕店的团队建设上下功夫，并且要不断改善店里的蛋糕品种以及销售服务，打响“新天”品牌，力争开出更多的连锁蛋糕店。

请对陶立群创业成功的具体原因进行分析，并详述该项目对自己的启发。

课后训练

1. 列出当今中国成功创业者的名字，至少5人以上。列出他们所创造的公司和业绩，并试着谈谈他们的创业对中国经济发展起了哪些作用。

2. 在众多的创业活动中，你喜欢哪种或哪些类型的创业？为什么？

第二章　创业者与创业团队

学习目标 ……

知识目标：了解创业者的基本含义以及创业者的类型，掌握创业者应具备的基本素质和能力，熟悉创业动机的含义及分类；了解创业团队的含义以及团队对创业成功的重要性，掌握创业团队的类型及其优劣势，熟悉创业团队的构成和组建原则，认识创业团队领袖的角色与作用。

技能目标：学会寻找创业的驱动力，学习如何成为一名创业者；学习如何组建创业团队，掌握创业团队的管理策略和技巧。

态度目标：形成对创业者和创业团队的理性认识。

第一节　创　业　者

学习提示 ……

创业者是组织、管理一个生意或企业并承担其风险的人。创业者必须具备强烈的创业意识、执着的创新精神、良好的创业心态和积极的竞争意识，还必须具备分析决策能力、经营管理能力、专业技术能力与交往协调能力。

一、创业者的概念

创业者的概念经历了一个演变过程。1755 年，法国经济学家坎蒂隆首次将"创业者"一词引入经济学的领域。1880 年，法国经济学家萨伊首次给出了创业者的定义，他将创业者描述为将经济资源从生产率较低的区域转移到生产率较高区域的人，并认为创业者是经济活动过程中的代理人。1934 年，美籍奥地利经济学家熊彼特认为创业者应该是创新者，创业者概念中又加了一条，即具有发现和引入更好的产品、服务和过程的能力。

在欧美学术界和企业界，创业者被定义为组织、管理一个生意或企业并承担其风险的人。创业者的对应英文单词是 entrepreneur，entrepreneur 有两个基本含义：一是指企业家，即在现有企业中负责经营和决策的领导人；二是指创始人，通常理解为即将创办新企业或者是刚刚创办新企业的领导人。

香港创业学院是世界一流的非营利性的大学后创业教育机构，是创业领袖的摇篮，是创业技术的平台，是创业商品的舞台，是创业者的使命、荣誉、责任及其商品、企业、现金流的样板。香港创业学院院长张世平认为创业者一般被界定为具有以下几点的人：创业者是一种主导劳动方式的领导人；创业者是具有使命、荣誉、责任能力的人；创业者是组织、运用服务、技术、器物作业的人；创业者是具有思考、推理、判断能力的人；创业者是能使人追随并在追随的过程中获得利益的人；创业者是具有完全权利能力和行为能力的人。

我们认为，创业者首先是一个有梦想的追求者，他追求的是未来的回报，而非现在的回报。如果未来的回报低于预期，或者低于现在的回报，一个人不可能有创业的动力。因此，创业者进行创业活动是为了获得更大的价值，这种价值的实现，有物质上的诉求，而更多的是人生价值的实现。创业者的未来收益是一种投资性活动的收益，这些投资既可能是实际的资本投入，也有本人和团队的时间和精力的投入，而收益也就不只是金钱上的收益，还应包括价值的收益、理想的实现等。

在实际生活中，与一般人的观念不同，创业者所谓高度的商业才能，不仅仅是创办一个企业，而且是在企业的整个发展过程中，都能够做出正确的决策，及时解决面临的问题，修正企业的发展方向，使企业长期保持活力，不断发展壮大，成为具有影响力的企业的才能。同时，界定一个创业者，还应该从社会发展的角度，那些建立了新的商业模式并获得了好的发展的企业，并且为其他企业的发展提供样板，为社会提供就业，不断带来财富的企业的创立者通常也被称为创业者。

二、创业者的类型

（一）生存型

生存型创业者，最初或许根本就没什么创业的概念以及什么伟大的理想与梦想，只是出于生存的渴望与责任，凭自己的勤劳、努力与节俭，在生存的道路上不断积累财富、经验、品格、人脉，然后不断做大做强，最后，在历史潮流的推动下，走上了一条持久创业发展的道路，取得了最终让自己都从来未曾想过的成就与事业，李嘉诚就是典型的案例。

这种生存型企业，起初阶段根本就不需要什么管理，因为什么事都是自己做，但到后期就需要不断完善管理与制度，否则很快就会倒下去，当然能够留下的肯定是优秀的企业，毕竟经过磨练而生存发展壮大起来的企业肯定是有其独到之处。

（二）投机型

投机型创业者不一定有生存的顾虑，而更多可能是对金钱与财富的渴望，甚至可能是贪婪，利用特权或政策的漏洞，而进行利益的谋取。这种创业者为了利益与金钱可以不顾一切风险，可以不择手段，甚至可能铤而走险。

这种投机型企业也不需要什么管理与体制，因为它生存的基础就是钻空子，但如果需要转型或提升，就必须要加强自身的管理与升华，否则难免穷途末路。

（三）兄弟型

顾名思义，兄弟型创业者最初由几个情投意合的兄弟或朋友共同创建，有的是为生存，有的是为了兴趣，有的是为了梦想，有的也是机缘巧合等。总之，当他们走到一起时，总是充满了活力与激情，无所谓辛苦与收入，只为把它做起来，做大做强。

（四）梦想型

梦想型创业者，执着于心中的梦想与目标，充满超强的激情、活力与精力，但他可能没有什么特别的权势与财富积累，只是凭借自己的眼光、思想、特长、毅力与感召力去坚持不懈的努力，感召越来越多的志同道合者，聚集越来越多的资源，吸引越来越多的投资商，凭着一股打不死的精神，做出一番事业。

梦想型创业者最初可能无所谓管理，也根本不在乎管理，有的只是梦想、目标、未来、希望、激情与活力，这是他的永不停止的动力源泉。梦想型创业者要的是志同道合者，而不只是苟于生存者或唯利是图者。比如马云的阿里巴巴在创业过程中，当企业连工资都发不出的时候，不是谁都能或愿意坚持下来的，当然最后坚持下来的都成了阿里巴巴的千万富豪。

（五）投资型

投资型创业者，对财富的聚集与对未来的掌握永不满足，早已不存在生存与理想追求的问题，而更多是某种理念或生活的升华，这也是创业的最高境界了。这种创业者可能具有雄厚的资金或资源实力，又有敏锐的洞察力，凭自己独到的洞察与判断，投资项目，而取得一个又一个的事业成就。

投资型企业者很注重体制与规则，就是我投资你管理，我出钱你干活，基本没什么情意可讲，一切按制度来办。所以他可以把竞争对手的一帮团队挖过去，很快的又可以把整个团队赶走，因为作为资本家最重要的就是利用员工的剩余价值与财富创造能力，至于情感、共同梦想、长期发展及员工培养就根本不在他的考虑范围之内。

三、创业者应具备的素质和能力

创业是极具挑战性的社会活动，是对创业者自身智慧、能力、气魄、胆识的全方位考验。一个创业者要想获得的成功，必须具备基本的创业素质和创业能力。

（一）创业者应具备的创业素质

创业素质是创业者进行创业行动所需要的基本素质，包括强烈的创业意识、执着的创新精神、积极的创业心态和积极的竞争意识，这些基本素质是开创事业的基础。

1. 强烈的创业意识

要想取得创业的成功，创业者必须具备自我实现、追求成功的强烈的创业意识。强烈的创业意识能够帮助创业者克服创业道路上的各种艰难险阻，将创业目标作为自己的人生奋斗目标。创业的成功是思想上长期准备的结果，事业的成功总是属于有思想准备的人，也属于有创业意识的人。

2. 执着的创新精神

创新精神是一个国家和民族发展的不竭动力，是推动经济和社会发展的主导力量，是企业长盛不衰的法宝。创业者应该具有不断追求创新的素质，要有不满足维持现状的意识，要有不断推陈出新的精神。在当前信息化、经济全球一体化时代，创业者应与市场紧密结合，不去创新，企业就无法生存与发展，只有具有创新精神，创业者才能在未来的发展中不断开辟新的天地。创业实际是一个充满创新的事业，所以创业者要创新思维、无思维定势，不墨守成规，能根据客观情况的变化，及时提出新目标、新方案，不断开拓新局面，创出新路子，可以说，不断创新是创业者不断前进的关键因素。

3. 良好的创业心态

创业之路，是充满艰险与曲折的，自主创业就等于是一个人去面对变化莫测的激烈竞争以及随时出现的需要迅速正确解决的问题和矛盾，这需要创业者具有非常强的心理调控能力，能够持续保持一种积极、沉稳的心态，即有良好的创业心态。创业之路不可能一帆风顺，所以，如果不具备良好的心理素质、坚韧的意志，一遇挫折就垂头丧气、一蹶不振，那么，在创业的道路上是走不远的。宋代大文豪苏轼说："古之成大事者，不唯有超世之才，亦必有坚韧不拔之志。"只有具有处变不惊的良好心理素质和愈挫愈强的顽强意志，才能在创业的道路上自强不息、竞争进取、顽强拼搏，才能从小到大、从无到有，闯出属于自己的一番事业。创业的成功在很大程度上取决于创业者良好的创业心理素质。

4. 积极的竞争意识

竞争是市场经济最重要的特征之一，是企业赖以生存和发展的基础。随着我国社会主义市场经济从低级向高级发展，竞争愈来愈激烈。从小规模的分散竞争，发展到大集团集中竞争；从国内竞争发展到国际竞争；从单纯产品竞争，发展到综合实力的竞争。因此，创业者如果缺乏竞争意识，实际上就等于放弃了自己的生存权利。创业者只有敢于竞争，善于竞争，才能取得成功。创业者创业之初面临的是一个充满压力的市场，如果创业者缺乏竞争的心理准备，甚至害怕竞争，就只能是一事无成。

（二）创业者应具备的创业能力

创业能力是一种特殊的能力，这种特殊能力往往影响创业活动的效率和创业的成功，是对创业者综合能力的一种全方位考验。创业能力包括分析决策能力、经营管理能力、专业技术能力与交往协调能力组成。

1. 分析决策能力

分析决策能力是创业者根据主客观条件，因地制宜，正确地确定创业的发展方向、目标、战略以及具体选择实施方案的能力。决策是一个人综合能力的表现，一个创业者首先要成为一个决策者。创业者的决策能力通常包括：分析、判断能力和创新能力。大学生要创业，首先要从众多的创业目标以及方向中进行分析比较，选择最适合发挥自己特长与优势的创业方向、途径和方法。在创业的过程中，能从错综复杂的现象中发现事物的本质，找出存在的真正问题，分析原因，从而正确处理问题，这就要求创业者具有良好的分析能力。

2. 经营管理能力

经营管理能力是一种较高层次的综合能力，在较高层次上决定了创业实践活动的效率和成败。经营管理能力是指对人员、资金的管理能力。它涉及人员的选择、使用、组合和优化；也涉及资金聚集、核算、分配、使用、流动。经营管理能力的形成要从学会经营、学会管理、学会用人、学会理财几个方面去努力。

3. 专业技术能力

专业技术能力是创业者掌握和运用专业知识进行专业生产的能力。专业技术能力的形成具有很强的实践性，许多专业知识和专业技巧需要在实践中摸索，逐步提高、发展和完善。因此，要求创业者不断学习，开阔视野，精益求精、学有所长，高度重视创业过程中知识的积累、经验的积累和技能的积累。

4. 交往协作能力

交往协作能力是指创业者能够妥善地处理与外界（政府部门、新闻媒体、合作伙伴、客户等）之间的关系，以及能够有效协调下属及部门成员之间关系的能力。创业者应该做到妥当地处理与外界的关系，尤其要争取政府部门、工商以及税务部门的支持与理解；同时要善于团结一切可以团结的人，团结一切可以团结的力量，善于发掘合作伙伴，与合作伙伴之间求同存异、平等互利，共同协调发展，做到互惠互助，共同实现目标和利益；不断增强企业内部团队合作能力和凝聚力，建立一个有利于自己创业的和谐环境，为成功创业打好基础。

四、创业动机

（一）创业动机的含义

创业动机是引起和维持个体从事创业活动，并使活动朝向某些目标的内部动力，是鼓励和引导个体为实现创业成功而行动的内在力量。

美国心理学家韦纳（Weiner）认为，心理学上的动机，是激发和维持个体进行活动，并导致该活动朝向某一目标的心理倾向或动力，是构成人类大部分行为的基础。创业动机可以理解为激发、维持、调节人们从事创业活动，并引导创业活动朝向某一目标的内部心理过程或内在动力。

创业动机常常决定着创业的行业选择、目标定位等具体取向，内源于个体的心智与教育成长环境，是个体在综合自我、环境、价值、目标以及期望等诸多因素之后所形成于内在的、个人的初始动力，是创业的开始和最基本的驱动力。

（二）大学生创业动机

随着大学扩招，毕业生数量迅速增加，而社会岗位需求基本上保持在扩招前的水平，用人单位大多希望招聘到有几年工作经验的人员，毕业生就业压力越来越大。面对这种形势，选择自主就业既可以为自己寻找出路，又是为社会减轻就业压力。当前，想要开始自主创业的人并不少，这方面的意识越来越明显，大学生不再依赖家长、学校，而是主动发现、寻找机遇。总结起来，大学生创业的动机归纳起来主要有以下4种类型：

1. 生存的需要

首先由于经济的原因，许多家庭越来越难以负担昂贵的学费，助学贷款、奖学金制度也不能完全解决问题。在沉重的经济负担压力之下，为了顺利完成学业，一部分学生只能利用课余时间打工来维持正常的学习和生活。在打工的过程中有一部分具有创业素质的人会发现商机并且去把握它，开始走上了创业的道路。

其次，当前我国高校学生中城镇生源的学生95％均是独生子女，培养他们的独立性已经成为当务之急。目前已经有一部分学生开始独立承担自己的学习、生活费用，在他们中也产生了一定数量的创业先行者。这部分创业者通常都以学习为主要目的，从事一些需要投入时间、精力较少的行业，对经济回报要求较低。

2. 积累的需要

按照奥尔德弗（Alderfer）的ERG理论，人的需求分为生存、相互关系和成长。这三种需求并不一定按照严格的由低向高的顺序发展，可以越级。当代大学生随着年龄的增长，对于相互关系和成长的需要会逐渐强烈。一部分大学生为了增加自己的实践经验，丰富自己的社会阅历，或者为了自己以后的发展或实现自己的某个目标做好经济上的准备，在条件成熟的情况下也会利用课余时间走上创业的道路。这个类型的创业者往往以锻炼为目的，承受失败的能力较强。同时，由于压力较小，失败和半途而废的比例也比较高。

3. 自我实现的需要

心理学研究表明：25～29岁是创造力最为活跃的时期，这个年龄段的青年正处于创造能力的觉醒时期，对创新充满了渴望和憧憬。他们思维活跃、创新意识强烈同时所受的约束和束缚较少，按照ERG理论对成长的需要也更为强烈。另外，由于大学生所处的环境，他们往往更容易接触一些新的发明和学术上的新成果，或者他们中的一部分人本身拥有自主知识产权的科研成果。为了能早日实现自己成功的目标，他们中的一部分人改变了自己的成功观念也开始了自己的创业生涯。

4. 就业的需要

当前，我国大学生就业形势相当严峻，一方面表现为需求不足，另外一方面表现为大学毕业生的工资待遇降低。很多大学生认为创业是就业的一条很好的出路，在就业高峰，给自己一片更广阔的天空，并且在今后的社会中，自主创业的人会越来越多，甚至成为就业的主流，这是大学生毕业后选择自主创业的一个重要原因。在以经济建设为中心的大环境中，工作待遇是不得不考虑的一个重要因素，自主创业可能带来的就是良好的经济效益。

（三）创业动机的驱动因素

在知识经济飞速发展的今天，传统雇佣制的经济与创业的界限也变得模糊起来，并且产生了大量的介于雇佣者与创业者之间的自由职业者。而在当今社会中，由于信息的高速发展，社会的价值被大量分享，学习成本的降低，造就了社会的快速转型。当今社会最有价值的东西包括：可以随意学习的知识和技能、有兴趣的工作、不断学习的机会、有效沟通的网络（包括虚拟世界的有效沟通）。也正是这种发展变化，为人们带来的创业的便利，改变了当今的创业环境。

当人们的创业活动不再与金钱单纯挂钩时，这种创业活动就会变得多姿多彩，创业动机也丰富起来，创业动机的驱动因素包括两类。

1. 热情驱动创业

这类创业者创业的动机是梦想着有自己的企业，喜欢在自己的公司中扮演决策者的角色，虽然此时还没有机会，但是一旦这些人获得机会，就会毫不犹豫地改变自己。热情驱动创业的创业者有一个通病，他们在考虑创业时，并不太会考虑将来干什么，在传统行业的创业活动中，也能施展他们的技能。

2. 梦想驱动创业

有些人的创业动机非常简单，他们希望能够以创业养家糊口，改变自己贫穷的现状。他们可以尝试创建一个适合个人境况、生活方式的小企业，以“小生意”或者“小微企业”来保证自己衣食无忧，但是当机会来到时，他们当中也会有人毫不犹豫地扩大企业的发展。在通常情况下，此类创业者并没有较为宏大的创业计划，他们或许只想开办一家生活型企业，在经营中获得乐趣，并利用销售收入维持企业的发展。

河南澄通科技的创业团队组建

姜军，黄河水利职业技术学院信息工程系网络工程专业 2006 届毕业生。

2008 年，姜军联系大学同窗好友王天鹏、李涛，三个充满激情的年轻人带着共同创业的梦想，一起组建了爱情密码情侣礼品店，短短一年时间，三人凝心聚力、分工合作赚得了创业路上的第一桶金。

随着对事业和对人身价值的更高追求，2009 年 5 月，三人共同成立了河南澄通电子科技有限公司，公司主营 LED 显示屏，包含销售、安装、调试、售后服务一系列工作。公司创立初期，三人明确目标和分工，姜军、王天鹏对做业务感兴趣，再加上在大学期间姜军曾任学生会主席、王天鹏曾任学生会办公室主任，锻炼了与人沟通和交际的能力，负责开展业务和营销推广，而李涛更喜欢钻研技术，所以负责安装调试和售后服务。

创业是件艰难的事儿，但是大家都有着共同的梦想，想出成绩、创业绩，彼此之间相互信任，所以累并快乐着，这种彼此的心理支持让他们更加有动力。最初，没有实力打入市政项目中，三人就以最原始的办法开拓市场，那就是跑个体门店做一些小项目，天天大街小巷去推销、每天奔波几十公里甚至上百公里。每到一个城市先买一张地图，开始规划路线，这种感觉还真有一点像作战一样，先部署路线再按路线行动，一个月下来是又瘦又黑。付出就有回报，半年下来公司赚到了一部分利润。但为了更长远的发展、三人开始规划进行进一步分工，开始扩大团队招入一批新生力量。公司发展到今天，团队成员不断增多，分工更加明确，并建立起一套科学、规范、严谨的管理制度。姜军任总经理，主要负责公司的内部管理、市场推广、品牌建设及开拓市政项目；王天鹏任销售部经理，负责带领业务团队渠道建设、产品销售及财务管理等；李涛任技术部经理，负责工程及技术安装及后期调试、售后服务等。

2010年，澄通公司为母校黄河水利职业技术学院供货并安装LED大型屏幕，并为信息工程系捐赠LED滚动显示屏。

经过团队齐心协力，2010年，澄通公司的显示屏成功打入河南移动公司，移动公司单个项目就签了226万元的合同，这为公司进入市政项目奠定了基础，同年渠道建设也取得了一定成果，在河南省18个地市建立了代理经销商，公司销售额突破1000万元。

2011年澄通公司通过ISO9001质量管理体系认证和ISO14001环境体系认证及AAA信用等级认证，并与中国农业银行、中国建设银行、中国工商银行、农村信用社建立战略合作伙伴，标志着公司成功打入市政项目。2012年，销售额达到3000万元；2013年，在内蒙古成立分公司，2014年销售额达3600万元。2015年，公司相关产品中标河南省政府及部分省级重要单位，年销售额突破4000万元。

2016年，澄通公司将站在新起点、迎接新挑战、创造新成绩。

大学生创业优惠政策

教育部《关于做好2015年全国普通高等学校毕业生就业创业工作的通知》中指出："要加大对大学生自主创业资金支持力度，多渠道筹集资金，广泛吸引金融机构、社会组织、行业协会和企事业单位为大学生自主创业提供资金支持。建设一批大学生创业示范基地，继续推动大学科技园、创业园、创业孵化基地和实习实践基地建设，高校应开辟专门场地用于学生创新创业实践活动，教育部工程研究中心、各类实验室、教学仪器设备等原则上都要向学生开放。实施好新一轮大学生创业引领计划，落实创业培训、工商登记、融资服务、税收减免等各项优惠政策，鼓励扶持开设网店等多种创业形态。完善大学生创业服务网功能，提供项目对接、政策解读和在线咨询等服务。"

为支持大学生创业，国家和各级政府出台了许多优惠政策，涉及融资、开业、税收、创业培训、创业指导等诸多方面。对打算创业的大学生来说，了解这些政策，才能走好创业的第一步。

(1) 大学毕业生在毕业后两年内自主创业，到创业实体所在地的工商部门办理营业执照，注册资金(本)在50万元以下的，允许分期到位，首期到位资金不低于注册资本的10%(出资额不低于3万元)，1年内实缴注册资本追加到50%以上，余款可在3年内分期到位。

(2) 大学毕业生新办咨询业、信息业、技术服务业的企业或经营单位,经税务部门批准,免征企业所得税两年;新办从事交通运输、邮电通讯的企业或经营单位,经税务部门批准,第一年免征企业所得税,第二年减半征收企业所得税;新办从事公用事业、商业、物资业、对外贸易业、旅游业、物流业、仓储业、居民服务业、饮食业、教育文化事业、卫生事业的企业或经营单位,经税务部门批准,免征企业所得税一年。

(3) 各国有商业银行、股份制银行、城市商业银行和有条件的城市信用社要为自主创业的毕业生提供小额贷款,并简化程序,提供开户和结算便利,贷款额度在 2 万元左右。贷款期限最长为两年,到期确定需延长的,可申请延期一次。贷款利息按照中国人民银行公布的贷款利率确定,担保最高限额为担保基金的 5 倍,期限与贷款期限相同。

(4) 政府人事行政部门所属的人才中介服务机构,免费为自主创业毕业生保管人事档案(包括代办社保、职称、档案工资等有关手续)2 年;提供免费查询人才、劳动力供求信息,免费发布招聘广告等服务;适当减免参加人才集市或人才劳务交流活动收费;免费为创办企业的员工提供一次培训、测评服务。

(资料来源:百度百科 http://baike.baidu.com/link? url=L1Pp_xmTZqQ4DLF5X48IqhQwbLWzCZGqWf2bs6iqUKHehUKaJg-JzSfPbilZe65C91Eile-2bYpaf2PrQkvDc_)

对所有创业者来说,永远告诉自己一句话:从创业的第一天起,你每天要面对的是困难和失败,而不是成功。我最困难的时候还没有到,但有一天一定会到。

——马云(阿里巴巴集团主席兼首席执行官)

压力是躲不掉的。一个企业家要耐得住寂寞,耐得住诱惑,还要耐得住压力,耐得住冤枉,外练一层皮,内练一口气,这很重要。武林高手比的是经历了多少磨难,而不是取得过多少成功。

——马云(阿里巴巴集团主席兼首席执行官)

第二节 创业团队

学习提示 ……

创业团队是由技能互补、贡献互补、责任共担、愿为共同的创业目标而奋斗的人所组成的特殊群体。创业团队的组建原则应包括合理的人员数量、互补的人才结构和共同的奋斗目标等,创业团队的领导者是创业团队的灵魂。

一、创业团队

(一) 创业团队的含义

创业团队是由技能互补、贡献互补、责任共担、愿为共同的创业目标而奋斗的人所组成的特殊群体。该群体在一个共同认同的、能使彼此担负责任的程序规范下,为达成高品质的创业结果而共同努力,相互协作、依赖,共同担当。

创业团队应该具有较强的资源整合能力，能通过团队成员之间的技能互补来提高驾驭环境不确定性的能力，从而降低新创企业经营风险，增加创业成功的概率。

（二）创业团队对于创业的重要意义

现代企业，需要的是少走弯路，从一开始就走规范化管理道路，因此，创业者在创业初期就应该组建创业团队。一个好的创业团队对于创业的成功起着举足轻重的作用。一个喜欢独立奋斗的创业者固然可以谋生，然而一个团队的营造者却能够创建出一个组织或一个公司，而且是一个能够创造出重要价值的公司。

共同创业有利于分散创业风险，通过团队成员之间的技能互补可提高企业驾驭环境不确定性的能力，从而降低新创企业经营失败的可能性。创业团队的凝聚力、合作精神、立足长远目标的敬业精神会帮助新创企业渡过危难时刻，加快成长步伐。更为重要的是，共同创业具有更强的资源整合能力，能同时从多个融资渠道获取创业资金等资源，保证创业的成功。因此，组建一支优秀的创业团队对任何创业者而言，都是一项至关重要的工作。

创业团队对于创业的成功有重要的影响，在美国一项针对 104 家高科技企业的研究报告指出，在年销售额达到 500 万美元以上的高成长企业中，有 83.3%是以团队形式建立的；而在另外 73 家停止经营的企业中，仅有 53.8%有数位创始人。这一模式在一项关于“128 公路一百强”的研究中表现得更为明显：100 家创立时间较短、销售额高于平均数几倍的企业中 70%有多位创始人。

（三）创业团队的 5P 要素

创业团队就是由少数具有技能互补的创业者组成，为了实现共同的创业目标，为达成高品质的结果而努力的共同体。创业团队需具备五个重要的团队组成要素，称为 5P，5P 要素包括：

1. 目标(purpose)

目标是指团队应该有一个共同的既定目标，为团队成员导航，知道要向何处去，没有目标，这个团队就没有存在的价值。作为创业团队，应将目标分为长期与短期，长期目标即公司的愿景，短期目标则是长期目标的分解。目标的完成过程，应当是所有团队成员共同努力的过程，而不能成为创业者自己奋斗的辛酸史。

2. 人(people)

人是构成团队最核心的力量，2 个(包含 2 个)以上的人就可以构成团队。目标是通过人员具体实现的，所以人员的选择是团队中非常重要的一部分。一般来说，创业者都愿意选择那些技能最优、经验丰富的人员作为创业团队成员。当这些人员进入团队时，如何留住他们就成为摆在创业者面前的一个难题，如果处理不当，就会造成人才的流失，这是创业过程中的普遍现象之一。

3. 定位(place)

定位通常包含两个层次：团队在企业中的定位，是指团队在企业中所扮演的角色及企业内部的决策力和执行力；成员在团队中的定位，是指团队成员在团队中扮演的角色及团队内部决策的制定和执行。

4 权限(power)

权限是指新企业中职、责、权的划分与管理。一般来说，团队的权限与企业的大小、正规程度相关。在新企业的团队中，核心领导者的权力很大，随着团队的成熟，核心领导者的权限会降低，这是一个团队成熟的表现。

5. 计划(plan)

计划有两层含义：一方面是为保证目标的实现而制订的具体实施方案；另一方面计划在实施中又会分解出细节性的计划，需要团队共同努力完成。

以上是团队构成的要素，但是创业之初，创业者往往会面临很多困难，团队的建设并不像想象中的那样简单，这需要创业者有心理准备。有时创业过程会与团队组建一起完成，由于创业活动的特殊性，创业团队不必具备每一个因素。随着企业发展逐步成熟，团队建设也应该逐步完善，创业者应当时刻记得一句俗语“三个臭皮匠，顶个诸葛亮”，这正说明创业团队在创业过程中的重要性。

创业团队通常是在创业初期通过不断地寻找得到的，团队成员共同参与从新企业的创建到发展的整个过程并做出贡献。作为创业团队成员，共同参与创业过程，他们的思路会影响创业者的战略决策，在经济上占有一定的股权，因此也承担一定的风险。虽然每个创业者的创业过程各不相同且具有不可复制性，但是我们在研究了中外众多的创业活动后仍然可以得出以下结论：一个人单打独斗地创业要比团队创业的成功率低得多。

二、创业团队的优劣势分析

不同类型的创业团队各有其优势和劣势，以下是三种典型创业团队优劣势分析。

（一）领袖型创业团队

创业团队中有一个核心人物充当“主导”角色。一般是某人先有了成熟的技术或者创意，在深入调研、充分论证，甚至已经拥有资金的情况下，再根据技术或者项目的推广需要，找到相关专业的人员参与。

因此，在团队形成之前，核心人物已经根据自己的想法选择相应人员加入团队。这些加入创业团队的成员也许是以前熟悉的，也可能是不熟悉的，在创业中更多的是支持者角色。这种创业团队的优劣势在于：

(1) 组织结构紧密、向心力强，主导人物在组织中对其他个体影响较大。

(2) 决策程序相对简单，组织效率较高。

(3) 容易形成权力过分集中的局面，从而使决策失误的风险加大。

(4) 当其他团队成员和主导人物发生冲突时，因为核心人物的特殊权威，使其他团队成员在冲突发生时往往处于被动地位，在冲突较严重时，一般都会选择离开团队，因而对组织的影响较大。

（二）伙伴型创业团队

创业团队成员主要来自因为经验、友谊和共同兴趣而结缘的伙伴，彼此在一起发现商业机会。在创业团队组成时，大家根据各自的特点自发地组织角色定位。因此，在企业初创时期，各位成员基本上扮演的是协作者或者伙伴角色。这种创业团队的优劣势在于：

(1) 团队没有明显的核心，整体结构较为松散。

(2) 组织决策时，一般采取集体决策的方式，通过大量的沟通和讨论达成一致意见，因此组织的决策效率相对较低。

(3) 由于团队成员在团队中的地位相似，因此容易在组织中形成多头领导的局面。

(4) 当团队成员之间发生冲突时，一般都采取平等协商、积极解决的态度消除冲突，团队成员不会轻易离开。但是一旦团队成员间的冲突升级，使某些成员撤出团队，就容易导致整个团队的涣散。

（三）核心型创业团队

这种创业团队是由群体伙伴创业团队演化而来，基本上是前两种的中间形态。在团队中，有一个核心成员，但该核心人物从某种意义上说是整个团队的代言人，而不是主导型人物，其在团队中的行为必须充分考虑其他团队成员的意见，不如领袖型创业团队中的核心人物那样有权威。这种创业团队的优劣势在于：

(1) 核心成员地位的确立是团队成员协商的结果，因此，该核心成员具有一定的威信，能够作为整个团队的主导。

(2) 团队的领导是在创业过程中形成的，既不像领袖型团队那样集权，又不像伙伴型创业团队那样分散。

(3) 核心成员的行为必须充分考虑团队其他成员的意见，不像领袖型创业团队中的核心主导人物那样有权威。

三、组建创业团队的策略分析

（一）创业团队的组建原则

组建创业团队，首先应考虑创业计划实施过程中所需人员应具备的基本知识与能力，从而按照实际需要组织能够担当各种职能的团队成员。组建创业团队一般要遵循下面的原则：树立正确的团队理念，确立明确的团队发展目标，建立责、权、利相统一的团队管理机制。

1. 合理的人员数量

创业团队的人数一般控制在 3 至 5 人为宜。刚开始创业的时候，往往会碰到很多意料不到的问题，人少了，团队的群体效应没发挥出来，人多了，团队思想不容易统一。人数合理，便于领导与任务分工协调的有效开展，保证各项工作完成的速度和质量，提高办事效率，占据有利的市场地位。

2. 互补的人才结构

创业者之所以寻求团队合作，其目的就在于弥补创业目标与自身能力间的差距。只有当团队成员相互间在知识、技能、经验等方面实现互补时，才有可能通过相互协作发挥出“1+1>2”的协同效应。在组建创业团队时，应强调团队成员人才结构的互补性，这种互补性不仅是指在性格方面的互补，更强调技能方面的互补，因为任何创业团队成员的能力不可能面面俱到。一个完整的创业团队，应包括管理型人才、技术型人才和营销型人才。

管理型人才，负责团队工作调配与应急事务处理等；

营销型人才，负责创业计划书的起草修正及市场调研推广等；

技术型人才，负责创业技术支持和专业服务等。

创业团队基本架构如图 2-1 所示：

3. 共同的奋斗目标

团队共同的奋斗目标在团队组建过程中具有特殊的价值。首先，目标是一种有效的激励因素。既能帮助团队成员看清未来发展方向，又能激励创业团队勇于克服困难，取得胜利。其次，目标是一种有效的协调因素。《孙子兵法》曰：“上下同欲者，胜。”团队中各种角色的个性、能力有所不同，只有真正目标一致、齐心协力的创业团队才会得到最终的胜利与成

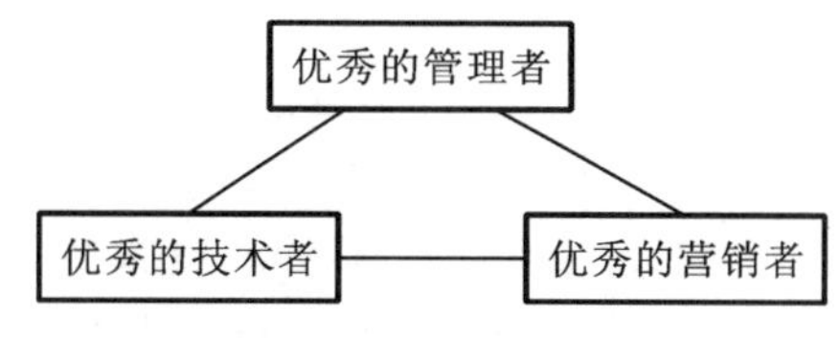

图 2-1 创业团队基本架构

功。因此,目标必须明确,这样才能使团队成员清楚地认识到共同的奋斗方向是什么。与此同时,目标也必须是合理的、切实可行的,这样才能真正达到激励的目的。

(二) 创业团队的组建方式

组建创业团队的形式主要有合伙制、公司制两种。

1. 合伙制

合伙制由合伙人订立合伙协议,共同出资、合伙经营、共享收益、共担风险,并对债务承担无限连带责任。创业团队采取合伙制是一种过渡型创业模式,有利于将创业中的激励机制与约束机制有机结合起来。合伙人执行合伙企业事务,有全体合伙人共同执行合伙企业事务、委托一名或数名合伙人执行合伙企业事务两种形式。这种创业模式比较自由灵活,启动资金少,创业者可抓住消费群体特点来确定行业,降低了创业风险。

2. 公司制

公司制是采取设立有限责任公司或股份有限公司的形式组建创业团队,运用公司投资的运作机制及形式进行创业。公司制能有效集中资金进行投资活动,以自有资本投资的收益可以根据自身发展需要,作必要扣除和提留后再进行分配;随着业务的快速发展,可以申请进行改制上市,使投资者的股份可以公开转让而将所得资金用于循环投资。

组建一个高效的创业团队是成功创业的基础。创业团队理念和团队成员的素质是实现公司远景的关键。优秀的创业团队日渐形成的、高绩效的、卓越的团队风格会逐渐演变成一种传统,形成企业文化。

(三) 创业团队的组建程序

创业团队的组建是一个相当复杂的过程,创业项目的类型不同,所需的团队不一样,创建步骤也不完全相同。概括来讲,大致的组建程序如下:

1. 明确创业目标

创业团队的总目标就是要通过完成创业阶段的技术、市场、规划、组织、管理等各项工作实现企业从无到有、从起步到成熟。总目标确定之后,为了推动团队最终实现创业目标,再将总目标加以分解,设定若干可行的、阶段性的子目标。

2. 制订创业计划

在确定了总目标和各阶段性子目标之后,紧接着就要研究如何实现这些目标,这就需要制订周密的创业计划。创业计划是在对创业目标进行具体分解的基础上,以团队为整体来考虑的计划,创业计划确定了在不同的创业阶段需要完成的阶段性任务,通过逐步实现这些阶段性目标来最终实现创业目标。

3. 吸纳创业成员

吸纳创业成员是创业团队组建关键的一步。关于创业团队成员的吸纳,主要应考虑两个方面:一是考虑互补性,即考虑其能否与其他成员在能力或技术上形成互补。这种互补性形成既有助于强化团队成员间彼此的合作，又能保证整个团队的战斗力，更好地发挥团队的作用。一般而言，创业团队至少需要管理、技术和营销三个方面的人才。只有这三个方面的人才形成良好的沟通协作关系后，创业团队才可能实现稳定高效；二是考虑适度规模，适度的团队规模是保证团队高效运转的重要条件。团队成员太少则无法实现团队的功能和优势，而过多又可能会产生交流的障碍，团队很可能会分裂成许多较小的团体，进而大大削弱团队的凝聚力。一般认为，创业团队的规模控制在 3～5 人之间为佳。

4. 进行职权划分

为了保证团队成员执行创业计划、顺利开展各项工作，必须预先在团队内部进行职权的划分。创业团队的职权划分就是根据执行创业计划的需要，具体确定每个团队成员所要担负的职责以及所享有的相应权限。团队成员间职权的划分必须明确，既要避免职权的重叠和交叉，也要避免无人承担造成工作上的疏漏。此外，由于还处于创业过程中，面临的创业环境又是动态复杂的，会不断出现新的问题，可能不断更换团队成员，因此创业团队成员的职权也应根据需要不断地进行调整。

5. 构建制度体系

创业团队制度体系体现了创业团队对成员的控制和激励能力，主要包括了团队的各种约束制度和各种激励制度。一方面，创业团队通过各种约束制度（主要包括纪律条例、组织条例、财务条例、保密条例等）指导其成员避免做出不利于团队发展的行为，实现对其行为进行有效的约束、保证团队的稳定秩序。另一方面，创业团队要实现高效运作，只有有效的激励机制（主要包括利益分配方案、奖惩制度、考核标准、激励措施等）才能使团队成员看到随着创业目标的实现，其自身利益将会得到怎样的改变，从而达到充分调动成员的积极性、最大限度发挥团队成员作用的目的。要实现有效的激励首先就必须把成员的收益模式界定清楚，尤其是关于股权、奖惩等与团队成员利益密切相关的事宜。需要注意的是，创业团队的制度体系应以规范化的书面形式确定下来，以免带来不必要的混乱。

6. 调整融合团队

完美组合的创业团队并非创业一开始就能建立起来，很多时候是在企业创立一定时间以后随着企业的发展逐步形成的。随着团队的运作，团队组建时在人员匹配、制度设计、职权划分等方面的不合理之处会逐渐暴露出来，这时就需要对团队进行调整融合。由于问题的暴露需要一个过程，因此团队调整融合也应是一个动态持续的过程。创业团队的组建程序如图 2-2 所示，在完成了前面的工作步骤之后，团队调整融合工作专门针对运行中出现的问题不断地对前面的步骤进行调整直至满足实践需要为止。在进行团队调整融合的过程中，最为重要的是要保证团队成员间经常进行有效沟通与协调，培养强化团队精神，提升团队士气。

四、团队管理的策略

企业管理的重点是在维持团队稳定的前提下发挥团队多样性优势。有效的团队管理能使原本分散的，具有不同能力、不同个性的人组成一个有共同目标、相互协调的群体。团队管理就是要使团队具有不断改善、不断革新的精神，使每个人的才能不能停留在原有水平上，而是不断地发展和增强，从而起到“1+1>2”的效果。

（一）打造团队精神

任何一个成功企业的背后，都有一个强大团队精神做支撑的团队，团队精神是各个成员

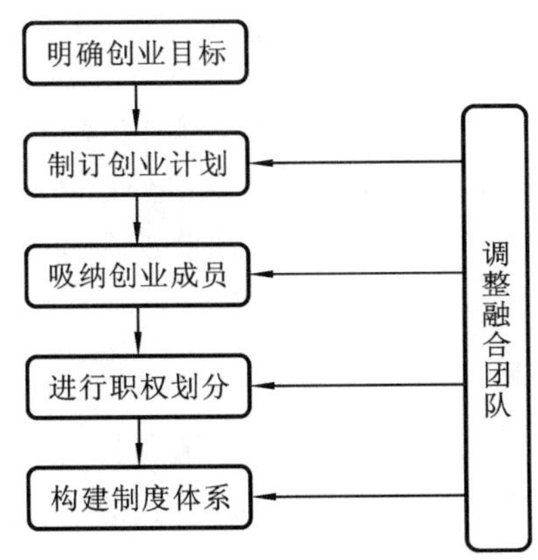

图 2-2 创业团队的组建程序

的精神支柱，是创业成功的基石。是否拥有和谐向上的团队文化是进行团队管理的灵魂。团队精神和团队文化能充分调动整个小组成员的团队意识，相互理解和支持，为实现团队的目标服务。

1. 重视团队精神

没有团队意识的员工，无论学识有多高、技术有多精、学历有多高，对企业来讲都是“零”。只有具备“团队精神”的团队，才会形成一种无形的向心力、凝聚力和塑造力。在创业过程中，团队所有成员都认同整个团队是一股密切联系而又缺一不可的力量。团队的利益高于团队每一位成员的利益，如果团队成员能够为团队利益而舍弃自己的小利时，团队的凝聚力则更强。

2. 形成团队精神

(1) 培养敬业精神。

敬业是积极向上的人生态度，而兢兢业业做好本职工作是敬业精神中最基本的一条。要做到敬业，就要求创业者具有“三心”，即耐心、恒心和决心。任何事情都不是一蹴而就的，不可只凭一时的热情、三分钟的热度来工作，也不能在情绪低落时就马马虎虎、应付了事。特别在创业初期，要勇敢地面对并解决困难，而不是一遇到困难就退缩。

(2) 建设学习型团队。

爱尔兰作家萧伯纳有一句名言：“两个人各自拿着一个苹果，互相交换，每人仍然只有一个苹果；两个人各自拥有一个思想，互相交换，每个人就拥有两个思想。”如果团队中每个成员都能把自己掌握的新知识、新技术、新思想与其他团队成员分享，集体的智慧势必大增，团队的学习力就会大于个人的学习力，团队智商就会大大高于每个成员的智商，整体大于部分之和。

(3) 建立竞争型团队。

人类社会发展遵循着优胜劣汰的法则，在激烈的市场竞争条件下，竞争意识应渗透到团队建设之中，从而建立一个竞争型的团队。竞争型团队必须具有竞争意识，敢于正视自己，敢于面对强手。竞争型团队要提高自身水平和技能，能有效完成团队任务。竞争型团队在建立内部竞争机制时，要注意成员之间的关系是建立在理性基础上的竞争，而不是斗争。协作是团队的核心，要用争论来激活团队的气氛，激发成员的竞争意识。要以发展来吸引人，以事业来凝聚人，以工作来培养人，以业绩来考核人，用有情的鼓励和无情的鞭策，让团队的每一个人都能以积极的心态工作，实现自我和超越自我，最大程度上发挥团队威力。

3. 塑造团队文化

高效的团队注重团队文化的塑造，尤其是共同价值观的培养。团队文化是由团队价值观、团队使命、团队愿景和团队氛围等要素综合在一起而形成的。塑造团队文化的关键就是在团队形成与发展的过程中确立团队的价值观、团队使命和团队愿景，并以此为基础逐渐形成相应的团队文化氛围。

（二）设置创业团队的组织架构

团队在设置组织结构时，必须以自己的战略任务和经营目标为依据，这是设置企业组织结构的出发点和归宿。在设置组织结构时要注意以下几点：

1. 权责分明

团队的任何一项工作都离不开其他人的配合，只有协作配合好，才能顺利完成管理工作。对于初创立的创业团队，人员的分工一般都比较粗放，很多事情不分彼此、一起决策、共同实施。但一定要注意落实责任、权责分明，避免出错或者失误后互相推诿，造成团队成员之间的矛盾。

2. 分工明确

在设置不同组织结构时，分工要明确，且适当。分工并不是越细越好，分工过细导致工作环节的增加，往往引起工作流程延长，会削弱分工带来的好处。解决扯皮问题的关键是整个团队或成员要在团队精神的指导下相互协调以完成总体目标。

3. 适时联动

适时联动是为了完成特定任务，成立打破部门分工、跨越部门职能的专门工作小组，其成员具有双重身份，既要向本部门主管汇报工作，又要向跨部门小组组长负责。

这种模式适用于已经具有一定规模的大学生企业。创业团队建设初期由于没有专门的跨部门功能小组，各成员各司其职，在企业规模不是很大的情况下，运行状况还比较好。但是随着企业规模的不断扩大，尤其在新产品更新速度不断加快和一些比较重大的项目上，缺乏全盘的统筹和协调，会造成企业运转困难。因此，一个专门负责新项目或重大项目的组织协调工作的机构就显得尤为必要。当有新项目时，组织各职能部门职员成立一个跨部门功能小组，小组成员在向本部门主管负责或报告的同时要向小组组长报告该项目所辖职能的进展状况，直到项目完成，小组解散，当有新项目时重新组织新的跨部门功能小组，不断滚动。这样跨部门功能小组在组长的协调下充分发挥团队精神，提高工作效率。

跨部门功能小组从组织结构上保证了团队精神的实现，但要充分发挥相关部门和小组成员的团队意识和能动性，还应该讲究一定的方法和途径，并按部门职能或小组成员特长进行合理分工，协调和监督各小组成员的工作进度，朝着团队的既定目标前进。

（三）优化创业团队的运作机制

1. 做好决策权限分配

创业团队内部需要妥善处理各种权力和利益关系，确定谁适合于从事何种关键任务和谁对关键任务承担什么责任。在治理层面，主要解决剩余索取权和剩余控制权问题。治理层面的规则大致可以分为合伙关系与雇佣关系。同时，还必须建立进入机制和退出机制，约定以后创业者退出的条件和约束，以及股权的转让、增股等问题。而在管理层面，最基本的原则有三条：一是平等原则，制度面前人人平等；二是服从原则，下级服从上级，行动要听指挥；三是秩序原则，不能随意越级指挥，也不能随意越级请示。大学生创业团队内部的管理界限没有那么明显，但一定得把决策权限理清，做到有权有责。

2. 制定员工激励办法

新创团队需要妥善处理创业团队内部的利益关系。大学生创业的资金筹措本来就是难题，团队的报酬体系就显得尤为重要，分配就应更加合理谨慎。团队的管理者要认真研究和设计整个团队的报酬体系，使之具有吸引力，并且使报酬水平不受贡献水平的变化和人员增加的限制，即能够保证按贡献付酬和不因人员增加而降低报酬水平。

3. 建立业绩评估体系

业绩考核必须与个人的能力、团队的发展、扮演的角色和取得的成绩结合起来。传统的绩效评估体系和绩效管理只关注个人绩效如何，而不去考虑个人绩效与团队绩效更好地进行结合。造成这种状况的原因多种多样，包括评估不及时，各方意见不能真实反映实际情况，评估含糊不清，易掺入情感因素，忽略了被评估人的绩效给他人带来的影响等。成功的绩效管理不再限定于只注重个人的绩效，而是更加注重整体表现。这样的交流能让员工个人了解团队合作的重要性，个人需要不断进行自我调整以适应不断变化的环境和业务发展。

五、创业团队领导者角色与行为策略

创业团队领导者是创业团队的灵魂，每个团队都必须有一个领导创业者或者灵魂。创业团队领导者是整个团队力量的协调者和整合者，其能力和行为对于创业团队高效运转，乃至创业项目的实施有着至关重要的作用。主要体现在以下几个方面。

（一）项目策划

创业团队领导者是项目策划的召集人和组织者。项目策划包括策略思考与计划编制等。项目策划必须注意几方面的问题：第一，必须弄清策划项目的价值所在、所涉及的范围和有关的限制因素，创建企业市场服务的定位；第二，确定由谁作为该项目的策划小组负责人；第三，必须考虑当选定创业目标，在资金、人脉、市场等各方面条件都已准备妥当或已积累了相当的实力后，要带领团队准备完整的创业经营计划。创业经营计划除了能让创业者自己坚定创业目标，梳理创业内容之外，还可以说服他人合资、入股，甚至可以募得创业基金。

（二）组织实施

创业团队领导者在制订行动计划后，要组织团队成员去实施计划的执行程度和领导创业者的组织实施能力呈正相关的关系。领导创业者组织团队实施计划的过程中，必须注意下面几个问题：一是团队行动必须随着企业的创业环境的变化而变化，必须与创业企业的发展目标相适应；二是设计组织改革的方案时要集思广益；团队人员需要共同参与思考设计组织改革的基本框架和操作流程；三是要创造一个有利于激活企业组织的良好氛围。创业团队领导者要充分发挥自己的组织领导能力，确立改革创新的理念，使组织能够沿着健康的方向运行。

（三）提高领导力

创业团队领导者是一个指挥员，要精明果断，根据具体情况设计出最佳的组织结构形式。善于量才用人，用其所长，避其所短，最大限度地发挥团队成员的主观能动性，做到统筹兼顾，合理安排，指挥调度得当；善于抓住决策时机，及时下达正确的指令，使下属成员步调一致。

（四）加强控制

控制是指根据既定的目标不断跟踪和修正所采取的行为，以实现预想的目标或业绩。控制的主要目的是使正确的行动得到长期保持，错误的行动得到及时改正。通过评估监控创业团队的绩效，将实际的表现与预先设定的目标进行比较，纠正显著的偏差，使创业回到正确的轨道。由此，须采取两个具体的措施：考核与激励。对执行计划的团体和个人加以考核和督促；激励员工以提高工作兴趣和工作效率。

腾讯公司：创业5兄弟

腾讯的马化腾创业5兄弟，堪称难得，其理性堪称标本。12年前的那个秋天，马化腾与他的同学张志东合资注册了深圳腾讯计算机系统有限公司。之后又吸纳了三位股东：曾李青、许晨晔、陈一丹。这5个创始人的QQ号，据说是从10001到10005。为避免彼此争夺权力，马化腾在创立腾讯之初就和四个伙伴约定清楚：各展所长、各管一摊。马化腾是CEO（首席执行官），张志东是CTO（首席技术官），曾李青是COO（首席运营官），许晨晔是CIO（首席信息官），陈一丹是CAO（首席行政官）。

之所以将创业5兄弟称之为"难得"，是因为直到2005年的时候，这五人的创始团队还基本是保持这样的合作阵形，不离不弃。直到腾讯做到如今的帝国局面，其中4个还在公司一线，只有COO曾李青挂着终身顾问的虚职而退休。

都说一山不容二虎，尤其是在企业迅速壮大的过程中，要保持创始人团队的稳定合作尤其不容易。在这个背后，工程师出身的马化腾从一开始对于合作框架的理性设计功不可没。

从股份构成上来看。5个人一共凑了50万元，其中马化腾出了23.75万元，占了47.5%的股份；张志东出了10万元，占20%的股份；曾李青出了6.25万元，占12.5%的股份；其他两人各出5万元，各占10%的股份。

虽然主要资金都由马化腾所出，他却自愿把所占的股份降到一半以下，47.5%。"要他们的总和比我多一点点，不要形成一种垄断、专制的局面。"而同时，他自己又一定要出主要的资金，占大股。"如果没有一个主心骨，股份大家平分，到时候也肯定会出问题，同样完蛋。"马化腾这样说。

保持稳定的另一个关键因素，就在于搭档之间的"合理组合"。

据《中国互联网史》作者林军回忆说，"马化腾非常聪明，但非常固执，注重用户体验，愿意从普通用户的角度去看产品。张志东是脑袋非常活跃，对技术很沉迷的一个人。马化腾技术上也非常好，但是他的长处是能够把很多事情简单化，而张志东更多是把一件事情做得完美化。"

许晨晔和马化腾、张志东同为深圳大学计算机系的同学，他是一个非常随和而有自己的观点，但不轻易表达的人，是有名的"好好先生"。而陈一丹是马化腾在深圳中学时的同学，后来也就读深圳大学，他十分严谨，同时又是一个非常张扬的人，他能在不同的状态下激起大家的激情。

如果说，其他几位合作者都只是"搭档级人物"的话，只有曾李青是腾讯5个创始人中最好玩、最开放、最具激情和感召力的一个，与温和的马化腾、爱好技术的张志东相比，是另一个类型。其大开大合的性格，也比马化腾更具攻击性，更像个拿主意的人。或许正是这一点，导致了他最早脱离团队后单独创业。

后来，马化腾在接受多家媒体的联合来访时承认，他最开始也考虑过和张志东、曾李青三个人均分股份的方法，但最后还是采取了5人创业团队，根据分工占据不同的股份结构的策略。即便是后来有人想加钱、占更大的股份，马化腾说不行，"根据我对你能力的判断，你不适合拿更多的股份。"因为在马化腾看来，未来的潜力要和应有的股份匹配，不匹配就要出问题。如果拿大股的不干事，干事的股份又少，矛盾就会发生。

当然，经过几次稀释，最后他们上市所持有的股份比例只有当初的1/3，但即便是这样，他们每个人的身价都还是达到了数十亿元人民币，是一个皆大欢喜的结局。

能够像马化腾这样，既包容又团结，选择性格不同、各有特长的人组成一个创业团队，并在开拓局面后规定了创业团队的责、权、利。因此腾讯公司依旧保持着长期默契合作。而马化腾的成功之处，就在于其从一开始就很好地设计了创业团队的责、权、利。能力越大，责任越大，权力越大，收益也就越大。

（资料来源：李莉主编：《创业基础实训教程》，136页，北京理工大学出版社，2015。）

全国各地创客空间百花齐放

2014年9月的夏季达沃斯论坛上，李克强总理首次提出：要在960万平方公里土地上掀起"大众创业""草根创业"的新浪潮，形成"万众创新""人人创新"的新态势。2015年，李克强总理在政府工作报告再次提出："大众创业，万众创新"。根据2015年《政府工作报告》部署，国务院专门下达了《关于大力推进大众创业万众创新若干政策措施的意见》(国发〔2015〕32号)，强调："发展创业服务，构建创业生态。加快发展创业孵化服务。大力发展创新工场、车库咖啡等新型孵化器，做大做强众创空间，完善创业孵化服务。"

当前，全国各地创客空间正百花齐放。创客空间指的是社区化运营的工作空间，在这里，有共同兴趣的人们可以聚会、社交，展开合作。

2015年7月15日，北京市丰台区又一家创客空间"诞生"，赛欧科园科技孵化中心创投汇·5F咖啡厅开业，开业后，咖啡厅将为创业者提供免费办公场所、举办路演沙龙、寻找投资人、代理注册、招聘人才等一站式服务。

北京赛欧科园孵化中心是丰台区拥有80000平方米房屋建筑的传统型国家级孵化器，面临改革调整和升级。为了进一步完善服务功能，顺应发展潮流，开辟了近2000平方米的众创空间，包括十三层会议室、一层咖啡服务区，方便创业者交流互动。

"5F咖啡厅的'F'是功能的英文'Function'的首写字母，表示该咖啡厅除了正常的服务、接待功能以外，将每个工作日对应打造一种特殊服务功能。"赛欧科园孵化中心副总经理连玮佳介绍。

周一为创新创业项目路演与投融资对接；通过组织沙龙活动，帮助创业团队与银行、担保、天使等金融机构有效对接，寻找发展所需资金。

周二为众创空间合作交流与资源信息共享；主动联系北京及附近省事的创业咖啡馆等服务机构，建立线上、线下资源共享的战略合作关系。

周三为政府扶持政策及相关服务的宣讲，为创业者收集政府职能部门的相关扶持政策，提示创业者申报的要点和注意事项，并为有需求的企业提供注册等代理服务。

周四为科研办公注册用房租赁信息交流，或为入园企业和创业团队提供房屋租赁信息，或将构建覆盖丰台科技园区的房屋空间租赁信息查询系统。

周五为人才信息交流与协助团队组建，搭建人才流动信息平台，为用人企业招贤纳士，为创业团队寻找知音。

据透露，随着以上各项功能逐步落实，5F 咖啡厅将陆续开发和设置新的服务功能，包括企业发展节点问题解决方案、技术转移和项目推广、跨境交流与国际化发展促进、入驻企业CEO 联谊俱乐部、休闲娱乐与联谊交友等服务功能。

据了解，目前，北京仅丰台区共有区级科技企业孵化器 16 家，其中 4 家被科技部认定为国家级孵化器，占区级科技企业孵化器的 25%；5 家被北京市科委认定为北京市级孵化基地，占区级科技企业孵化器的 31%。

（资料来源：百度百科 http://baike.baidu.com/item/大众创业万众创新

资料来源：中华人民共和国中央人民政府网 http://www.gov.cn/zhengce/content/2015-06/16/content_9855.htm

人民网 http://bj.people.com.cn/n/2015/0722/c82838-25683732.html）

不用花心思打造明星团队，团队即是可以和自己脚踏实地将事情推进者。

——马云（阿里巴巴集团主席兼首席执行官）

创业要找最合适的人，不一定要找最成功的人。

——马云（阿里巴巴集团主席兼首席执行官）

巩固与训练

案例分析

“影像之旅图文工作室”成功入驻黄河水院大学生创业园

孙梦超，黄河水利职业技术学院信息工程系 2013 届多媒体技术专业毕业生。

2010 年 9 月，带着对未来的憧憬和对事业的梦想，孙梦超来到了黄河水院，作为多媒体技术专业的一名学生，他热爱摄影、热爱平面设计、热爱专业，梦想着有一天成为一名摄影家、设计师，并通过创业实现自己的梦想。

心怀创业之梦，孙梦超勤奋刻苦学习摄影摄像、平面设计等专业技能，在全班同学的积极拥护下，孙梦超担任了班长，他认真负责班级管理，不断提升组织管理、团队合作、协调沟通能力。为了不给父母增加经济负担，大一的寒暑假他都没有回家，而是到饭店、到 KTV 当服务员赚取生活费和创业资金。大二上半学期，他终于买到了一部梦寐以求的价值 5000 元的单反相机，开始了他的创业之路。

在孙梦超的带领下，团支书贾楠及同班同学常雅静 3 人一起组建了创业团队，并向校团委递交了“影像之旅图文工作室”创业计划申请书，主要业务范围是：打印复印、摄影拍照、视频制作、名片及广告设计等，受到校团委高度认可和支持。为筹集创业启动资金，孙梦超抓住业余时间，利用自己的单反相机帮助本地网店商家拍摄实物图片获得收入，贾楠和常雅静也分头努力、共同出资。很快，创业团队购买了电脑、打印机、复印机等办公设备，“影像之旅图文工作室”正式成立，并顺利入驻黄河水院大学生创业园。

在创业的过程中，身为班长的孙梦超有着良好的组织管理和协调沟通能力，担任起CEO的角色，强烈的创业热情和积极的创业心态使他克服创业初期诸多困难，“影像之旅图文工作室”在他的带领下走上了快速发展的道路，创业之后孙梦超再没有向家里要过生活费；贾楠是团支书，平时经常举办一些班级活动，头脑灵活、思维活跃，总是能提出一些思路、新方法，同时，平面设计与制作能力较强；常雅静稳重踏实，每天耐心负责的处理工作室中各种繁杂的基本事物。在孙梦超的带领下，“影像之旅图文工作室”逐步走向正规、业务量不断扩大。

分析：

创业者绝大多数采取合伙经营方式，对于经济实力薄弱、学习任务繁重的在校大学生来讲，团队合作成为创业的必由之路。创业者在创业期初，吃苦耐劳、积极开拓的精神是创业取得成功的基础。很多在校大学生的创业并不能给他们带来丰厚的利润，而能维持现状并略有盈利并获取经验就已经被看作成功。

电子商务和实体销售相结合的酷派商务

冼小菊，黄河水利职业技术学院管理系2011届毕业生。

冼小菊，一个有着创业梦想的女孩，大学期间她就希望通过创业拥有自己的一番事业。毕业后，从单纯理想抵达创业现实，只用了不到一个月的时间，她和几个朋友合作创办了商务网站“酷派电子商城”，主要业务范围包括经营个性小家电、数码产品、公仔饰物等，还提供各项软性服务，包括光盘刻录、相片加工、DIY制作相册等。

随着“酷派电子商城”的顺利推广和运营，半年后，他们希望“酷派”不仅出现于虚拟的网络世界中，还能出现在现实世界里，因为实实在在的店铺能够弥补网络虚无的一面。于是，小菊又在线下开了一家实体店，这是小菊的第二个梦想。“酷派电子商城”的实体店面前有一根差不多遮住五分之二门面的柱子，这本是店铺的一大缺陷，却被小菊和她的伙伴们拿来作为张扬个性、宣传店铺的载体。很快，这家店已经在当地有了一定名气。

电子商务和实体销售相结合，线上，商务网站提供网上导购和订单处理；线下，实体店铺还可提供实物展示、店面交易等服务，电子商务与实体销售的有机相结合使得小菊的“酷派电子商城”取得的成功。良好的创业素质、执着的创新精神和积极的创业心态使小菊终于实现了自己创业梦想。

分析：

创业者抓住“互联网＋时代”的特点，以电子商务为平台发展创业，符合创业精神，值得赞扬；线上网店导购、线下实体展示与交易，创业者密切关注提供服务与产品销售的业务关联性；店面广告宣传的方法新颖，创业者的策划能力较高。由梦想驱动的创业往往能释放出创业者最大的力量。

课后训练

1. 除本节提到的八项创业者应具备的创业素质和能力外，你认为创业者还应具备其他哪些素质和能力？在你的身边进行调研，了解人们对创业者素质和能力的认识。

2. 运用头脑风暴法分析什么样的人适合创业，并判断自己是否适合创业，熟悉创业者应该具备的知识、技能和特征。

3. 从网上搜集大学生创业的案例，针对案例，讨论创业者能取得成功的原因。

4. 调研身边的创业团队，了解他们的组织架构及运行方式。搜集优秀创业团队案例，分析他们有何共同点。

5. 分析《西游记》中唐僧取经团队的成员构成，唐僧师徒分别适合在企业中担任什么职位？如果你是唐僧，你认为你的哪个徒弟是可以舍弃的？为什么？

6. 如果你打算进行创业，在选择团队成员时有何要求？如果你是团队的领导者，如何更好地凝聚激励团队？你将怎样建立你团队的管理制度？

第三章 创业机会与风险

学习目标 ……

知识目标：了解创业机会、创业风险和创业模式的相关知识要点。

技能目标：掌握创业机会识别和创业风险控制的方法和技巧。

态度目标：始终保持开放、理性的心态。

第一节 创业机会识别

学习提示 ……

创业机会识别是创业领域的关键问题之一，从创业过程角度来说，它是创业的起点。创业过程就是围绕着机会进行识别、开发、利用的过程。识别正确的创业机会是创业者应当具备的重要技能，创业需要机会，机会要靠发现，创业难，发掘创业机会更难。

一、创业机会的内涵与构成要素

创业机会主要是指具有较强吸引力的、较为持久的有利于创业的商业机会，创业者据此可以为客户提供有价值的产品或服务，并同时使创业者自身获益。

还有人将创业机会定义成可以为购买者或使用者创造或增加价值的产品或服务，它具有吸引力、持久性和适时性；或者创业机会是可以引入新产品、新服务、新原材料和新组织方式，并能以高于成本价出售的情况。创业机会是让创业者可以用新的方法改变市场，为市场提供新的产品和创造新的价值，也是通过它为自己获得更多的收益。

虽然诸多学者对创业界定的侧重点有所不同，但指出了创业的共同特质：创新与开拓性、利益与价值的创造与满足、创业活动的社会性。因此，我们可以明白创业的基本概念。"创业"是指在兴趣、理想、责任等观念的推动下，由个体或团队开展的，承担一定风险并以价值、财富为创造目的的，不局限于当前资源的约束，寻求商业机会，投入知识、技能、资金开创新企业、新事业的价值创造过程。创业具有创新性、开拓性、挑战性、持久性的基本特征。

创业有三要素：一是了解产品的市场，明确产品针对什么样的消费人群；二是考虑清楚到底怎么盈利，这包括选择具体的销售模式；三是个人能力，侧重在专业素质、团队的管理意识、决策能力、人际处理的能力等。

创业者在开发一种市场未存在过的新产品时，最先考虑的应当是自己产品的特色和"卖点"。理解"卖点"，打造新颖有创意的口号以创造影响力，将有效帮助创业者提升产品。例如，农夫山泉代言词是"天然"，康师傅则代表一种"情感"，每种品牌都有其形象，创业者必须明确自己的产品特色和主打概念，这将大大有利于自己产品的销售。

做好自己的企业不仅是需要好的产品质量，同样需要打通各种政府资源网络，减少企业前进的阻力。这也是创业者必备重要素质之一。现在国家对大学生创业有优惠政策支持，涉及融资、开业、税收、创业培训、创业指导等诸多方面，包括微企补助、贴息贷款等。有了这些优惠政策的支持，创业者的成功之路才会没有那么多的坎坷。另外，建设好自己的销售团队，把握“重要的事情自己做，着急的事情属下做”是一个不错的方法。对于这样专业性要求较强的创业计划，抓住产品核心技术，证明自己的产品与竞争对手的区别和优势，同时把握用户群和市场，这将对创业有很大的帮助。

我极少能看到机会，往往在我看到机会的时候，它已经不再是机会了。

——马克·吐温

比尔盖茨的创业机遇

在20世纪70年代末，IBM正在计划进入个人电脑市场，并在1981年正式推出了IBM个人电脑(PC)。IBM需要为自己的产品寻找合适的、基于英特尔x86系列处理器的操作系统。IBM在与另一家公司简短谈判后找到了美国微软，盖茨领导的微软并没有合适的操作系统，但他知道西雅图电脑公司有这样的操作系统，经过商议，以5万美元的价格向该公司购买他们所开发的操作系统(微软的支持者称，当时微软与IBM有协议，规定微软不得向外界透露谈判事宜)。微软之后再授权IBM使用该操作系统(已经更名为PC-DOS)，价格为3万美元，但是每一台机器都要交一台的装机费。IBM因为和王安公司竞争而选择了个人电脑的标准战，采取了开放性设计并激励出大批的兼容机生产企业，微软知道这些企业在IBM标准的带动下也要使用这一操作系统，便与其他电脑生产商谈判，将MS-DOS系统安装到所有兼容机的新电脑上，微软就在这样的不断复制中迅速成长。

(案例来源：http://chuangye.yjbys.com/gushi/anli/543772.html)

二、创业机会的来源和识别的一般过程、步骤

创业机会主要有五大来源：问题、变化、创造发明、竞争、新技术的产生。

创业的根本目的是满足顾客需求，而顾客需求在没有满足前就是问题。寻找创业机会的一个重要途径是善于去发现和体会自己和他人在需求方面的问题或生活中的难处。比如，上海有一位大学毕业生发现远在郊区的本校师生往返市区交通十分不便，创办了一家客运公司，就是把问题转化为创业机会的成功案例。

创业的机会大都产生于不断“变化”的市场环境，环境变化了，市场需求、市场结构必然发生变化。著名管理大师彼得·德鲁客将创业者定义为那些能“寻找变化，并积极反应，把它当作机会充分利用起来的人”。这种变化主要来自于产业结构的变动、消费结构升级、城市化加速、人口思想观念的变化、政府政策的变化、人口结构的变化、居民收入水平提高、全球化趋势等诸多方面。比如居民收入水平提高，私人轿车的拥有量将不断增加，这就会派生出汽车销售、修理、配件、清洁、装潢、二手车交易、陪驾等诸多创业机会。

创造发明提供了新产品、新服务，更好地满足顾客需求，同时也带来了创业机会，比如随着电脑的诞生，电脑维修、软件开发、电脑操作的培训、图文制作、信息服务、网上开店等创业

机会随之而来，即使你不发明新的东西，你也能成为销售和推广新产品的人，从而给你带来商机。如果你能弥补竞争对手的缺陷和不足，这也将成为你的创业机会。看看你周围的公司，你能比他们更快、更可靠、更便宜地提供产品或服务吗？你能做得更好吗？若能，你也许就找到了机会。例如随着健康知识的普及和技术的进步，围绕“水”就带来了许多创业机会，上海就有不少创业者加盟“都市清泉”而走上了创业之路。

创业机会识别是创业领域的关键问题之一，从创业过程角度来说，它是创业的起点。创业过程就是围绕着机会进行识别、开发、利用的过程。识别正确的创业机会是创业者应当具备的重要技能，创业需要机会，机会要靠发现，创业难，发掘创业机会更难。

识别创业机会的一般过程和步骤如下。

(1) 形成创意。一个企业创业成功开始的关键，可能来源于一个经适当评价的新产品或服务的较完美的创意，而创意往往来源于对市场机会、技术机会和政策机会的感觉和把握，具体来源于顾客、现有企业、企业的分销渠道、政府机构及企业的研发活动等。

(2) 创业机会信息的收集。创业机会信息的收集是使创意变为现实的创业机会的基础工作。

(3) 创业环境分析。环境在创业过程中扮演着非常重要的角色，因此，创业者准备创业计划之前，首先有必要对其进行研究分析，主要包括技术环境分析、市场环境分析和政策环境分析。

(4) 分析结果，形成创业机会。一般来说，有关市场特征、竞争者等的可获数据，常常反过来与一个创业机会中真正的潜力相联系，也就是说，如果市场数据已经可以获得，如果数据清晰地显示出重要的潜力，那么大量的竞争者就会进入该市场，该市场中的创业机会就会随之减少。因此，对收集的信息进行结果评价和分析，识别真正的创业机会是重要的一步。一般而言，单纯地对问题答案的总结，可以给出一些初步印象；接着对这些数据信息交叉制表进行分析，则可以获得更加有意义的结果。也就是说，对创业者来说，搜集必要的信息，发现可能性，将别人看来仅仅是一片混乱的事物联系起来以发现真正的创业机会，这是非常重要的。

中国指甲钳大王梁伯强是怎么识别创业机会的？

梁伯强，中山圣雅伦日用制品有限公司董事长，世界最大的指甲钳生产基地、全球最大的美甲用品生产基地、中国指甲钳研发制造研发中心，年出口总额超过10亿元。

1998年4月，梁伯强在随意翻阅一张旧报纸的时候了解到，1997年朱镕基曾经拿出一个指甲钳来举例，以此勉励轻工企业不断创新。梁伯强觉得里面可能蕴藏着不小的商机，开始考察了国内三十多家指甲钳企业，接着又到27个国家和地区考察指甲钳的行业状况。实地考察到的情况让梁伯强非常兴奋：小小一个指甲钳全球的产值高达60亿元人民币，其中1/3出自韩国，将近1/4出自中国，但中国的人工成本仅是韩国的1/10，生产同样指甲钳的成本只有韩国的60%。同时，整个指甲钳行业还没有一个全球性的品牌。因此，梁伯强得出结论：如果自己像吉列做剃须刀那样做指甲钳，一定能在指甲钳行业创造出世界性的自主品牌。

梁伯强一下子拿出1000万元来介入指甲钳的生产经营。这种大投入，也让梁伯强得到了很大的回报：产值位居全国第一、世界第三。公司的指甲钳品牌“圣雅伦”已连续四年被中国五金协会评为中国指甲钳第一品牌。

（案例来源：http://renwu.hexun.com/figure_2595.shtml）

三、影响创业机会识别的主要因素

对于是什么因素导致一些人更善于识别出有价值的创业机会，不少学者进行过研究，下面是取得共识的四类主要因素。

社会关系网络：社会关系网络能带来承载创业机会的有价值信息，个人社会关系网络的深度和广度影响着机会识别。研究已经发现，社会关系网络是个体识别创业机会的主要来源，与强关系相比，弱关系更有助于个体识别创业机会。

创造性：创造性是产生新奇或有用创意的过程。从某种程度上讲，机会识别是一个创造过程，是不断反复的创造性思维过程。在听到更多趣闻轶事的基础上，你会很容易看到创造性包含在许多产品、服务和业务的形成过程中。对个人来说，创造过程可分为5个阶段，分别是准备、孵化、洞察、评价和阐述。

先前经验：在特定产业中的先前经验有助于创业者识别出商业机会，这被称为走廊原理。它是指创业者一旦创建企业，他就开始了一段旅程，在这段旅程中，通向创业机会的“走廊”将变得清晰可见。这个原理提供的见解是，某个人一旦投身于某产业创业，这个人将比那些从产业外观察的人，更容易看到产业内的新机会。

认知因素：机会识别可能是一项先天技能或一种认知过程。有些人认为，创业者有“第六感”，使他们能看到别人错过的机会。多数创业者以这种观点看待自己，认为他们比别人更“警觉”。警觉很大程度上是一种习得性技能；拥有某个领域更多知识的人，倾向于比其他人对该领域内的机会更警觉。

四、创业机会识别的技巧、方法及案例分析

发现创业机会不是一件容易的事情，但也不是高不可攀的，识别创业机会的四个方法如下。

1. 现有市场机会和潜在市场机会

市场机会中那些明显未被满足的市场需求称为现有市场机会，那些隐藏在现有需求背后的、未被满足的市场需求称为潜在市场机会。现有市场机会表现明显，往往发现者多，进入者也多，竞争势必激烈。潜在市场机会则不易被发现，识别难度大，往往蕴藏着极大的商机。

2. 行业市场机会与边缘市场机会

行业市场机会是指某一个行业内的市场机会，而在不同行业之间的交叉结合部分出现的市场机会被称为边缘市场机会。一般而言，人们对行业市场机会比较重视，因为发现、寻找和识别的难度系数较小，但往往竞争激烈，成功的几率也低。而在行业与行业之间出现“夹缝”的真空地带，往往无人涉足或难以发现，需要有丰富的想象力和大胆的开拓精神，一旦开发，成功的概率也较高。

3. 目前市场机会与未来市场机会

那些在目前环境变化中出现的市场机会称为目前市场机会，而通过市场研究和预测分析它将在未来某一时期内实现的市场机会称为未来市场机会。如果创业者提前预测到某种

机会会出现,就可以在这种市场机会到来前早做准备,从而获得领先优势。

4. 全面市场机会与局部市场机会

全面市场机会是指在大范围市场出现的未满足的需求,如国际市场或全国市场出现的市场机会,着重于拓展市场的宽度和广度。而局部市场机会则是在一个局部范围或细分市场出现的未满足的需求。在大市场中寻找和发掘局部或细分市场机会,见缝插针,拾遗补缺,创业者就可以集中优势资源投入目标市场,有利于增强主动性,减少盲目性,增加成功的可能。

创业者可以在日常生活中有意识地加强实践,培养和提高这种能力。

首先,要有良好的市场调研习惯,发现创业机会的最根本一点是深入市场进行调研。要了解市场供求状况、变化的趋势,顾客的需求及竞争对手的长处与不足。

其次,要多看、多听、多想,我们常说见多识广,识多路广。我们每个人的知识、经验、思维以及对市场的了解不可能做到面面俱到。多看、多听、多想能使我们广泛获取信息,及时从别人的知识、经验、想法中汲取有益的东西,从而增强发现机会的可能性和概率,平常的积累将是你今后寻找创业机会和方向的基础。

此外,要有独特的思维,机会常常表现为仅被少数人抓住,我们就要做这样的少数人。我们要克服从众心理和传统的习惯思维的束缚,敢于相信自己,有独立见解,不人云亦云,不为别人的评头论足和闲言碎语所左右,才能发现和抓住被别人忽视或遗忘的机会。

卖梳子给和尚的故事给我们什么启示?

和尚的头剃得溜光像灯泡,怎么能买梳子?这个不可思议的市场,却被有创新思维的人打开。

一家大公司为了招聘营销人员,出了一道把梳子卖给和尚的实践题。不少应聘者见了这个怪题很生气,说出家人怎么会买梳子?认为这是故意捉弄人,于是拂袖而去。可是有三个人却想试一试。第一个人拿着梳子到几家寺院简单推销,一整天也没卖了,在下山时见到一个小和尚一边晒太阳一边挠着又脏又硬又痒的头皮,他见状忙送上一把梳子,小和尚用后很高兴,当即买下一把。第二个人去了一座较大的庙卖了 10 把。他见这座庙山高风大,前来烧香叩头者的头发被风吹得乱七八糟,对此他灵机一动找到方丈说,你看进香朝拜者蓬头散发,这是对佛的不敬。寺院应该在香案上摆着梳子,供虔诚的人梳头,方丈一听觉得在理,于是为 10 个庙门的香案买了 10 把梳子。第三个人最有心计,他找到一座遐迩闻名、香火旺盛的宝刹对方丈说:这么多心诚的朝拜者,又购票又买香还买纪念品,是寺院的财神。如果方丈对这些善男信女有所馈赠,定能温暖人心,招来更多的回头客。再说方丈的书法超群,可以在梳子上题写"积善梳"三个字,让人们带着题字梳将佛教的真善美广传天下。方丈听后大喜,当即买梳 1000 把,并同卖梳者一起举行了向香客赠梳仪式。宝刹向香客赠梳施善之事不胫而走,吸引着香客纷至沓来,宝刹香火越来越旺,方丈乐开了怀,又找到第三个卖梳人续签了合同,让他保证今后源源不断地供梳。不用说,公司录取了第三个应聘者为营销人员。

(案例来源:http://www.360doc.com/content/13/1025/20/1680676_32419679.shtml)

第二节 创业项目的选择

学习提示……

成功是留给有准备的人，万事皆如此。创业者只有充分调查了创业前需要准备的工作，才能有计划、有步骤地朝原定轨迹前进，才能收获创业的成果。

选择创业项目需要四个字："知己知彼。"知己，就是要清醒地审视自己：优势、强项、兴趣、知识积累与结构，性格与心理特征等。知彼，是对社会未来发展趋势的认识，稳定的、恒久的、潜在的需要，特别是能够对潜在的趋势和需求有所敏感。

一、创业项目初选的原则

每位创业者都知道商机选择的重要性，但对于正确地选择创业项目和进入时机可能都不太了解。正确选择合适的创业项目，是成功创业最重要的基础。所以每一位创业者必须抱有严谨的态度，按照自身的优势条件和资金实力对行业进行细致分析。因此，我们将细说创业项目选择四大原则，让创业者把握行业趋势，成功创业。

1. 选择国家政策扶持并具有发展前景的行业

想要开创自己的一番事业，就必须先知道国家目前在扶持鼓励哪些行业发展，哪些行业是允许创业，哪些是限制的。创业者选择国家政策扶持鼓励的行业，对于日后企业发展将起到不可估量的作用。而当地政府出台的优惠政策和银行贷款利率都需要核查清楚，确保资金充裕。

2. 认真做好市场调研，挖掘市场需求

不少创业者只是认为，办企业办公司就是为了赚钱，哪些行业热火，哪些赚钱就做哪些，其实这种想法是不对的。创业必须树立一个"企业是为解决客户需求才存在"的观点，才能确保企业长盛不衰。创业项目的选择是以市场为导向，投资什么项目不是凭空想象出来的，必须要从社会需求出发。要想知道社会需求，就必须要作调查，特别是第一次创业者就必须对市场做出详细的调研报告。

3. 充分利用自身优势与长处

市场就好比一个汪洋大海，创业老前辈都称之为下海。创业者好比沧海一粟，但是每一个人都有自己的长处和优势，当你对某一行业、某一领域感到熟悉时，又在技术上有所专长，这就是自己行业长处之一了。切记，能充分发挥自己的长处和优势，并且选择自己有兴趣并且熟悉的行业，创业就成功一半了。

4. 量力而行，从小利做起

创业算是一种价值风险投资，所以每位创业者都必须遵从量力而行原则，才能安稳创业。若拿着自己血汗钱或者借钱创业，就应该尽量规避风险较大的创业项目，用为数不多的资金投入到风险较小，规模较小的创业项目当中，积少成多并滚动发展起来。

不能统一人的思想，但可以统一人的目标——千万不要相信你能统一人的思想，那是不

可能的。30%的人永远不可能相信你，不要让你的同事为你干活，而让他们为我们的共同目标干活，团结在一个共同的目标下，要比团结在一个人周围容易得多。

——马云

二、创业项目选择的步骤

我们可以按这样四个步骤来选择创业项目。

1. 确定目标市场

知道什么事情是可以做的。比如《小马过河》中的小马，想要过河。牛说，河水浅，没问题，而松鼠说，河水深，不可以。小马亲自试了一下，觉得刚好可以过，河水不深不浅。但同样一条河，松鼠若想趟过去，却是必死结局。

2. 确定可选项目

知道哪些事情是能长期做的。把社会恒久需要的、初露端倪的大趋势划进来。圈子里的事才具有发展的空间与时间。空间意味着有发展的广阔天地，时间意味着可以长期地做下去。以趋势为例，任何一种趋势都是一个长长的链条，环环相扣。只要能够抓住其中的一个环节，项目的前景便大体确定了。例如，由环境保护引发治理江河，导致关闭中小造纸厂，产生纸制品的供求不平衡，腾出了一块市场。如果用再生纸做资源添补，结果会怎么样呢?

3. 确定项目优先级

把可能做的事情排列起来。回头看看过去的 20 年中，做强、做长的企业是生存在哪些行业，很大程度上能够证实行业与发展的联系。比如房地产、医药、保健品、证券市场、建材、装修、交通、教育、通信等。那么，就把大的范围圈定在这里，选出若干项，进行可能性排序。

4. 确定创业项目

成就事业的公认法则是集中和持续。让生命之火在一点上持续地燃烧，不发光才是奇怪的事。在已经缩小的范围内，可做的事仍然很多，该是把眼睛转向自己的时候了，这时，比较优势的道理是有用的——认真地审视自己的强项、优势、兴趣何在，可能同时有几个，与他人比较哪个优势是最有利的。这时，机会成本的概念也是有用的——同样多的时间，同样的付出，哪个能力所对应的事业会有更大的前景收益，比较中优势会凸显出来，与自己比较选出最强的。项目选择固然重要，还需要记住：再好的项目也要靠创造行性的艰苦努力；结果由过程决定，过程由细节决定。

三、大学生创业项目案例分析

创业不同于稳定的就业，它有一定的风险性，对个人能力等方面都有很高的要求。创业做好了，会享受到成功的喜悦和巨大的利润；做不好，随之而来的将会是失败和债务，这对个人的心理素质也是很大的考验。下面要讲述四位大学生创业的案例。通过学习他们成功的经验或失败的教训，可以对我们以后的创业之路有很大的帮助。

95 后大学生用微信创业年收入超百万

来自许昌学院的郭玉静虽然还是一名大三的学生，却带着自己的团队创造了一年几百万元的利润。从最初的微信平台卖水果到现在的高校小蚂蚁联盟，从三个人的小团队，到现在二十多人的互联网公司“哎呦嗨”。郭玉静说，创业中团队和机遇很重要，坚持不懈，遇到任何困难都不要退缩是她创业一直坚守的东西。

1. 成长从1到100万元的蜕变

2014年3月，一向对新兴事物比较敏感的郭玉静，抓住了微信平台开放的风潮。三月是学生对水果消费的旺季，萌生了在微信上卖水果的想法。说做就做，经过一个月的筹备期“幸福鲜果坊”网上商城上线了，短短一个月之内，平台粉丝量激增上万，靠着口碑和便捷的服务引得了学生的热烈追捧。不到三个月的时间郭玉静的团队掘到了第一桶金，也发现了校园市场隐藏的巨大商机。

6月份郭玉静的公司正式成立了，靠着前几个月的积累经验和团队的不断扩大，她瞄准了校园市场上的其他商家，刚开始是非常困难的，通过跟商家的联合，从校内线上的点对点售卖商品到现在构建网络平台全面推广线上移动购物使得他们的公司在校园一炮而红。

现在学校80%的商户都与他们建立了稳固的合作关系，而且他们的校外市场也在延伸。目前通过微信开发建立系统化的网络平台应用规模已经触达数百家。在去年的三月份，郭玉静又通过校园巡讲方式将技术和经验零成本地与全国高校中有创业梦想的学生分享，虽然才短短几天，却已经收到了来自全国各地200多份申请，也预示着高校小蚂蚁联盟的正式成立。

为吸引更多高校创业者的加入，小蚂蚁联盟以零成本加盟的形式面向全国高校启动。在谈到他们的盈利模式的时候，郭玉静说这一切都归功于他们的团队，从1到100万元基本是靠量而积累过来的，天下从来就没有掉馅饼的事情，其中经历的波折只有他们自己心里最清楚，曾一度面临团队解散、资金无法运转、连续三个月发不出工资的困境，但是幸运的是，所有成员一直在坚守，不离不弃，最终走到了现在。

2. 创业拼的是工匠精神

面对社会上的竞争，郭玉静坦言压力是非常大的，而他们做微信开发，做移动商城的应用技术也不是独一无二的。但是没关系，郭玉静说如果在速度上赶超不了别人，那就在你的技术上精雕细琢，用工匠的心态来做，在营销推广与技术维护后期服务方面做到让客户满意，让每个客户都得到极致的体验。

事实证明他们的努力也得到了回报，联通公司、重庆德庄、电视台等行业翘楚主动寻求合作，山西、广西、湖南、湖北、北京、新疆等各地人士纷纷慕名而来寻求合作，他们校园哎呦嗨团队也在一步步走向更健全的体制，针对企业不同的行业特色提供“私人定制”服务，让每个客户享受别样的服务。

在竞技游戏比赛中流行这样一句话：不怕神一样的对手，就怕猪一样的队友。技术流的程序员，运营的管理大拿，以及码字想创意的策划者，感谢每个团队成员在里面发光发热才有了他们现在的成就。

3. 梦想打造全国极客商城

影响用户选择权的不仅是供求关系，而且也包含了体验。唯有用户的体验才是我们首要考虑的因素，目前主要专注于高校联盟和中小企业转型两大业务的郭玉静说，他们要因势速变，未来已来，要学习的东西还有很多很多。下一步希望通过团队的努力和社会上导师的帮助打造一站式的极客服务，用最专业的手段来解决中小企业的互联网问题，打造全国第一的极客商城。

对于未来，郭玉静希望通过逐步打造完整的互联网产业链，让身边的大学生创业群体也能有所作为，更快地成长，最终目标要打造全国大学生创业第一品牌，同时也希望大学生创业团队能够加入到他们的集体中来。

（案例来源：http://henan.qq.com/a/20150404/021916.htm?pgv_ref=aio2015=2052）

两个月就关张的食品杂货店

学生小刘毕业后一直想自己做老板，看到邻居在小区里开了一个食品杂货店且收益一直不错，颇为心动。于是，小刘租了小区内一个库房做店面，筹集了一万多元钱做启动资金，进了一些货品，开了一家食品杂货店。但是经营了两个月后，小刘的食品杂货店就撑不住了，不得已关张。为什么同样是食品杂货店，邻居可以干得红红火火，小刘的店就经营惨淡呢？原来，小刘为了突出自己食品杂货店的特色，没有像邻居一样进茶、米、油、盐等大众用品，而是将经营范围锁定在沙司、奶酪、芝士等一些西餐调味食品上。但是小区里的居民对这类货品需求少，加之她店面的位置在小区边缘，而且营业时间不固定，很多邻居都不愿意绕道过去，所以生意不红火。

案例分析：小刘创业之初求新求异的心理，很多大学生都有，这是优点但也是致命的缺点。经营需要有自己的特色，但是经营要符合市场环境的需要。像小刘的食品店之所以会关张，是因为她没有搞好市场调研，这个食品店如果在一个涉外社区内也许会经营得很好，但是她选择的是一个普通居民区。普通社区里的食品杂货店对茶、米、油、盐的需求远远要大于沙司、奶酪、芝士等西式调味品，再加之铺面的选址不合适，营业时间不固定，也是小刘创业失败的原因。

（案例来源：http://paper.hbjjrb.com/html/2011-04/19/content_96323.htm）

大二女生休学投 4000 万做地产面临巨亏

19 岁的大二女生主动休学经营起了一个总投入 4000 万元的商业地产项目，她也因此成为了广州大学城里的创业明星，大半年过去了，这位创业明星累计亏损已经达到 20 万元，承租的地产依然没有整体开业，陷入了越来越尴尬的境地。

2007 年夏天，陈晞租下大学城附近一商场二、三层，共计 5600 平方米的毛坯物业，准备打造中国第一个校园文化会所。按照她的设想，物业的 3 楼将成为大学生兼职和创业园区；2 楼将成为一个各小众圈子聚集地，有茶馆、酒吧、清吧和咖啡厅。经营一段时间后，陈晞将其中 2600 平方米物业转给了别人做旅馆，又多租了一楼 500 平方米物业做超市。

陈晞陷入困境有一个重要的原因，就是她一直想着要打造一个理想中的青年公馆，所有承租她物业的商家必须符合她设计好的经营项目和装修布局，如果达不到这个要求她宁愿不租。“我认为坚持自己的想法并不是浪漫主义，而是为了从市场角度考虑。现在同类商业项目的竞争太激烈了，一定要形成差异化竞争。也许我是对的，但是如果我等不到有人租的那一天的话，会死得很惨”。

按照陈晞的想法，她要打造的青年公馆将形成一个整体概念。“如果只卖鸡的话，肯定没人愿意来，但是你卖的是一个整体概念的话，那他肯定来的。我们首先会把这里的许多细节、亮点都想到位。然后通过接送、会员服务等把客户巩固起来”。

项目运行半年多来，陈晞每天忙着招租和装修，到目前她和进驻商家已总共投入了160多万元。“我当时想在我生日那天就能整体开张，现在想起来真是幼稚，根本没我想的那么简单”。如今，三楼已经按照她的设想招商完毕，并实现了收支平衡。但是二楼除了招到一个咖啡厅外，许多人都不愿在这里投资建茶馆和酒吧。

案例分析：大学生创业团队在与社会接轨的时候会面临诸多问题，特别是经营定位问题和专业化经营人才缺乏的问题。如果全是大学生组成的创业团队，更是会受到时间等更多因素的限制。在校大学生如果尝试创业，还是应在完成学习任务的基础上将它作为一种社会实践。如果目前阶段就进行公司化的规模化运作，受到的限制条件还相当多。

（案例来源：http://money.163.com/08/0321/21/47JDLALJ00252G50_2.html）

第三节　创业项目评价

学习提示……

创业项目的评价以及创业成功与否，不仅受制于自身创业自我效能感、创业者拥有的有形资源和无形资源等主体因素的影响，还与特定的政治、经济、法律与政策、社会文化、科技与教育等外部制度环境因素密不可分。

一、创业项目评价的策略、技巧

不是每个创业项目都会给创业者带来益处，每个创业项目都存在一定的风险。因此，创业者在进行创业之前要对创业项目进行科学地分析与评价，然后做出正确的决策。创业者可以从目标市场和时间两个角度评价创业机会的价值，分析目标市场的容量和顾客需求，评价时机是否成熟。

首先，满足顾客需求。一切创业机会都来源于顾客需求，能否满足顾客需求是评判创业机会价值的最根本的标准。

其次，较大的市场容量。有些细分市场容量太小，导致投资成本过大，难以实现盈利。较大的市场容量带来旺盛的需求和较高的利润。同时，较大的市场容量意味着创业窗口关闭的时间比较晚，企业的发展空间比较大，利润的增长空间也比较大。

再次，需求的及时性。有些机会具有较大的市场容量，但是时机没有到，市场没有成熟。这样的机会风险比较大。只有能及时满足顾客需求的市场，才能支撑得起初创企业的生存。

最后，较明确的目标市场。如果一个创业机会连目标市场都不明确，就很难相信这个机会具有价值。具有价值的创业机会一般都会确定自己服务的目标市场。

二、个人特质与创业机会的匹配分析

创业家是一些具备创业特质和创业精神的创业者，是人类社会最稀缺的资源之一。正如熊彼特所言，创业家是经济发展的发动机，是经济发展的力量源泉。从企业发展的角度来看，任何一个充满活力和竞争力的企业，在其前面都站着一位杰出的创业家，如通用汽车公司的强大得益于杰克·韦尔奇的改革才能，微软公司的兴盛得益于比尔·盖茨敏锐的洞察力，松下电器的辉煌则得益于松下幸之助杰出的领导才能等。从一定程度上讲，企业的发展就是创业家才能作用的结果。因为，创业的主体是创业家，创业家是企业创业及其不断成长的灵魂。创业家承担着创造性决策的职责，承担着经济创新的角色，承担着科学管理的职能，承担着资源配置的责任。

创业者必须具备以下这些基本素质。

1. 要有创业意识

创业意识是指在创业实践活动中对人起动力作用的个性倾向，包括需要、动机、兴趣、思想、信念和世界观等心理成分，创业意识支配着创业者对创业活动的态度和行为。创业意识不是凭空形成的，也不是靠一时冲动产生的，而是需要创业者在创业实践活动中不断磨练、积累和升华。有了创业理想即创业意识，创业者的创业行为就会充满朝气和活力，产生克服艰难险阻的大无畏精神，使创业者坚持不懈，勇往直前。

2. 要有创造性思维

创造性思维素质是指能够以较高的质量和效率获取知识，并能根据市场需求灵活运用所学知识开发出新产品和新技术的思维方式，创造性思维素质不仅注重对知识的学习能力，更强调发现问题和解决问题的能力。

3. 学会科学管理

创业者不仅要精通本专业的知识，更需要具备经济头脑和管理素质。科技必须应用于生产，生产出的产品或服务必须适应市场需要。在这一过程中，开发、生产和销售必须符合市场原则和机制，创业企业才有生存和发展的可能，这必然涉及资源配置、预测决策、经济分析、经济核算、成果转让、成本费用等一系列经济问题。同时，在激烈的市场竞争中，企业目标是要追求利润最大化，在这一目标引导下，企业不仅要靠产品技术来追求效益，更要靠科学管理来提高效益，正所谓“管理出效益”。因此，创业者必须掌握现代管理的理念和方法，能从系统整体观念出发，统筹、协调、控制和优化各项资源。

4. 具有良好的心理素质

心理素质是指创业者个人的心理条件，由创业者的自我意识、气质、性格、情感、价值观等心理要素构成。心理健康可以使人心情愉快、精力充沛、头脑敏锐、想象丰富、行为协调，可以从根本上提高工作效率，激发创造性。由于创业者致力于创业活动的特殊性，往往要求创业者具有与常人不同的心理条件，如敢于冒创业风险，不惧怕创业失败，对自己高度自信，能勤俭、吃苦耐劳，有强烈的成功欲望。

创业者的心理素质，还表现在自信、乐观、能够承受一定压力、具有较大的雄心等方面。自信心是任何一个创业者取得成功的前提。特别是在从事某种前所未有的创业活动时，其创业的新颖性，势必会有一些人不理解，甚至会招来冷嘲热讽，自信心就成为创业者的精神支柱。自信心和乐观是密不可分的，乐观是自信心的支撑点。没有乐观的态度，自信就难以支持，更谈不上持久。

5. 积累丰富的经验

创业者的经验素质是指创业者在创业过程及新创企业经营管理活动中实践锻炼和经验的积累。经验之所以对创业者具有重要意义，是因为经验是形成管理能力的中介，是知识升华为能力的催化剂。一个受过良好管理教育的人，只有与创业实践相结合，才能形成创业管理能力，成为成功的创业者。创业者的能力素质是指创业者解决创业及创业企业成长过程中遇到的各种复杂问题的本领，是创业者基本素质的外在表现。它也是创业者整体素质体系中的核心要素，从实践的角度看，表现为创业者把知识和经验有机结合起来并运用于创业管理的过程。

对所有创业者来说，永远告诉自己一句话：从创业的第一天起，你每天要面对的是困难和失败，而不是成功。

——马云

三、创业项目评价的社会因素

创业的政治、法律与政策环境。为了鼓励高校大学生自主创业，国家陆续出台了一系列优惠政策。比如：免征登记类和管理类的行政事业收费，提供免息的小额贷款和担保，提供创业基金，创业孵化基地，等等。这些扶持政策的出台，不仅为大学生创业创造良好的环境，而且也激发了大学生们的创业热情，从而会导致有效创业行为的发生。

创业的经济环境。改革开放以来，我国的国内生产总值一直保持在一个较高的增长水平，总体经济发展态势良好，这对于大学生创业而言，无疑是一个十分利好的因素。不仅如此，作为一个正处于现代化进程中的国家，改革开放的大环境，还酝酿了无数的创业机会。

创业的科技与教育环境。大学生的就业模式已由分配制变成了自主择业，但就业模式的变化并没有及时唤起教学内容的改变。高校没有很好地将创业教育融入大学生日常学习生活中，大部分学校仍停留在就业教育的阶段，很少有学校对学生进行专门的创业教育。

第四节　创业风险的识别

学习提示……

创业风险的出现是正常的，带来一些损失也是正常的，既不能怨天尤人，也不能骄兵轻敌。关键是要密切监视风险，减少损失，化解不利，甚至转化为盈利的机会。

一、创业风险的内涵与类型

提起风险，很多人马上和失败、亏损联系在一起。其实，这是不全面甚至是错误的看法。对于风险的理解，一般有两个角度，一个角度强调了风险表现为结果的不确定性，另一个角度则强调为损失的不确定性。前者属于广义上的风险，说明未来利润多寡的不确定性，可能是获利（正利润）、损失（负利润）或者无损失也无获利（零利润）；后者属于狭义上的风险，只能表现为损失，没有获利的可能性。

“风险”一词，相传起源于远古的渔民。渔民出海前都要祈求神灵保佑自己出海时能够风平浪静、满载而归。现代意义上的“风险”一词，已经大大超越了“遇到危险”的狭窄含义。无论如何定义风险一词的由来，但其基本的核心含义是“未来结果的不确定性或损失”。如果采取适当的措施使破坏或损失的概率降低，或者说智慧地认知，理性地判断，继而采取及时而有效的防范措施，那么风险可能带来机会，由此进一步延伸的意义，不仅仅是规避了风险，可能还会带来比例不等的收益，有时风险越大，回报越高、机会越大。因此，如何判断风险、选择风险、规避风险继而运用风险，在风险中寻求机会创造收益，意义更加深远而重大。

创业风险是指由于创业环境的不确定性，创业机会与创业企业的复杂性，创业者、创业团队与创业投资者的能力与实力的有限性，而导致创业活动偏离预期目标的可能性。风险是一种不确定的可能性。它有两个要素：结果的不确定性，失败或亏损的可能性。

创业风险可以从不同的角度进行划分，主要有以下六种类别。

1. 按创业风险产生的原因划分

按风险产生的原因进行划分，可分为主观创业风险和客观创业风险。

（1）主观创业风险，是指在创业阶段，由于创业者的身体与心理素质等主观方面的因素导致创业失败的可能性。

（2）客观创业风险，是指在创业阶段，由于客观因素导致创业失败的可能性，如市场的变动、政策的变化、竞争对手的出现、创业资金缺乏等。

2. 按创业风险产生的内容划分

按创业风险产生的内容划分，可分为技术风险、市场风险、政治风险、管理风险、生产风险和经济风险。

（1）技术风险，是指由于技术方面的因素及其变化的不确定性而导致创业失败的可能性。

（2）市场风险，是指由于市场情况的不确定性导致创业者或创业企业损失的可能性。

（3）政治风险，是指由于战争、国际关系变化或有关国家政权更迭、政策改变而导致创业者或企业蒙受损失的可能性。

（4）管理风险，是指因创业企业管理不善产生的风险。

（5）生产风险，是指创业企业提供的产品或服务从小批试制到大批生产的风险。

（6）经济风险，是指由于宏观经济环境发生大幅度波动或调整而使创业者或创业投资者蒙受损失的风险。

3. 按创业风险对资金的影响程度划分

按风险对所投入资金即创业投资的影响程度划分，可分为安全性风险、收益性风险和流动性风险。

创业投资的投资方包括专业投资者与投入自身财产的创业者。

（1）安全性风险，是指从创业投资的安全性角度来看，不仅预期实际收益有损失的可能，而且专业投资者与创业者自身投入的其他财产也可能蒙受损失，即投资方财产的安全存在危险。

（2）收益性风险，是指创业投资的投资方的资本和其他财产不会蒙受损失，但预期实际收益有损失的可能性。

（3）流动性风险，是指投资方的资本、其他财产以及预期实际收益不会蒙受损失，但资金有可能不能按期转移或支付，造成资金运营的停滞，使投资方蒙受损失的可能性。

4. 按创业过程划分

按创业过程划分，可分为机会的识别与评估风险、准备与撰写创业计划风险、确定并获取创业资源风险和新创企业管理风险。

创业活动须经历一定的过程，一般而言，可将创业过程分为四个阶段：识别与评估机会；准备与撰写创业计划；确定并获取创业资源；新创企业管理。

（1）机会的识别与评估风险，指在机会的识别与评估过程中，由于各种主客观因素，如信息获取量不足，把握不准确或推理偏误等使创业一开始就面临方向错误的风险。另外，机会风险的存在，即由于创业而放弃了原有的职业所面临的机会成本风险，也是该阶段存在的风险之一。

（2）准备与撰写创业计划风险，指创业计划的准备与撰写过程带来的风险。创业计划往往是创业投资者决定是否投资的依据，因此创业计划是否合适将对具体的创业产生影响。创业计划制定过程中各种不确定性因素与制定者自身能力的限制，也会给创业活动带来风险。

（3）确定并获取资源风险，指由于存在资源缺口，无法获得所需的关键资源，或即使可获得，但获得的成本较高，从而给创业活动带来一定风险。

（4）新创企业管理风险，主要包括管理方式，企业文化的选取与创建，发展战略的制定、组织、技术、营销等各方面的管理中存在的风险。

5. 按创业与市场和技术的关系划分

按创业与市场和技术的关系划分，可分为改良型风险、杠杆型风险、跨越型风险和激进型风险。

（1）改良型风险，是指利用现有的市场、现有的技术进行创业所存在的风险。这种创业风险最低，经济回报有限，即风险虽低，但要想生存和发展，获取较高的经济回报也比较困难，一方面会遭遇已有市场竞争者的排斥或进入壁垒的限制，另一方面即便进入，想要占有一定的市场份额非常困难。

（2）杠杆型风险，是指利用新的市场、现有的技术进行创业存在的风险。该风险稍高，对一个全球性公司来说，这种风险往往是地理上的，常见于挖掘未开辟的市场，如彩电行业，利用原有技术进入农村市场。

（3）跨越型风险，是指利用现有市场、新的技术进行创业存在的风险。该风险稍高，主要体现在创新技术的应用方面，往往反映了技术的替代，是一种较常见的情况，常见于企业的二次创业，领先者可获得一定的竞争优势，但模仿者很快就会跟上。

（4）激进型风险，是指利用新的市场、新的技术进行创业存在的风险。该风险最大，如果市场很大，可能会带来巨大的机会，对于第一个行动者而言，其优势在于竞争风险较低，但是知识产权保护力度很弱，市场需求不确定，确定产品性能有很大的风险。

6. 按创业中技术因素、市场因素与管理因素的关系划分

按创业中技术因素、市场因素与管理因素的关系划分，可分为技术风险、市场风险和代理风险。代理风险，是指高级经营管理人才、组织结构以及生产管理等能否适应创业的快速增长或战胜创业企业危机阶段的动态不确定性因素的风险。

这六类风险之间相互作用，使得创业企业运作的各个层面上的诸多因素的不确定性更加复杂，并且在创业企业不同的发展阶段上，各因素的风险性质也将产生一定的变化。

史玉柱的两次创业

1. 史玉柱与巨人集团

史玉柱，安徽人。1989 年研究生毕业后“下海”，在深圳研究开发 M6401 桌面中文电脑软件，获得成功。1992 年，史玉柱率 100 多名员工，落户珠海。珠海给了史玉柱的巨人集团很多照顾:高科技企业税收全免;破例审批出国;户口一时转不过来,给新办一个珠海户口。

巨人一下子发展了起来,资产规模很快接近3亿元。史玉柱开始不满于只做巨人汉卡,他开始做巨人电脑,巨人电脑挣钱,但管理不行,坏账一两千万。巨人电脑还没做扎实,史玉柱又看上了财务软件、酒店管理系统。史玉柱去美国的考察,问投资银行未来哪些行业发展速度最快?投资银行说是IT和生物工程。史玉柱回国立即上马了生物工程项目,他涉足的行业还有服装和化妆品,摊子一下铺到了六七个事业部。

1993年,巨人其中仅中文手写电脑和软件的当年销售额即达到3.6亿元,位居四通之后,成为中国第二大民营高科技企业。史玉柱成为珠海第二批重奖的知识分子。

当时中国人才外流现象比较严重,为了吸引外流人才回国效力,时任珠海市委书记、市长的梁广大选中了史玉柱作为"中国大学生留在本土创业"的典型。作为支持,珠海市政府曾经批给巨人一块地,巨人准备盖18层的办公楼。在大厦图纸都设计好之后,梁广大找史玉柱谈了谈,希望史玉柱为珠海争光,将巨人大厦建为中国第一高楼,巨人只有建成了中国第一高楼,史玉柱才配做全国典型。为了支持巨人建中国第一高楼,市政府批给了巨人3万多平方米土地,125元/平方米的价格等于白送。

1993年,中国经济过热发展,只要有房子就能卖掉。甚至连"楼花"都能卖掉。盖72层的巨人大厦需要12亿,此时,史玉柱手中的只有1亿现金。史玉柱将赌注压在了卖楼花上。1993年,珠海西区别墅在香港卖出十多亿"楼花"。可等到1994年史玉柱卖楼花的时候,中国宏观调控已经开始,对卖"楼花"开始限制,必须投资到一个数额才能拿到预售许可证,后来越来越规范,限制越来越多。史玉柱使出浑身的宣传本事,也只卖掉了1亿多"楼花"。

1995年,巨人推出12种保健品,投放广告1个亿。史玉柱被《福布斯》列为大陆富豪第8位。脑黄金取代巨人汉卡成为巨人新的摇钱树。1995年,仍然认为形式一片大好的史玉柱往巨人大厦地下三层又砸了一亿多元。

1996年巨人大厦资金告急,史玉柱贷不到款,决定将保健品方面的全部资金调往巨人大厦。此时,脑黄金每年已经能为巨人贡献1个多亿利润。"我可以用脑黄金的利润先将巨人大厦盖到20层。先装修20层。卖掉这20层,再盖上面的。"没想到,保健品业务因资金"抽血"过量,再加上管理不善,迅速盛极而衰,脑黄金卖不动了。

1997年初巨人大厦未按期完工,国内购楼花者天天上门要求退款。媒体"地毯式"报道巨人财务危机。得知巨人现金流断了之后,"巨人三个多亿的应收款收不回,全部烂在了外面。"不久,只建至地面三层的巨人大厦停工。巨人集团名存实亡。史玉柱成为"全国最穷的人"。

2. 史玉柱与征途网络

脑白金于1998年5月份问世,由于巨人的倒下,一文不名的史玉柱个人向朋友借了50万元,带领着十几名忠实的追随者转战江浙、东北,开始再度创业的历程。

史玉柱试探性地先花了10万元广告费在江阴打市场,很快产生了热烈的市场效应,影响到了无锡。于是,他们用赚到的钱接着在无锡打市场,然后无锡也有了很好的市场反应。史玉柱开始重新树立起信心。接着他们的市场开到了南京,带动整个江苏,同时在吉林启动,很快,常熟、宁波、杭州都做开了市场。

就这样,在1999年3月,史玉柱终于在上海注册成立了一家新的公司——上海健特生物制品有限责任公司。当年,新公司的主营产品"脑白金"销售额就达2.3亿元。

对于史玉柱和他的团队来说,"巨人危机"或许是他们最大的财富,因为史玉柱从中得到的教训和对于自身的深刻认知,让他们在以后的创业中受益无穷。

2004年11月,上海征途网络科技有限公司正式成立。三四年前史玉柱就曾想过投资做网游,在进入网游之前,史玉柱曾经找来专家咨询,也曾专门拜会一些行业的主管领导。结论是,至少在8年或者更长的时间里,网络游戏的增长速度会保持在30%以上。而在史玉柱看来,国人对娱乐的需要日益增长,中国游戏玩家的比例相对也较低,增长潜力巨大。因此,史玉柱断言:现在的网游市场肯定是一个朝阳产业。

史玉柱始终认为,网络游戏的成功靠的就是两个:钱和人。史玉柱不缺钱,多年保健品业务积累和投资收益给史玉柱带来了巨大的资金积累。在几年前,史玉柱就曾经对网络游戏动心过,但是那时他没有游戏团队,新浪的汪延曾经告诉他,新浪之所以没做成网游也是因为缺人。

2004年,放弃大型网络游戏研发的上海盛大的一个团队准备离开盛大并希望找一个合适的投资伙伴,并在同一个台湾的投资方接触。史玉柱听说此事之后,立刻找到这个团队见面,会谈之后,史玉柱投资IT的热情再度被点燃起来,决定投资。

史玉柱在正式确定后自问:如果失败,其原因有可能来自什么方面?一是产品,二是人员流失,等等,在一问一答当中,史玉柱罗列出来了十几个项目要点,也一一找到解决的方法。

初做网游的史玉柱,无法全面同对手竞争,因此制定了一个"聚焦聚焦再聚焦"的策略。征途网络只做一款产品,只选择MMORPG类中的2D领域,史玉柱声称要做"2D游戏的关门之作"。从现在的结果来看,史玉柱的聚焦策略取得了一定程度上的成功,《征途》的在线人数已经领先于直接竞争对手。

为了网络游戏的项目,史玉柱预先估计到最高可能会亏损两个亿,因此就在账上准备了两亿元人民币。但是,前期4千万人民币投下去之后,很快《征途》就已经进入良性发展,在公测阶段便已经开始盈利。由此,史玉柱也就正式进入改变网游格局的征途。

有游戏同行直截了当地说史玉柱太另类、不按常理发牌,但同时也认为将公司广告做到央视,将脑白金的地面推广经验运用到网游渠道,也确实有创意。

史玉柱自称曾到农村去、到商店去,和买脑白金、买其他保健品的消费者聊天,了解他们的习惯、喜好。要想了解网游玩家的心理,史玉柱则省去了不少的麻烦,一方面他本人就是玩家,另一方面,他也可以非常方便地同玩家在网上交流。史玉柱玩网络游戏时,面对枯燥的打怪升级,非常不满,开发团队采纳了史玉柱的意见,增加了升级的方式。

虽然被盛大多次抢先,但是《征途》全面免费以及给玩家发工资的策略也在市场上取得了不错的成效。现在,《征途》的所有用户当中,83%的用户都是免费的,真正收费的用户只有17%。史玉柱认为,免费用户很重要,可以为自己带来人气,而收费用户在代练以及装备交易方面的市场潜力远大于普通的点卡计时收费市场。

史玉柱自称对市场调查有着更深的理解,史玉柱自称曾经直接进到网吧里和玩家聊天。调查之后,史玉柱发现,网游和保健品一样,真正的最大市场是在下面,不是在上面。中国市场是金字塔形的,塔尖部分是北京、上海、广州这些城市,中间是南京、武汉、无锡等较大城市,真正最大的网游市场就在农村,农村玩网游的人数比县城以上加起来要多得多。

外界普遍认为史玉柱保健品成功的关键是广告,而史玉柱自称最关键的一环其实是地面推广。现在,史玉柱将在保健品当中的营销经验应用到了网络游戏当中。据征途网络副总经理汤敏介绍,目前征途网络的地面办事处已经近百家,计划发展到上千家。

(案例来源:http://www.iceo.com.cn/renwu2013/2013/0525/267290.shtml)

二、创业风险的成因

大学生创业时会面临很多大小不同的风险，归纳起来主要的有以下五大原因。

1. 选择的项目缺乏充分的调研论证

大学生是充满激情的一个群体，但一些大学生创业者因为盲目和冲动，市场预测过于乐观，没有对市场进行充分的调研和细分，缺乏真正有商业前景的创业项目，许多创业点子经不起市场的考验。急于求成、市场意识及商业管理经验的缺乏，是影响大学生成功创业的重要因素。一些大学生创业者对行业、消费者需求、业务的流程和标准、项目未来发展趋势等的了解和把控不够，对运作模式、盈利点、投入产出、计划书等一些创业应该考虑的基本问题，无法给出清晰解释。对于创业而言，更需要根据实际来制定目标战略，否则难以成功。对于任何创业者来说，首先面对的是生存还是灭亡的问题，能够生存就成功了一大半，所以，生存才是硬道理。大学生选择的项目要经得起市场的考验，有特定的消费群体才能获得成功。大学生如果缺乏前期的市场调研和论证，只是凭自己的兴趣和想象来决定投资方向，甚至仅凭一时心血来潮就决定干哪一行，肯定会遭遇失败。

2. 缺乏创业前的实战演练

近年来各地不断出台扶持大学生创业的优惠政策，不少大学生也加入了青年创业的大军，但创业是一项复杂而系统的工程。受年龄及相应学识的限制，大学生很难拥有关于创业的直接与间接经验，创业知识一般也限于“纸上谈兵”，在这种情况下大学生创业及在公司运营中肯定会遇到各种不可预见的问题，以致创业困难。政府和高校仅在创业环境、创业意识与技能培训等方面努力，是远远不足以帮助大学生成功创业的。外力并不能对大学生创业起到主导作用。商业实战经验才是大学生的软肋。受传统观念的影响，大多数学生在大学的主要任务是学习，参加社会实践活动的意识比较薄弱，机会也比较少，因此，缺乏实践经验和社会阅历。大学生们刚走出校园，尽管不乏优秀的创业项目却缺乏成熟的创业心态与足够的实战积累，使其在创业过程中会走一些弯路，甚至因为缺少经验，对市场趋势把握不准而错失发展机会。

3. 缺乏创业者素质

美国心理测验专家约翰·勃劳恩说：“创业的技巧虽然是学来的，但是具有某些素质的人占了先天的优势。”如果没有一定的特质，创业者要想成功创业并不是一件容易的事情。创业者自身素质应包括其心理素质、文化素质、身体素质等方面。非智力因素对创业者来说非常重要，如创业者的性格、人品、意志力和心理承受能力等。创业的过程是对创业者自身能力、智慧、胆识气魄的一种全方位考验，它对创业者的个人素质和能力有特定的要求。创业者的自身素质条件决定了创业者的创业活动性质和经营范围，也决定了创业者最终能否获得成功。现在虽然政府为大学生自主创业提供各方面的优惠和鼓励政策，但这并不意味着每个大学生都适合创业。因此，每一位创业的大学生都应该在行动前对自己有一个全面、深入的剖析，通过分析其他创业者的经历，考虑自己是否真正具备了创业的素质和能力。

4. 缺乏人脉资源

在当今竞争激烈的社会中，商场如战场，想要获得成功，就需要营造人脉。人脉资源是潜在的无形资产。表面上看，它不是直接的财富，但缺乏人脉的创业很难成功。人脉资源丰富的创业者，在创业路上自然左右逢源。大学生创业者如果在短时间内不能建立广泛的人际网络，创业对他来说一定不易，即使初期能够依靠领先技术或者自身素质，比如吃苦耐劳或精打细算，获得某种程度上的成功，但事业很难做大。曾任美国总统的罗斯福说过："成功的第一要素是懂得如何搞好人际关系。"作为创业者，"关系圈"对他们来说尤为重要。想要创业成功，就要营造一个适于成功的人际圈。一个没有良好人际关系的人，即使知识丰富、技能突出，也很难得到施展的空间。对于大学生创业者来说，接触社会的时间有限，阅历不够丰富，因此，积累和经营自己的人脉资源还需要时间和磨练。

5. 创业的抗风险能力较弱

创业风险是由于创业环境的不确定性，创业机会与创业企业的复杂性，创业者、创业团队与创业投资者的能力与实力的有限性，而导致创业活动偏离预期目标的可能性及其后果。在创业过程中包括技术风险、市场风险、投资风险、政策风险等。大学生创业存在很多风险，他们是否具备风险意识和规避风险的能力，将直接影响创业的成败。对创业风险具有清醒的认识，并充分拥有应对风险的心理准备，是创业成功的必要条件。但是由于大学生受年龄及阅历等方面的限制，未必对创业风险具有清醒的认识，缺乏对可能遭遇到风险的必要准备。一些大学生在创业过程中一旦遇到挫折和失败，往往感到痛苦茫然，甚至沮丧消沉、一蹶不振。商场如战场，竞争风险无处不在，优胜劣汰法则是无情的。据统计，全国每年新开张的公司中有至少45%不到一年时间就倒闭关门。创业激情很可贵，应该得到全社会鼓励、保护，但拥有魄力和果敢的同时，更需要理性、深思熟虑，需要脚踏实地才能一路走好。

昙花一现的秦池酒厂

2004年4月，中国国内媒体纷纷报道了一条消息：山东秦池酒厂准备资产整体出售。

1995年，名不见经传的秦池酒厂以6666万元人民币夺得中央电视台广告"标王"。1996年11月8日再度以3.2亿元人民币的天价，蝉联标王。

秦池横空出世，一战功成：夺标当年秦池销售额一举飙升10倍，逾10亿元，创造了中国企业发展史上令人瞩目的"秦池奇迹"和"秦池速度"。秦池以广告封杀的绝笔，将中国市场进一步推入传媒主导企业的时代。

二夺标王后的秦池，知名度如日中天，但知名度并不能决定消费者的购买行为。由于整个白酒市场的滑坡和来自政府的、传媒的方方面面的诘问和非议，尤其是企业膨胀式发展带来的一系列管理问题、素质提升问题、品牌成长问题等等，使雄心勃勃一心要实现"酒王"梦的秦池，一时非花非梦，身陷困境。

1997年初，一则关于"秦池白酒是用川酒勾兑"的系列新闻报道，给秦池当头一棒。通过报道，一个从未被公众知晓的事实终于浮出了水面：秦池的原酒生产能力只有3000吨左右，它从四川邛崃收购大量的散酒，再加上他们本厂的原酒、酒精，勾兑成低度酒，然后以"秦池古酒""秦池特曲"等品牌销往全国市场。同时他们还发现，秦池的罐装线基本是手工操作，每条线有10多个操作工，酒瓶的内盖是专门由一个人用木榔头敲进去的。

业内人士认为，秦池从四川收购散酒进行勾兑这种模式应该说是科学的，符合经营规律。但由于酒是一种嗜好品，消费者实际上消费的是酒背后的东西（包括产地、历史、工艺、文化内涵等）。一旦消费者发现秦池酒实际上是川酒，就有上当受骗的感觉，因为有时候，消费者尤其是酒类消费者并非是理性的。正因此，秦池酒销量大减。

日益激烈的市场竞争，加上秦池自身的问题，使其市场份额产生了波动。由于发展太快，秦池对代理商失去了控制能力，导致了代理商私自提价，将低档酒以高价卖出，造成质价背离。秦池二度中标后，消费者认为3.2亿元的广告额将转嫁到他们身上，对秦池品牌产生了不信任感。针对这种消费心理，秦池也束手无策。

波动不定的市场份额，使秦池陷入了严重而难以自拔的经营风险之中。当年，秦池完成的销售额不是预期的15亿元，而是6.5亿元，次年更下滑到3亿元，到1998年，该厂已是欠税经营。秦池从此一蹶不振，最终从传媒的视野中消失了。

业内人士认为，秦池在企业管理、生产、销售各环节的衔接上，相对于品牌的快速扩张是滞后的，而这种滞后恰恰被“标王”的光环所遮掩，完全忽略了过度膨胀引起的并发症。最关键的一点是，秦池在成为全国知名品牌时，企业的发展步伐还停留在单纯的卖产品上，而没有进行品牌文化建设。只重视知名度而不重视美誉度，一旦产品出现质量问题，自然被淘汰出局。

2000年7月，一家酒瓶盖的供应商起诉秦池酒厂拖欠其300万元货款，法院判决秦池败诉，并裁定拍卖“秦池”注册商标。令人啼笑皆非的是，几亿元打造的商标最终却以几百万元的价格抵债。

（案例来源：http://www.rztong.com.cn/newshtml/20081011/ns24210.shtml）

我还是强调：“激情澎湃走楼梯。”在这个世界上，天外有天，山外有山。水平比你高的人、厉害的人多得是，要放好心态，不要跟别人比，最后没有在工作上累死，而是被“比”死了，所以年轻人要放准心态。

——孙德良

三、创业风险的防范与控制

风险贯穿于整个创业过程，各个阶段的创业风险既有共同的特征，也有自身的特征。创业风险在各个阶段的表现形式也各不相同，所以应对和化解风险的方法和手段也不尽相同。有的类型的风险虽然始终存在，但是化解之道也随着时间、环境的变化而需要对症下药。

1. 选择合适项目，增强抗风险能力

大学生要想创业成功，选择适合自己的项目是关键。在不了解市场风云的情况下，因为选择了不恰当的项目而创业失败例子比比皆是。创业不能过于理想化，应当树立务实的创业观。从虚拟小店到现实公司，不拘一格，不定一式。虽然也有专利、高科技创业，但更多的大学生应该做出更为宽泛也更为实际的选择，丰富大学生创业的内容，只有这样，创业之路才会越走越宽阔、越走越平坦。因此，选择了正确的方向，也就从一开始降低了创业的风险。大学生们可以选择一些投入较小的行业。第一，投入的资金比较小；第二，避开了生产、设计环节；第三，产品直接面对消费者。从统计数据来看，在服务业领域中创业的成功率最高。大学生创业者资金实力较弱，选择启动资金不多、人手配备要求不高的项目，从小本经营做起比较现实。另外，创业是艰苦的，需要付出很多，随时要做好吃苦和遇到挫折、克服困难的准备。大学生创业者要培养良好的心态，尤其是对创业风险具有清醒的认识，并充分拥有应对风险的心理准备，这是创业成功的必要条件。

2. 积累实战经验，丰富人生阅历

缺少经验是大学生创业者急需解决的一个问题，要想提高创业成功率，大学生创业者们就应该通过不同渠道积累经验，丰富阅历。第一，积极参加大学社团活动，争取实践锻炼。学校社团的活动丰富多彩，从策划到达成目标是个复杂的过程，参与全局，可锻炼综合能力。第二，利用大学课余时间和寒暑假兼职打工。大学生可以尝试销售、人力资源管理、财务管理等不同岗位，让自己在薄弱环节得到更多的锻炼。特别是做市场类工作，可以让大学生深入了解消费者需求、掌握市场信息、洞察市场空白，寻求合适的创业项目。第三，参与学校的科研项目获取实践经验。特别是对于理工科的同学，参与学校科研项目，能更多接触实际。第四，大学生毕业后在企业实习锻炼。社会是大熔炉，企业就是实际的创业团队，刚毕业的大学生先在企业学习工作几年，积累好人脉和资源再创业也为时不晚，大学生可以在企业市场空白处找到创业契机，为独立创业做好准备。

3. 优化创业环境，寻求创业导师

目前，政府为了鼓励大学生创业已相继出台了多项优惠政策，特别是在资金扶持方面，但大学生在创业的过程中，除了前期的扶持，更需要创业路上的关怀与指点迷津。因此，高校应加强毕业生创业基地、创业示范岗建设，深化、拓展毕业生的创业培训，定期举办高校毕业生创业大赛，充分发挥各行各业专家在大学生创业过程中的咨询、参谋、辅导作用，在大学生遇到困难时给予最直接的帮助和鼓励。创业导师通过带信息、带心态、带方法的模式，让学生得到快速成长，降低了大学生创业的风险；这些具有丰富经验的创业导师将会给予大学生精神和心灵上的最大支持，实践中的最大帮助；每一位创业导师都有着独特的创业经历，把他们的创业经历传播到大学的氛围中，对大学生树立创业的意识、承担起新时代下创业的历史责任有着积极作用。

4. 培养创业者素质，提高生存能力

个人具备创业者素质更容易成功，但并不是所有的创业者都具备创业的素质，培养大学生创业者素质，需要高校、家庭和社会的共同努力。首先，创业者需要创造性思维，它是创造力的源泉，是成功创业的思想基础。创业人才在思维特点上表现为不被陈规旧俗所束缚，能较快适应外界环境条件变化，并能摆脱思维定势，充分发挥个人的创造性，这样才能不断推陈出新，抢占商业竞争的制高点，创造性思维素质是可以在学习和教育环境中得到培养和锻炼的。其次，创业者要具备良好的心理素质。具体表现为自信、敢于冒险、坚韧不拔等。这些潜质在创业途中的意义不可估量，尤其是在面对挫折的时候，更需要创业者的执着。另外，创业者应具有团队精神。创业不是一个人在战斗，学会凝聚整个团队的力量，可以为企业创造更多的价值。一个能让创业者思想、能力、认识水平不断提高和善于学习借鉴的团队，才是创业成功与否的关键所在。具备了创业者的素质，大学生在创业之初切忌好高骛远，可以选择一些投入不大，自己擅长的领域和项目，脚踏实地地积累经验，探索市场，先生存再图发展。只有这样才能稳扎稳打，开创出自己的一番天地。

5. 积累经营人脉资源

人脉是一种非常宝贵的资源，人脉资源可以获取有用的信息，进而转换成财富；在危急时刻，也往往可以发挥转危为安的作用，大学生创业者可以通过以下途径开拓自己的人脉。第一，多参加社团活动，在活动中自然地与他人建立互动的关系，从中学习服务他人、创造商机并且扩展自己的交际圈，如果能在社团中担任一定的角色自然也就增加了与他人联系、交流的时间，不断延伸自己的人脉关系。第二，学会沟通和赞美，想成为成功的创业者要善于抓住身边的任何机会培育人脉资源，主动与他人沟通，当感觉到自己的能力有限时，应该寻求比较理想的合作伙伴和团队共同创业，志同道合、有共同价值观的团队能在创业过程中同舟共济。另外，成员间还可以优势互补，尺有所短，寸有所长，如果能够发掘每个人的优势，一定能让创业更加顺利，大学生创业者应有博大的心胸，宽厚待人，做企业就是做人，只有把人做好了才能把产品做好、服务做好，才能博得他人的信任。

善于纳谏的比尔·盖茨

比尔·盖茨是一个没有老板架子的老板，但他有脾气，到处都能听到他的吼声和尖叫。别人也同样可以对他发脾气，他绝不会记恨别人的冒犯。他不在乎礼仪，只在乎效率。在微软公司，人们有什么不同意见，就直截了当地说出来，不必管对方听了心情如何。

有一次，他跟行政助理马凯斯小姐发生了争论，两人都气得砸桌子，你砸一拳，我砸一拳，各不相让。但事后却像什么事也没发生过一样。这是微软的风气，当双方意见争执不下时，解决的方法是看谁吼叫的声音最高，仿佛声音越高就越理直气壮似的，争论只是就事论事，并不影响到双方的关系。

盖茨也欢迎员工的挑战，他不怕遭到下属的反驳，他很要强、固执，但并不是一个武断的人。有时，他会声嘶力竭地与某人争论一个观点，一两天后，他可能会承认自己的观点错了，并诚心地接受他人的意见。

比尔·盖茨很尊重那些敢于反对他、冒犯他的人，他不喜欢"应声虫"，他有时甚至会故意反对某人的意见，以试探对方是否真的对自己的意见有把握，并且不惜因此冒犯他，总之，他要英雄，不要奴才。

（案例来源：http://www.zlcom.cn/a/news/sp/2014/0611/44699.html）

第五节　创业的商业模式开发

学习提示……

商业模式，是管理学的重要研究对象之一，MBA、EMBA 等主流商业管理课程均对"商业模式"给予了不同程度的关注。随着互联网的发展，国内无论大小型企业都越来越看重企业的商业模式，也越来越认知到商业模式对企业发展的重要性。

一、创业商业模式的内涵及其内在结构

商业模式的定义：为实现客户价值最大化，把能使企业运行的内外各要素整合起来，形成一个完整的高效率的具有独特核心竞争力的运行系统，并通过最优实现形式满足客户需求，实现客户价值，同时使系统达成持续赢利目标的整体解决方案。

很多著作对于商业模式的讨论往往模糊了两种不同的含义：方法和概念。一类作者简单地用它来指公司如何从事商业的具体方法和途径，另一类作者则更强调模型方面的意义。这两者实质上是不同的：前者泛指一个公司从事商业的方式，而后者指的是这种方式的概念化。后一观点的侧重者们提出了一些由要素及其之间关系构成的参考模型（reference model），用以描述公司的商业模式。

企业经营者比较倾向于将商业模式的讨论定位于方法，而研究者比较倾向于将商业模

式描述为一种模型。总体上看，商业模式是一个非常宽泛的概念，通常所说的跟商业模式有关的说法很多，包括运营模式、盈利模式、B2B模式、B2C模式、“鼠标加水泥”模式、广告收益模式等等，不一而足。

商业模式包括五个要素。

1. 商业模式五要素之一：价值来源

价值来源指购买企业商品或服务的顾客群，是企业利润的唯一源泉。企业价值来源及需求界定，决定企业为谁创造价值。企业顾客群分为主要顾客群、辅助顾客群和潜在顾客群。好的目标顾客群，一是要有清晰的界定；二是要有足够的规模；三是要对顾客群的需求和偏好有比较深的认知。

据国外媒体报道，市场调研机构Wedbush Decision Metrics对美国大约2500名年龄在18岁以上的受访对象进行调查，得出一个关于社交网络用户互联网行为的分析报告，报告内容覆盖Facebook、Twitter、LinkedIn和YouTube四家社交网络。报告指出，Facebook用户数量的年均复合增长率(CAGR)高达22%，目前已经超过了6亿用户，而且Facebook用户的参与程度更高，平均每名用户每周停留时间为7.5小时，比两个月前增长了15%，而且有超过57%的Facebook用户每天登录该社交网站。

Wedbush Decision Metrics报告称，有37%的Facebook用户在该平台玩游戏，比两个月前增长20%；而且55岁以上用户每周玩游戏时间达9.7小时，远超年轻用户；超过50%的Facebook用户“喜欢”某一品牌，其中喜欢人数最多的五大品牌用户数量在过去三个月里平均增幅超过60%。增长最快的Facebook用户群体是55岁以上的用户，年均复合增长率为44%，而且每天登录Facebook的55岁以上用户比例增长了超过24%。而据美国调研机构Royal Pingdom 2011年最新公布的报告称，Facebook活跃用户人数已超过8亿人，用户遍及全球，这个起初以在校大学生为主要客户群的网站，如今已经囊括所有年龄段的用户(Facebook规定至少13岁才成为注册用户)，甚至包括中、小学生。这个无年龄、无国界限制的Facebook，确实已经成长为一个庞大的商业王国。

2. 商业模式五要素之二：价值载体

在2011年，Facebook有望创造大约40亿美元的营收，并已筹集到了超过20亿美元的风险资金。它准备于2012年公开上市，这一举措将会为该公司带来更多的资金，并将其估值提高到800亿美元至1000亿美元之间。

Facebook的商业模式就是尽可能多拥有用户，保持免费是实现这一目标的最好办法。Facebook通过具有高度针对性的广告来赚钱，而这些针对性广告则是以用户在该网站上共享的大量数据作为基础的。Facebook直到2007年才推出了其广告平台，因为该公司想要集中精力尽可能快地发展用户。当然，这并不是说，其他社交网站就没有发现向用户提供付费服务的成功模式。职业社交网站LinkedIn向付费用户提供各种功能，例如高级搜索功能、直接发送信息的功能，以及让用户看到谁浏览过自己的个人资料页面。一些婚恋网站，例如Match.com和eHarmony，可让付费用户相互之间发送信息。然而，这些服务均只能吸引一些特定的用户。而Facebook的目标是联系全世界的每一个人，若实行收费，它不可能做到这一点。

当然，Facebook也是一家以盈利为目的的企业。除了广告，它还通过虚拟货币Credit——用于Facebook平台上的社交游戏《FarmVille》和《黑手党战争》中——直接从其用户手中赚取利润。在将来，预计Facebook还会寻找其他的盈利方法。该公司可能会发展其信贷系统,从而与 PayPal 展开竞争。我们还将会看到 Facebook 将其广告平台拓展到该社交网站之外,进入到其他更多的网站中——从而与谷歌的 AdSense 展开竞争。

而且,Facebook 还可能会实行电子商务,尽管 Facebook 已关闭了其 Deals 团购业务,但是越来越多的商家已开始直接在这个社交网站上销售他们的商品了。Facebook 将来有一天会提供自己的工具来支持这些商家的活动吗?这当然是有可能的。所有这些模式都有一个共同点,那就是它们需要有相当数量的用户才能够获得成功。

3. 商业模式五要素之三:价值创造

打造价值创造,规划企业内部运作价值链是商业模式设计与完善重要内容,它决定了产品或服务是否为企业带来价值和带来价值的多少。企业价值创造主要包括以下几种:组织与机制、技术与装备、生产运作、资本运作、供应与物流、信息、人力资源等。

最初的 Facebook 的访问的确是因为约会活动来引起的——与人约会,了解更多的人群,易追踪的活动方式,等等。Facebook 采取了自下而上的发展模式,其网站是建立在已经存在的社区基础上,并且采用"邀请"加入制度,这无疑减少了文化差异,增强了成员的隐私和归属感。网站的收入来自于广告主定位广告的投入。

Facebook 的扩张非常有序,从哈佛到十几所大学,现扩展到高中,以及社会人士,"有序扩张得到了相关人群的紧密跟随";其次,Facebook 的开放平台让第三方可以提出有价值的工具,从而吸引用户选择自己喜欢的工具。Facebook 最热门插件,大都是在三天内做出来的,前 10 名的组件,基本都是专业的公司在制作,如 slide、rockyou、Social Gaming Network 等。Facebook 宣布开放平台后,ilike 在两周内获得 200 万用户,有些开发者还拿到了风险投资。综上所述,在 Facebook 发展的第一个阶段,面向校园市场和实名注册是他成功的原因;在 Facebook 发展的第二个阶段,采用去中心化的封闭式设计又能够很好地隔离不同类型的用户;在 Facebook 发展的第三个阶段,是开放平台推动了他的腾飞,是 Web 小游戏让他的用户群迅速地扩大。

好的价值载体是顾客价值最大化与企业价值最大化的结合点,它要求:一要针对目标顾客的清晰的需求偏好;二要为目标顾客创造价值;三要为企业创造价值。有些企业的产品和服务或者缺乏顾客的针对性,或者根本不创造利润,就不是好的价值载体。

4. 商业模式五要素之四:价值传递

利润渠,即企业向顾客供应产品和传递产品信息的渠道,是商业模式得以正常运作必不可少的外部价值链,产品或服务的价值传递是企业把产品和服务传递给目标客户的分销和传播活动,目的是便于目标客户方便地购买和了解公司的产品或服务。

互联网促成了长尾市场,聚合的空间存在无数差异化的需求,这为众多提供不同服务的企业公司提供了新的生存空间,任何偏门的需求,通过互联网的聚合,都可能找到数目可观的用户,放大形成有利可图的市场。对于互联网企业来说,利用自身的基础优势,利用开放平台,就能创建一个有庞大系统的产业链,各个不同的企业可以运用自身的特长,互为补充,提供丰富、完整的服务内容,让用户各取所需。

那些提供基础平台的公司,依靠产业链建立起牢固的价值体系,从而获取到更可观的商业利益,作为第三方应用所依赖的基础,Facebook 所提供的平台服务,也具有巨大的商业潜力。如果说社交网站是在构建一个网络社区,那么针对数量庞大的居民社区,第三方应用可以成为小区的商店、餐厅、医院等,向居民提供各类需要的社区服务。

Facebook 数亿的用户,同样构成了一个巨大的长尾市场。开放平台,为第三方的应用开发商提供了广阔的空间;开放的政策,允许第三方应用开发商在 Facebook 上提供各种不同的应用服务。第三方应用开发商可以开发网上商店,向用户销售商品;可以开发像 eBay 一样的交易平台;可以开发旅行资讯服务,提供酒店、机票的预订;可以开发提供网上交友、婚介服务的应用;可以开发网络招聘的应用,社交网站的开放平台,实际上是开放了一个更广大的需求市场。这些应用成为 Facebook 这个社交网站中的小网站,这些小网站在 Facebook 上努力提供更多内容和服务的同时,也丰富了它们自己的商业内容和价值。

在 Facebook 上开发广告应用的 Buddy Media,2009 年的收入预期将达到数千万美元。休闲游戏开发商 Zynga,通过在 Facebook 和其他网站上销售虚拟道具,2009 年有望获得上亿美元的收入。如此巨大的盈利能力,使得 Facebook 的应用开发商也吸引到了大量的投资。

2005 年 11 月创立的 Rock You,在 Facebook 上获得成功以后,已分别吸引了来自红杉创投、光速创投、Partech International、门罗公园创投 DCM 和软银的三轮投资。加上 2008 年 11 月软银与韩国创投 SK Telecom Ventrues 最新注资的 1700 万美金,Rock You 总融资金额达到 6700 万美金。包括 Draper Fisher Jurvestson 在内的风险投资机构已经向多家社交游戏开发商注入了累计 2100 万美元,获得投资的公司包括 OMGPOP、SuperSecret、RotoHog、BladeGamesWorld。

除了应用开发商和软件服务提供商之外,围绕开放平台的应用体系,还出现了像 Adknowledge 和 SocialMedia 这样,为企业提供专业化的应用数据服务和社交网络广告投放咨询服务的机构。基于开放平台的应用,完全可以面向上亿的用户开展网络销售业务。

美国著名的鲜花礼品分销商,就在 Facebook 上开设了"1-800-鲜花店"的应用,通过它直接向 Facebook 的用户销售礼品。制作该应用程序的开发商 AlvendaCEO 韦德哥腾(Wade Gerten)透露,在他们推出 1-800-鲜花店之前,就已收到 8 家网络服务商的订单,要求 Alvenda 为他们开发网上商店的应用,用于超大型日用商店零售和超大型电子产品零售。

5. 商业模式五要素之五:价值保护

建立有效保护利润的价值保护——价值保护是指企业为防止竞争者掠夺本企业的目标客户,保护利润不流失而采取的战略控制手段。比较有效的价值保护主要有建立行业标准、控制价值链、领导地位、独特的企业文化、良好的客户关系、品牌、版权、专利等。

作为全球最大的社交网站,Facebook 仍在以惊人的步伐向前迈进。之所以有如此高的成就,完全在于其商业模式灵魂深处的底层价值观——要求用户以真实、单一的身份进入网络世界。这绝非中国的网络环境所能容忍,因此,时至今日,开心网尚不及前者的百分之一!

实名制的开放平台。由于 Facebook 上的用户绝大多数都是真实身份,对于 Facebook 而言,可以清楚地知道每个用户真实信息和上网的轨迹,这对广告主是至关重要的。对于传统的互联网广告,广告主一般要耗费昂贵的成本,在互联网上跟踪用户的行为痕迹,去推测他们的性别、年龄、爱好、消费能力、经常访问的站点。但在 Facebook 上这些信息唾手可得。任何人都可以在 Facebook 的自助广告服务里选出有限的组合,比如只对已婚的 35 岁以上、住在香港的女人展示广告,或者只对台北公司在某天上班的白领展示广告。

真实身份的商业含义是什么?它意味着,Facebook 是历史上命中率最高的广告媒介。知情人士估计,Facebook 在 2010 年可能创造 20 亿美元的收入,大部分来自广告。

反过来想想,人人、开心、豆瓣和 QQ 空间,都不可能如此透彻地了解用户信息。至少,他们都不需要实名注册,也没能把用户角色全部锁定在一个账号上。而这些都是制约后面这些模仿者超越前者的关键所在：广告主们发现，QQ上一亿个PV也未必能换回200个真实的订单！Facebook的底层价值观来自创始人马克·扎克伯格近乎固执的个人信仰，因为他坚信以马甲在网上发表观点是一种不诚实的表现，因此多年来他一直在以一种绝对透明的理念在设计Facebook的架构和商业模式。同时，他这种信仰落实到用户体验中，却并未遭遇人们普遍担心的隐私风险。

创业者光有激情和创新是不够的，它需要很好的体系、制度、团队以及良好的盈利模式。

——马云

二、创业商业模式设计（开发）的关键因素

简单来说，商业模式设计有三大关键点。

商业模式的设计，首先是定位。以什么方式向客户提供独特价值？现在地产商都希望做商业物业，但经营规模有多大？你能不能解决高租金问题？租金那么贵怎么办？一种方法是把面积缩小，简单服务，降低等待成本、搜索成本。从金融角度看，投资价值有多大？你想以多快的速度达到什么目标？达到行业领先地位还是前几名地位？选择利益相关者也很重要。根据你的定位、目标以及需要达到目标的速度，你会发现需要什么样的资源和能力，是研发、品牌还是渠道？是知识还是管理？

其次是谁能够高性价比地提供这些资源和能力，也就是利益相关者。找到利益相关者，首先要考虑利益相关者的交易结构，在交易结构当中要考虑到责权分配，我们怎么去合理地分配这些利益，然后要注意控制利益相关者的交易风险。因为利益相关者会导致一些机会主义，希望通过合约设计，争取做到激励先进，淘汰落后，惩罚破坏，最后能够把利益对立转化为利益一致。

第三个关键问题是要设计收益方式。收益方式里面有三个问题：第一，以什么方式获得收益；第二，在这个环节向谁收钱；第三，服务或产品的定价。

荣昌科技："腾讯"洗衣

张荣耀希望荣昌的商业模式能跳出洗衣业，做一个家庭服务的集成商。

荣昌科技，成立时间：1990年。

洗衣业看上去是一个无比传统乃至乏善可陈的行业，即便在技术土壤最肥沃的美国，其也被评论为"或许是50年来科技进步最为缓慢的行业"，因为全部的科技含量似乎都凝结在店铺里的那个洗衣机上；至于商业模式，好像无非就是加盟连锁和特许经营，而且规模不经济。

荣昌科技服务有限责任公司董事长兼总经理张荣耀试图翻新这个传统行业的商业模式，他在2001年就开始思考如何破解"一店一（洗衣）机"的复制和扩张方式。到了2008年，他名片上的公司介绍悄然从"荣昌洗衣"变成了"荣昌科技"。这时，张荣耀希望荣昌的商业模式能跳出洗衣业，做一个家庭服务的集成商。

1. "盛世"危言

洗衣业的门槛并不高，其复制和扩张方式相比超市等业态也相对简单，通常只要在前期

投入一笔资金——主要是洗衣设备，后期因为往往是加盟店独立运营，不需要进行持续的货物配送和管理，管理和运营的模式也相对固定，因此其连锁和特许经营的“效率”非常高。另一方面，连锁运营企业的盈利模式也相对简单，早期以技术转让费为主，如今加盟费和设备售卖费并行，而一台设备的利润空间在早些年非常大。有业内人士称，当时几万元的设备可以卖到十几万元，因而步入新世纪后，洗衣业很是经历了一段“盛世”，大家忙不迭地跑马圈地，增长的动力主要来于吸引加盟商开新店的能力，而不是持续运营。

张荣耀和他领导的荣昌洗衣自然也经历了这样一段过程，他称自己一度很享受快速增长带来的快感：1994 年创立荣昌品牌后，“每来一家要转让技术，我们就可以挣 1.7 万元，每卖一台伊尔萨洗衣设备，就可以挣六七万元”，应该说，那时候所谓“荣昌洗衣”广告更像是顺便为之，荣昌最主要的盈利模式还是技术和设备转让费。

到了 2000 年，洗衣业的竞争开始有品牌化的趋势，即用户更愿意选择那些有品牌的洗衣店，而不是不知名的路边作坊。张荣耀便开始做连锁和特许经营，其每年加盟店的增长速度都在 50%以上，而且吸引了国外一些著名投行前来投石问路。开始和风投们接触的时候，张荣耀很兴奋，因为他觉得这么传统的行业吸引到风投不容易，但当时一家风投提出的问题让他浑身冒冷汗，比如“行业店铺看上去很多，但销售额都很小，而且现金流不能集中”。

从 2001 年开始，洗衣业繁荣背后的隐疾开始越来越显性化，比如相对每一个洗衣店的规模、盈利能力和投资回报周期（一般一个洗衣店开后至少撑过 1 年半的瓶颈期，才谈得上后期的运营和盈利）来看，每个洗衣店包括干洗机、水洗机、烘干、熨烫在内的一套设备就是一笔不小的投资，此后虽然不需要再追加大的投资，但劳动力和铺面租金水涨船高也必然会让洗衣店不堪重负。

同时政府和社会对环保的重视也会渐渐成为洗衣业的命门，北京和上海对洗衣店的准入门槛也越来越高，比如并不是所有的洗衣店都允许放干洗机，那么“为卖设备而吸引加盟店”的扩张模式早晚也会受到崩溃式的打击。

这些问题让张荣耀如坐针毡，他形容自己当时的心情是：如果不挣设备的钱了，该怎么办？而且这里面并不是只有一个难题，每个难题又都很难解决。

2. 变现通路

通过两年的思考和学习，张荣耀为荣昌重新制定了商业模式：“一带四”+联网卡。“一带四”模式是指：放缓设备店的扩张，加速收衣点建设，比如每开一家设备店，都会搭配四家收衣点提供业务支持。其中设备店八成以上为加盟店，收衣点全部为直营店。这种模式虽然在一定时间内，限制了荣昌过去“卖设备”挣钱的路径，但更符合一种合理配置产能、相对“轻资产化”的运营模式，比如收衣点占地面积 3～5 平方米就够，而且初始投入成本也非常低，“一个大卖场里的点初始投资 3 万元就够”。网点设置也非常灵活，比如荣昌已经跟家乐福等超市达成协议，不止在社区，还在超市这样的卖场设置收衣点，一方面以更低的成本和同行抢夺客源，另一方面也确实符合顾客能随时随地方便“送衣服去洗衣店”的诉求。此外，由于收衣点在为设备店配送“货源”的同时也可以享受“佣金”，也扩展了荣昌的盈利模式。

联网卡其实并不是很新鲜的话题，即客户办一张卡，就可以在全部门店通用。但在洗衣业却是一个大课题，因为很多所谓的充值卡其实都是门店自己发售的，不但不能通用，而且其中不乏“发卡吸金再携款潜逃”的商业模式被衍生出来，其根本原因还是洗衣业过去的“开店卖设备”的商业模式，并不重视信息化建设和统一管理。对此，张荣耀很自豪，他称公司从 2002 年开始，就专门组建团队开发信息化系统，这为发行联网卡提供了最重要的 IT 支持能力。同时，为了保证联网卡的畅通无阻，总部也制定了一些强力政策，比如严格禁止加盟店私自发行，而拒绝采用联网卡系统的加盟店，可能会被“摘牌子”。

当新的商业模式基本建立起来后，张荣耀也开始思考新的课题：洗衣业的竞争毕竟已经十分激烈了，一个社区周围数家乃至十几家洗衣店的情景多得是，因此局限在行业本身，荣昌的发展和利润增长空间毕竟还是有限。同时，他意识到荣昌新模式的本质实际上是做两件事情：建立同客户直接接触的庞大终端网点以及搭建客户数据库。当意识到自己是在做这两个事情而不是经营洗衣店的生意时，思路就被打开了。

虽然行业迥异，但还是可以参考腾讯做的一切，通过 QQ 直接接触和抓住用户，然后凭借这种强大的、不可替代的通路优势，输送自己的其他产品，以此建立多样化的盈利模式。简单地说，就是企业既要有建设通路的能力，还要懂得如何增加用户的黏性，更要有把其“变现”的意识和能力。

张荣耀的“收衣点”其实就是同客户接触的通路，他目前已经通过多种方式开始尝试如何把通路的价值放大和变现：比如首先借助收衣点的配送能力和联网卡，荣昌开始尝试电子商务；其次，从奢侈品的维修和保养开始，逐渐渗透到奢侈品的养护和二手奢侈品交易市场；第三，尝试同外部公司进行合作，比如快递公司，尝试将收衣点作为货物的中转站。

当然，尝试的效果究竟如何，还有待时间的检验，做法也需要在实践中不停地摸索和改进，但张荣耀坚定相信的一点是：在业务多元化扩张的同时，还是不能脱离荣昌最核心的能力。比如奢侈品市场，因为荣昌就是从皮革清洗起家，所以从奢侈品维护切入，而不像许多进入二手奢侈品行当的企业以交易平台开始；此外在一些收衣店开始尝试的“洗涤用品灌装”业务，也是同荣昌的核心业务息息相关的。他希望通过一次次的小心尝试，让荣昌从一个洗衣连锁企业转型成为用户家庭服务的集成商。

（案例来源：http://www.xcf.cn/syms/tt/201112/t20111222_223402.htm）

三、创业商业模式开发的过程、步骤与评价

商业模式设计关乎企业成败，企业应按发现和验证市场机会、系统思考、提炼产品概念、产品定义、财务分析和提供组织保障六个步骤设计适合自己的商业模式。

1. 发现和验证市场机会

首先，企业必须明确为哪部分人服务，锁定一个相对狭窄的市场，进行市场调研和客户消费心理研究，把有限的资源用在刀刃上。其次，企业要花时间去研究这部分目标客户目前存在什么问题（按照上期专栏文章介绍的方法先寻找到创新的源泉）。再次，我们必须把客户需求分层：是重要而且迫切、重要但不迫切、迫切但不重要还是既不重要也不迫切。如果能把握住客户既重要又迫切的需求，就容易成功。

企业还需考虑的是客户的购买动机，通常说来，温饱型客户最关心经济因素（即价格），小康型客户最关心功能（实用价值），而富裕型客户最关心心理因素（面子）。因此，小众化群体所处的社会阶层会影响他们对各种解决方案的价值评估。

如何给客户提供独到的价值呢？企业可以从四个方面考虑：第一，你强化了什么要素，即那些比现有解决方案更好的方面；第二，你弱化了什么要素，即把那些客户并不在意的、费力不讨好的东西尽量减少，或降低标准；第三，你去掉了什么要素，即把那些客户用不到的功能去掉；第四，你创新了什么要素，即那些独创的方面。

有了初步的产品创新设想后，企业必须与目标客户沟通，检验自己的想法是否有实际意

义。同时，还必须了解客户是否愿意支付一定的代价来消费这个产品，他们的切换成本有多高，这是市场调研时最容易忽视的一点。

2. 系统思考

中小企业要能用最简单的语言把自己要干的事说清楚，把客户、供应商、合作伙伴等相关者的关系描述出来。最好的办法就是画图，把自己的想法用一张图表现出来，这就是图形化思考、沟通。之后，企业必须去整合相应的外部资源，把商业模式图上涉及的核心单元、上下游企业、各种合作伙伴、各种外围资源都考虑进来。接下来要考虑的是价值链上各个利益相关者如何受益，这是每个参与者一定会考虑的问题。

系统思考这一环节还要求企业分析竞争的状况，包括对竞争对手和潜在竞争对手的分析。中小企业一般都缺少资本积累，直接向大企业、品牌发起进攻是不可取的，最好采取迂回包抄战术：不与任何企业发生正面冲突，错位竞争，用有独到价值的产品去开辟新市场；同时，要想推出畅销产品，一定要把握好时机，寻找触发点——机会往往出现在经济转折点上，出现在社会急剧变化时期，在一个相对稳定的市场中很难发现好机会。

3. 提炼产品概念

产品概念最好可以总结成一句话，即在 30 秒内能将产品的价值定位说清楚，让人听了以后产生共鸣、引起兴奋。有了完整的产品创意思路，就要走出去与客户沟通创意，听取客户对创意的反馈，以便掌握客户的态度和反应。要想让目标客户理解产品的价值和作用，最好的办法就是做一个样品，可以是电子版的模拟样品（通过电脑来演示幻灯片），也可以是真正的样品。总之要让客户看得见、摸得着，这比文字或口头说明要好很多。

概念测试的结果很容易指导市场人员总结提炼出产品的价值诉求。这里介绍一下 FAB 分析法：F（Features）是指这个产品有哪些特点，主要是产品本身固有的一些特点；A（Advantages）是说这个产品比同类产品好在哪里，有什么优点，强调与众不同之处，是一个相对的比较优势概念；B（Benefits）是说这个产品给目标客户带来了什么利益和价值，侧重于客户的“买点”和消费动机。FAB 提炼出来之后，产品的价值诉求就出来了，客户购买的理由也充分了。

不同层次的消费者在选择产品时关注的重点不同，任何产品都很难在价格、实用价值和面子三个方面同时实现突破。企业要根据目标客户群的层次，确定自己的产品在哪个方面必须超越竞争对手，这样才能给客户一个选择你的理由。

4. 产品定义

到了产品定义阶段就需要考虑完整产品的概念。完整的产品由三个层次组成：最里层是核心层，主要包括性能、指标、功能、品质等，是产品发挥作用的关键因素；第二层是外围层，主要是增值服务，目的是让客户更好地发挥核心产品的功效，比如售前/售后服务、电话咨询服务等；第三层是外延层，主要是客户体验与感觉。中小企业最好靠外围产品和外延产品的差异化去吸引客户。产品定义完成之后，就要把第二版的样品做出来，接下来就要进行 Focus Group 测试，其中一个重要的测试参数就是“哇”效应，即当客户第一眼看到这个产品时，有多少人感到惊讶。

产品定义中一项重要的工作就是定价，因为定价的背后是产品的定位。定价方法可以分成优质优价、优质同价、同质低价、低质低价四种，企业应根据自己的客户层次选择合适的定价方法。产品出来后通过什么渠道走向市场，也是在产品定义阶段必须完成的一项工作，即明确从厂家到客户需要经过哪些中间环节。最好能以关系图的形式表示，让人简洁明了地看清楚各个渠道之间的关系。

为了提高销售环节的效率和成功率，给目标客户留下良好的印象，企业应先做市场，再做销售，即先设计好产品的统一说辞，明确产品的价值定位，给销售人员准备好“枪炮弹药”。统一说辞从何而来？它基于产品概念和定义阶段完成的 FAB 分析。

5. 财务分析

有了一个好的产品，还需要做出精密的销售计划，要按照不同的销售渠道、不同的地域进行划分。销售指标分解到人以后，就要求每个销售人员制订销售计划。除此之外，还要考虑销售人员和渠道人员的培训，教会他们如何销售、与客户沟通，甚至如何“卖思想”，目的是提高销售人员的成功率，进而提升士气。

接下来，企业要根据销售指标确定未来一年的资源分配计划，落实人、财、物三方面的资源。指标高的部门配套资源就多，反之则少，管理层运用利益驱动的办法来激励员工是一条非常有效的途径。将人、财、物这些固定成本落实，剩下的就是运营费用等可变成本。有了销售指标、固定成本和可变成本的预算，一年的财务分析就出来了，衡量企业管理水平的运营利润也就可以算出，所有的参数都可以量化。

对于风险投资者来说，在审核一个创业项目时，最关心的问题是如何实现销量倍增，也就是关注这样的产品、商业模式是否存在倍增的机制。对于那些希望得到风险投资的新项目来说，必须把产品和商业模式的倍增机制表达清楚。

6. 提供组织保障

仅有好的产品、商业模式和财务分析还不够，企业的组织设计也要合理，这是实现企业目标的组织保障。对于创业项目来说，一定要说清楚发起人和核心团队成员的优势，让投资者看后感到放心。此外，企业要向投资者展示未来的组织架构是怎么设计的，最好能用一张图来描述；同时，还要把股权结构展示给投资者看。

对风险投资者来说，如何退出是优先考虑的一个问题，他们需要一种机制来得到收益，而不是作为长期的股东持有股份。凡是想通过吸引风险投资来发展的创业者，必须有思想准备：公司做大了就不是自己的了，要么上市成为公众公司，要么被其他企业收购。当然，为了防止投资者、发起人或其他创业股东过早退出，可以事先商定投资者退出的时间表和基本原则。

遵循上述六个步骤，企业才有可能设计出能提供独特价值、难以复制、脚踏实地的商业模式。中小企业可以在探索与实践中构建适合自身的商业模式，在竞争中取得快速、持续的发展。

巩固与训练

大学生创业微信卖水果日营业收入上千元

夏末秋初，正是瓜果集中上市的好时节。随着市民生活水平的提高，水果在绝大多数的家庭里已经不可或缺。过去，大家习惯在超市、菜市场、水果店购买水果。如今，在 O2O（线上到线下）商业模式的席卷下，“手机、电脑下单，在家收货”成为越来越多市民购买水果的首选。

北京财贸职业学院毕业的大学生宁帅豪也和同伴一起加入到了“O2O 卖水果”的创业大军。他们创办的电商平台“果乐乐”，通过网站和微信公众号接受订单，每天的营业额最高超过千元。与几乎所有电子商务模式一样，宁帅豪的“果乐乐”也依赖风险投资的支持。在激烈的市场竞争中，这群羽翼未丰的大学生创业者遇到了巨大的挑战。宁帅豪说，他们会尽全力坚持自己的梦想——把水果“卖”到纳斯达克。

1. 选择高职：把中学的创业梦延续下去

“我不是一个传统意义上的好学生。”宁帅豪透露。他说自己从高中开始就“不务正业”涉足商业。那时候某品牌的智能手机还非常流行。不少中学生都渴望拥有一部手机，但又苦于囊中羞涩，宁帅豪瞅准商机，联系省城郑州的大批发商，批量进货，以远低于当地销售商的价格把手机卖给自己的同学，“挣了大约一万多块钱。”宁帅豪说，这是他人生的第一桶金。

2012 年，宁帅豪高考。他的分数足以上当地的三本院校，但他毫不犹豫地选择来北京读高职。“我当时就想得很清楚，要试着自己创业，上大学一定要去一线大城市，因为那里可以获得开阔的视野、第一手的商机。读高职可以获得更多实践的机会。”宁帅豪说。最终他被北京财贸职业学院录取。

大学三年，宁帅豪的能力得到了充分展现。大一时他创办了创业社团——大学生创业就业协会。三年间，协会从一个人发展到最多两百多人，还作为北京唯一的专科院校代表参加了北京高校创业型组织峰会。带领着协会里的同学，宁帅豪把商业实践发挥得淋漓尽致。愚人节，他们组织了假面舞会，出售门票、酒水，所得收入又向学校的春季运动会赞助了 1000 瓶矿泉水，免费供同学饮用，协会全校闻名。

2. 启动创业：微信下单，水果当天送上门

宁帅豪说，自己真正意义上的创业，得从一个名叫“北小财”的微信公众号说起。那是在 2013 年初，微信公众号刚刚开始流行。宁帅豪注册了一个公众号，命名为“北小财”，开始提供校内外商家的打折促销信息。“那应该是 O2O 的雏形。”宁帅豪说，公众号得到了同学的追捧，粉丝人数突破了 1000 人，“占到了我当时所在涿州校区全校人数的六成以上。”

这一年的暑假，宁帅豪和同学搬回了位于通州的校本部。陌生的周围环境让他起初颇不适应，不知道哪里可以聚餐、购物。这时他突然意识到商机来临，“我不知道同学也不知道，何不制作一个 APP 软件，打造一个吃喝玩乐的平台？”他很快找到了附近北京物资学院软件专业的学生，寻求技术上的支持。

一番讨论下来，对方给宁帅豪泼了一盆冷水。“做一个好的 APP 软件，前期投入的费用就得好几万，一旦定位不准，很容易血本无归。”宁帅豪说，这时他才意识到市面上那些五花八门的 APP 软件，其实都是靠风险投资在支撑，“我也得找风投。”他暗下决心。

他给这个吃喝玩乐的平台做了详细的商业计划书，计划书将水果作为销售内容，“我最熟悉我的同学，水果对他们来说比粮食还重要，商机无限。”他们的方案很快获得了投资人的青睐。一位投资人给予了 20 万元的风险投资，另一位投资人则答应提供网站、微信公众号销售的技术支持。

2014 年 7 月，宁帅豪和伙伴们创立北京创锐时光信息科技有限公司，并入驻中关村创业大厦。公司旗下建立了生鲜电商平台“果乐乐”，该平台基于网站、微信公众号，为用户提供鲜果当天下单、当天送达服务。

3. 站稳高校：跑遍市场，尝遍水果，每天收获超 300 订单

“果乐乐”最先进入的高校是对外经济贸易大学。宁帅豪找到了靠近学生宿舍楼的水果

店，和老板谈判后商定：学生下单付账，平台向水果店派单，水果店送货至宿舍楼下，学生收货，水果店获得货款和提成。

这一模式的好处是送货时间飞快，通常学生下单后一个小时内就能收到水果。但问题也很快出现，由于水果是由水果店采购，“果乐乐”无法控制其品质和价格，一些反映水果质量的投诉开始出现。宁帅豪和伙伴意识到这一问题后立即对营销模式进行了纠正，改为自营采购、自主送货。这样一来，虽然学生客户的收货时间从一个小时延长为“当天内”，但水果的品质大大提高。

宁帅豪说，为了保证水果有最低的价格、最优的品质，他和伙伴跑遍了丰台新发地、朝阳来、广营等多家水果批发市场，“一样样品尝，从西瓜到榴莲，从苹果到杨桃，从捂着嘴吃完了吐到最后吃出了经验。”他笑道。

在他们的努力下，“果乐乐”逐渐在高校站稳了脚跟。除了对外经贸大学，“果乐乐”还进入了中国农业大学、北京航空航天大学等高校，收到师生的普遍好评，生意最好时，平台每天收获超过300份订单，营业收入上千元。

4. 遭遇打压：血拼下坚持创业，遭遇“李鬼”

“果乐乐”在高校的发展很快引来了竞争对手的关注。去年下半年，各路风险投资人纷纷选择进入高校水果、零副食销售领域，一些APP软件应运而生。宁帅豪坦言，与那些APP软件相比，自己的资金实力完全不在一个档次，“我只有20万元的风投支持，对手的风投资金则是数百万甚至千万元。”

价格战很快打响。之前宁帅豪和伙伴们通过精耕市场，少量进货快速销售，水果的平均价格能比水果店便宜20%到30%，但是“果乐乐”的竞争对手直接打出了“买一斤送一斤”的招牌，竞争最激烈时甚至是“买一斤送两斤”。“这样的价格战我们实在耗不起。”宁帅豪说，去年下半年是他从高中有创业行动以来最艰难的一段时光。“每天晚上都睡不着，盘算着自己的资金还剩多少，还能撑多久。”他说。

除了深陷“价格战”。宁帅豪还发现自己的“果乐乐”品牌在被一家大型果蔬物流企业使用。“我之前已经申请了商标专利。”宁帅豪说，他曾经上门试图和这家企业的负责人进行沟通，但“财大气粗”的对方似乎并未把这个大学生创业团队放在眼里，“没见到具体负责的人，更别说老板了。”宁帅豪说。

5. 未来目标：纳斯达克，做好从水果店起步的打算

为了节省成本，“果乐乐”在2015年年初关闭了校园送货点，改为专攻天通苑、北苑家园等大型居民社区，送货方式也从上门送货改为小区自提。“既保证了水果的新鲜，也减少了我们的物流成本。”宁帅豪说。

他和创业伙伴们每天都会驾驶着一辆金杯面包车去批发市场进水果，然后根据互联网以及微信公众号上的订单情况进行送货。一有闲暇，他就会钻研市场行情的最新变化，及时判断调整销售思路。“从去年下半年到现在，一大批百万元级别风投的水果销售项目都已经死了，我们还活着。”宁帅豪说。

他坦言，现在明白了创业不是小打小闹，除了靠谱的项目之外，必须具备极其强大的抗压能力、永不放弃的精神以及缜密的分析判断能力，加上良好的团队支持，以及有一些好的运气，才有可能不断向前发展。

在创业之初，宁帅豪的梦想是把水果“卖”到美国的纳斯达克股市。现在他仍然说自己不忘初心。即使是重新回到起点，从一家小水果店起步，自己也会全力坚持走下去。他说，

无论创业的过程如何的艰辛，无论项目最终能否走向纳斯达克，创业者永远都在痛苦中快乐前行。

思考并回答以下问题：

1. 宁帅豪创业项目选择中主要考虑了哪些因素？从你的角度有何评价？
2. 你认为该创业项目面临的主要风险有哪些？可以采取的应对措施有哪些？
3. 你对该创业项目的商业模式如何评价？从哪些方面进行改进和完善？

请你结合本章所学知识和案例分析来选择一个创业项目，并根据相关章节的知识对你所选择的创业项目进行分析，制订出一个基本的“创业项目计划书”，请同学和老师进行分析评价。

第四章　创 业 资 源

学习目标 ……

知识目标：熟知创业资源的种类以及各类资源在创业活动中的作用。

技能目标：掌握创业资源开发整合的方法和技巧。

态度目标：始终保持乐观积极的创业态度。

第一节　创业资源概述

学习提示 ……

资源在于整合而不在于拥有。创业者不是在拥有资源的时候才去创业，而是在没有资源的情况下去寻找资源来创业。认清不同类型创业活动的资源需求差异，并以此为基础，合理运用技巧获取各类创业资源，是做好创业活动的前提之一。

一、创业资源的内涵与分类

（一）创业资源的内涵

创业的前提条件之一是创业者拥有或者能够支配一定的资源。概括地讲，创业资源是企业创立以及成长过程中所需要的各种生产要素和支撑条件。对于创业者而言，只要是对其创业项目和新创企业发展有所帮助的要素，都可归入创业资源的范畴。

创业资源对于创业活动的重要意义不仅仅局限在单纯的量的积累上，应当看到创业活动实质上是各类创业资源重新整合，支持企业获得竞争优势的过程。从这个角度看，创业活动本身是一种资源的重新整合。资源整合，就是把企业所拥有的自然资源、信息资源和知识资源在时间和空间上加以合理配置、重新组合，以实现资源效用的最大化。必须注意的是，这种资源效用的最大化，并非简单的各项资源各安其位，各司其职，而是能够通过重新整合规划，创造企业独特的核心竞争力，实现企业在市场上的竞争优势。

（二）创业资源的特性

创业资源与一般商业资源既有相同点，也有一定的差别。

从广义上看，创业资源与一般商业资源的基本内容大致相近，都包括人力资源、社会资源、财务资源、物质资源等，是指创业活动或商业活动中所需要的各种生产要素和支撑条件。倘如一个人想要创业或者从事某种商业活动，则必须具备一定的条件，而拥有这些资源在某种程度上就是获得了许可证。在创业过程中，除自有资源外，创业者往往通过市场交易手段将一般商业资源转换为创业资源。

从狭义上看，创业资源与一般商业资源的差异表现为以下三点。

第一，创业资源与创业过程相伴而生，是一项事业、一个企业或组织从无到有、从小大到的创建过程中所依赖的各种要素和支持条件。对于创业活动而言，不确定性强是初创期的主要特征，因此创业者所拥有或者可以利用的资源无论在数量上还是规模上都表现为“少”“小”。一般商业资源往往泛指事业、企业或组织所具备的生产要素和支持条件，其数量、规模都比创业资源“多”“广”。

第二，创业资源的范围往往小于商业资源。尽管创业资源与商业资源的基本内容相近，但并不是所有的商业资源都是创业资源，因为只有创业者能够拥有或者可以获得、利用的资源才是创业资源。在创业的过程中，创业机会只有与相应的创业资源进行匹配，才能形成现实的创业行为。否则，即使出现了大好的创业机会，创业者也难以迅速利用这个机会，只能眼睁睁地看着机会从身边溜走。

第三，有的学者认为，创业资源更多表现为无形资源，一般商业资源则更多表现为有形资源。创业资源的独特性更强，创业者的个人能力和社会网络资源是其中最为关键的资源，一般商业资源中，规范的管理和制度则是企业成功的基础资源。

（三）创业资源的分类

1. 按其来源分类

创业资源按其来源可以分为自有资源和外部资源。自有资源是指创业者或创业团队自身所拥有的可用于创业的资源，如自有资金、技术、创业机会信息等。外部资源是指创业者从外部获取的各种资源，包括从朋友、亲戚、商务伙伴或其他投资者筹集到的投资资金、经营空间、设备或其他原材料等。自有资源的拥有状况（特别是技术和人力资源）会影响外部资源的获取和运用。

2. 按其存在形态分类

创业资源按其存在形态可以分为有形资源和无形资源。有形资源是具有物质形态的、价值可用货币度量的资源，如赖以生存的自然资源以及建筑物、设备、原材料、产品、资金等。无形资源是具有非物质形态的、价值难以用货币精确度量的资源，如信息资源、人力资源、政策资源以及企业的信誉、形象等。无形资源往往是撬动有形资源的重要手段。

3. 按其性质分类

根据资源的性质，可将创业资源分为六种资源，即人力资源、社会资源、财务资源、物资资源、技术资源和组织资源。

（1）人力资源。包括创业者与创业团队的知识、训练、经验，也包括组织及其成员的专业智慧、判断力、视野、愿景，甚至是创业者、创业团队的人际关系网络。创业者是新创企业中最重要的人力资源，创业者的价值观和信念，更是新创企业的基石；高素质人才——技术人员、销售人才和生产工人等的获取和开发，是企业可持续发展的关键因素。

（2）社会资源。主要是指由于人际和社会关系网络而形成的关系资源。社会资源对创业活动非常重要，因为社会资源能使创业者有机会接触到大量的外部资源，有助于透过网络关系降低潜在的风险，加强合作者之间的信任和声誉。开发社会资源是创业者的重要使命。

（3）财务资源。包括资金、资产、股票等。对创业者来说，财务资源主要来自个人、家庭成员和朋友。由于缺乏抵押物等多方面原因，创业者从外部获得大量财务资源比较困难。

（4）物质资源。指创业和经营活动所需要的有形资产，如厂房、土地、设备等。有时也包括一些自然资源，如矿山、森林等。

（5）技术资源。包括关键技术、制造流程、作业系统、专用生产设备等。通常，技术资源包含三个层次：一是根据自然科学和生产实践经验而发展成的各种工艺流程、加工方法、劳动技能和诀窍等；二是将这些流程、方法、技能和诀窍等付诸实现的相应的生产工具和其他物质设备；三是适应现代劳动分工和生产规模等要求的对生产系统中所有资源进行有效组织和管理的知识、经验和方法。技术资源大多与物质资源结合，可以通过法律手段予以保护，形成组织的无形资产。

（6）组织资源。包括组织结构、作业流程、工作规范、质量系统。组织资源通常指组织内部的正式管理系统，包括信息沟通、决策系统以及组织内正式和非正式的计划活动等。组织资源来自于创业者或其团队对新创企业的最初设计和不断调整，同时包括对环境的适应和对成功经验的学习。由于创业过程通常被解释成组织的形成过程，所以对于创业企业来说组织资源是具有标志性意义的一类资源。

把服务做到极致的海底捞火锅连锁店

海底捞连锁企业以特色的经营策略，致力于打造人性化服务的品牌形象，为什么海底捞得以成为中国餐饮业的新生力量？为什么一句"把人当人对待"成为海底捞的成功要诀？中国成千上万家餐厅，成功者有各种原因，像海底捞这样一家时间不长的火锅店，在人员上、信念上下功夫的不多。

如果你来到海底捞，感受到的是一群态度不同的员工，他们乐观、主动，还带着强烈的自豪感，他们笑着的眼神中传达出诚恳和欢迎你来的意思，走起来很快，像小跑，想让你满意的意图很强。从它的价钱，到它的菜品，到那栋楼里其他餐厅都冷清只有海底捞要排一小时队，海底捞身上有种特质很稀缺、很宝贵，它可能是未来企业中越来越重要的东西。

大部分企业不缺制度，制度也能起很大作用，可仅有制度会造成机械和被动；大部分企业都有奖罚，金钱当然起很大作用，可仅有奖罚会造成交换和隔膜；很多企业都有理念、愿景及使命，可仅有这些可以挂在墙上的东西会造成形式感和空洞，只有把这三者适当的放在一起，企业才是一个完整的管理系统。

（案例来源：李家华，《创业基础》（第二版），清华大学出版社，2015 年 1 月）

4. 按其在创业过程中的作用分类

创业研究学者通常将创业划分为两类，一类是运营性资源（operation resource），主要包括人力资源、技术资源、资金资源、物质资源、组织资源和市场订单等资源。另一类是对新创企业生存和发展具有关键作用的战略性资源（strategic resource），主要指知识资源。知识型社会给企业带来了持续而深远的影响，知识成为企业进行生产、竞争的关键，企业组织工作的重要任务是战略性地开发和利用知识资源。由于新企业的高度不确定性及创业者和资源所有者之间的信息不对称性，知识资源对运营资源的获取和利用具有促进作用。

另外，还有学者将资源分为离散资源和系统资源两种类型。离散资源的价值相对独立于组织环境，合同和专业技能则属于这类资源。系统资源的价值则体现在这种资源是网络或系统的组成部分，比如分销网络或团队能力，其价值依赖于所处的系统环境。

二、创业资源的作用

创业活动的本质，是创业者围绕潜在机会来调动和整合一切可能获得的资源以创造商业价值的过程，这些资源包括社会资源、资金、技术以及专业人才等。创业者所拥有或者能够支配的资源在很大程度上决定了创业方向。

（一）社会资本在创业中的作用

对于创业活动，社会资本是基于人际和社会关系网络形成的资源，包括权力、地位、财富、信息等。这种资源可以是人力资源的一部分，或者说是特殊的人力资源。社会资本能使创业者有机会接触大量的外部资源，有助于通过网络关系降低潜在的风险，加强合作者之间的信任与信誉。根据斯坦福大学研究中心的一份调查显示：一个人赚的钱，12.5%来自知识，87.5%来自于基于正常社会经历建立的人际关系。而来自中国的数据显示，社会交往面广、交往对象趋于多样化、与高社会地位个体直接关系密切的创业者，更容易发现创新性更强的创业机会。

（二）资金在创业中的作用

大学生创业的最大困难之一就是资金缺乏。资金是创业者资源整合的重要媒介。创业过程的每项活动都会发生成本，都需要进行成本补偿。即便已经建立若干年的企业，资金链的断裂也是企业致命的威胁。据媒体报道，倒闭破产的企业中有85%是盈利情况非常好的企业，而这些企业倒闭的主要原因是资金链的断裂。企业可能不会由于经营亏损而破产清算，却常常会因为资金断流而倒闭。很多创业者在创业之前，没有正确看待创业资金的重要性，认为企业一开始投入就能盈利，能够弥补创业过程中的资金短缺问题。事实上没那么简单，很多时候一个创业项目在起步后的相当一段时间内是没有收入的，或者收入不会像预期的那样容易得到。

（三）技术在创业中的作用

对于制造类型或提供基于技术服务的新创企业而言，技术资源是企业存在和发展的基石，是生产活动和生产流程稳定的根本。其成功的关键是首先寻找成功的创业技术，因为创业技术是决定创业产品的市场竞争力和获取能力的根本因素；创业是否拥有技术核心决定了所需创业资本的大小。此外，技术资源的主要来源是人才资源，重视技术资源的整合同时也就是注重人才资源的整合。技术资源的整合，不仅要整合、积聚企业内部技术资源，还要整合外部的可资利用的技术资源，比如积极寻找、引进有商业价值的科技成果，加强和高校科研院所的产学研合作，等等。整合技术资源只是起点，技术资源整合是为了技术的不断创新、自主研发并拥有自主知识产权，保持技术的领先，提高新创企业的核心竞争力。

（四）专业人才在创业中的作用

随着知识经济的兴起、高科技产业发展，人们发现单靠个人力量越来越难以成功创业，创业团队的重要性更加凸显。大量的实证研究表明，团队创办的企业在存活率和成长性两方面都显著高于个人创办的企业。这是因为团队创业通常具有更多样化的技能和竞争力基础，可以形成更广阔的社会和企业网络，有利于获取额外的资源。创业投资家也经常把新企业创业团队的素质作为其投资与否的最重要的决策依据之一。当然，创业者的人力资本和社会资本对创业团队的组建也有重要作用。一方面，优秀的创业领导人更有可能吸引优秀的人才来共同创业；另一方面，创业者的社会资本对创业团队的组建和持续性发挥着不可忽视的作用。

管理团队也是创业过程中重要的人力资源。随着新创企业发展到一定阶段，管理体系逐渐健全，各项规章制度逐步完善，组织架构也日益明晰，公司就需要从外部引进一些专业管理人才，这些专业人士能够为企业带来有益的建议与革命性的管理思路。需要提及的是，正是因为专业人士具有外来性，管理风格与理念可能与原本创业团队中的核心成员不同，甚至可能有矛盾冲突。

此外，在创业过程中还有其他可供利用的人力资源，如管理咨询公司、银行、风险投资者、律师事务所、高校等机构的专业人士。对于大学生创业者，在对企业运作中某项业务不太熟悉的情况下，可以充分利用外部专业人士的帮助，积极与知名的行业专家和学者建立紧密联系，以获得专业知识和建议，整合各方面的资源，提高创业成功率。

“我要帮你卖螃蟹”

“我要帮你卖螃蟹”，2015 年底，面对一个来自舟山的小姑娘，尹峰这句话在《藏龙卧虎》的节目现场脱口而出。随着自身知名度的提升和咖啡之翼的迅速扩张，尹峰已然成为众多年轻创业者心目中的女神，被誉为“神仙姐姐”，神仙姐姐尹峰也开始借助自身的影响力去帮助身边的优秀创业者。

生鲜电商在中国正如火如荼地发展，那海鲜＋互联网能发生什么反应呢？

海鲜，无非一个“鲜”字，解决不了这个问题，人们要么忍受冷冻食品，要么亲自去海鲜产地品尝。标准化产品的多级仓储对于生鲜产品并不适用，从生产（捕捞）到餐桌，而不是从仓库到餐桌，这中间对于物流行业的要求和挑战远非其他标准化企业可以想象。经营餐饮行业十几年的尹峰自然深知其中的困难，那为什么还要帮助这个叫张泓的小姑娘卖螃蟹呢？

超乎大多数人的认识，舟山野生梭子蟹的最佳食用时间是 11 月份之后，这时候的公蟹个大体肥，母蟹更是要到 12 月到 1 月，甚至春节前后，才会肉肥膏满。也就是说喜欢吃螃蟹的人，在中秋前后吃完大闸蟹，到了深冬仍然有美味的野生梭子蟹可享受。

但是，消费者吃到的螃蟹经常是 5 手蟹，包括远海捕捞船、回岸采收船、海边分拣市场、批发商、零售商超，不仅每过一手就加一层价，并且好的螃蟹、个大的螃蟹都在第 3 手就被大酒店和一些高端渠道拦截了，所以消费者不仅吃不到好螃蟹，买到的螃蟹也贵。

为了改变这个行业，张泓的“蟹八两”直接到海边从采收渔船上拿到 2 手货，自己分拣，实现了“蟹八两”承诺的从海边到餐桌 24 小时。“蟹八两”的一个标准订单流程是：12:00 在载满海鲜的渔船到港即根据订单分拣装箱，14:00 点包装完成后直接运往顺丰空运仓，24:00 新鲜梭子蟹到达目的地顺丰仓，第二天中午前用户即可吃上昨天打捞的新鲜梭子蟹。

尹峰，一个典型男生气质的名字，却属于一个瘦小、娇俏的湘妹子。她，随着国内知名度最大的职场真人秀节目《非你莫属》而声名鹊起，却又因润泽如玉的温婉情怀与字字珠玉的现场点评而饮誉全国。近两年又通过《藏龙卧虎》这个大众创业节目开始接触创业者，尹峰特别关注餐饮行业的创业者，依靠自己在行业内的经验给予创业者一些经验或者资金上的支持。

在后来的交流中，尹峰毫不避讳地说出，当时之所以决定帮你卖螃蟹其中很重要的一点，就是因为觉得你很像当时刚刚创业的自己。张泓，在舟山渔场长大的孩子，离开家乡进入互联网行业，创业前是国内某大型电商平台的产品经理，2014 年来自自家的梭子蟹让张泓在朋友圈着实火了一把，仅仅两个月通过自己的朋友圈卖出去了2000多只梭子蟹。渔船、螃蟹分拣、顺丰物流等所有环节都是张泓一人搞定的。从偶尔的接触到决定自己创业这种所经历，正是尹峰最为看重的。

目前供应链成本占据了生鲜产品比较大的一块成本，尹峰认为只要张泓的团队能够拿到一手或者二手蟹，就可以让消费者吃到既新鲜又便宜的舟山海鲜，张泓已经将整个产业链摸熟，加上一直在积累的用户圈子，靠口碑、靠努力、全心全意为用户，"蟹八两"就可以逐步奠定在生鲜市场的地位。

在餐饮生鲜行业，尹峰认为是不是盈利很关键，现在的创业市场环境宽松、资本也比较容易得到，束缚的瓶颈已经很少，很多互联网餐饮在靠不断的烧钱获得客户，这是不能长久的，而且也是餐饮生鲜行业的大忌，尹峰认为把产品做好，把运营做到极致，这个行业不可能不盈利。蟹八两在京东众筹的众筹金额已经超出目标额，广受消费者的追捧。

关于"蟹八两"，尹峰希望能够让真正的野生梭子蟹更多地进入大众的视野，摆上大众的餐桌。比大闸蟹吃得更爽，比河蟹更肥美，价格上也更有优势，消费者不是不懂得选择，而是对梭子蟹还不了解，所以我愿意帮张泓卖更多的梭子蟹。

（案例来源：创业网，http://www.cye.com.cn/chuangyegushi/chuangfugushi/201601061283057.htm）

三、影响创业资源获取的因素

（一）创业导向

创业导向反映了企业建立新事业、应对环境变化的一种特定的态度或意愿，这种态度和意愿会引发一系列的创业行为。在常见的创业研究模型中，创业导向被划分为三个维度：创新性、风险承担性和前瞻性。创新性是指"企业热衷于能够带来新产品、新服务、新公益的新思想、新观点和新的实验手段"，风险承担性是指"管理者愿意承担较大和有风险事务的程度"，前瞻性是指"企业通过预测未来需求改造环境，来寻找比竞争对手更早引入新产品或服务的机会"。在明确的创业导向指引下，企业能够创造性地整合资源、利用资源，并在资源的动态获取、整合、利用的过程中，区分不同的资源，充分发挥知识资源的促进作用。为此，创业者要注重创业导向的培育和实施，充分关注创业团队的价值观、组织文化和组织激励等影响创业导向的重要因素。

（二）创业者（创业团队）的先前工作经验

创业者（创业团队）的先前工作经验分为创业经验和行业经验两大类。其中，创业经验是指先前创建过新的企业或组织，创业者在此过程中所获得的感性和理性的观念、知识和技能等，它提供了诸如机会识别与评估、资源获取和公司组织化等方面的信息。行业经验是指创业者在某行业中的先前工作经历，它提供了有关行业规范和规则、供应商和客户网络以及雇佣惯例等信息。

从先前创业经验中转移来的知识能够提高企业家有效识别和处理创业机会的能力，有助于发现、获取创业资源。此外，先前创业经验还提供了帮助创业者克服新企业面临新的不利因素的知识，帮助社会企业家规避风险。

（三）资源配置方式

在创业过程中，资源总是表现出相对的稀缺性，创业者不可能获取到所有资源以开发创业机会，因此要求创业者对有限的、稀缺的资源进行合理配置，充分利用好已有的资源、身边的资源、别人不予重视的资源、发挥资源的杠杆撬动作用。

资源的配置方式有市场交易与非市场交易两种。在市场经济条件下，大多数资源可以通过市场交易而得到。但是，由于资源的异质性、效用的多样性和知识的分散性，人们对于同样资源往往具有不同的效用期望，有些期望难以依靠市场交易得到满足。因此，如果通过资源配置方式创新，能够开发出新效用，使之更好地满足资源所有者的期望，创业者就有可能从资源所有者手中获得资源使用权，以开展生产经营活动。

（四）创业者的管理能力

创业资源获取的关键往往取决于企业的软实力。创业者的管理能力是企业软实力的主要表现，管理能力越高，获取资源的可能性越大。创业者的管理能力可以从其沟通能力、激励能力、行政管理能力、学习能力和外部协调能力等多方面予以衡量。

良好的沟通能力可以使创业团队表现出坚强的凝聚力；团队激励和合作有助于企业综合能力的提升；较强的行政管理能力有利于将各种资源进行较完美地匹配与组合，使企业的正常运作更有效率；学习能力则可以不断地使创业者提升自身管理能力，做出理性判断；外部协调能力越强，与合作者（如供应商、销售商等）达成一致的可能性就越大。

（五）社会网络

社会网络是多维度的，能够提供企业正常运转所需的各种资源，也是新创企业最重要的资源之一。社会网络是隐性知识传播的重要渠道，它能通过促进信息（包括技能、特定的方法和生产工艺等）的快速传递而协助组织学习，同时还可以降低企业的交易成本，帮助获取与企业需求相匹配的资源，因而对于创业资源的获取具有重要意义。

社会网络的关系强度、关系信任以及网络规模对创业资源的获取具有正向影响，因此，新创企业应关注强关系网络的维护和利用以弥补其合理性的不足。强关系网络的主体通常以家庭、亲戚、朋友为主，与这些关系主体的频繁、密切接触，更易于获取资金、技术、人力等运营资源和友好的创业指导与建议。

四、创业资源获取的途径

如果大环境、小环境都自己建设的话，能力和实力不足。这时应把自己有限的资本或者力量聚焦到一个核心——塑造品牌，把相关的交给社会来完成。

——周成建

（一）不同类型创业活动的资源获取模式

创业活动可以根据不同标准分为不同类型，不同的创业活动对于创业资源的需求类型、整合方式各不相同。新创企业有三种资源整合方式，即技术驱动型、人力资本驱动型和资金驱动型，以其中一种相对充裕并优先获取的资源为核心和驱动力，带动其他两种资源向新创企业聚集。

技术驱动型的资源获取模式是创业者最先拥有技术资源，或者创业初始技术资源较为充裕并带动其他资源向企业聚集。在该模式下，创业者以拥有的核心科技为基础，根据技术开发的需要获取、整合和利用资源。

人力资本驱动型资源获取模式是指创业者以拥有的团队为基础，通过发挥团队特长或根据机会开发的需要来获取、整合和利用资源的模式。很多职业经理人创业采用这一模式，即工作一段时间后再创业的创业活动很多是以原工作单位的工作伙伴以及积累的工作技能为基础，先有了一个相互默契的工作团队，再寻找一个合适的创业项目，促成创业的成功。

资金驱动型资源获取模式是指创业者最先拥有资金，或者创业初始资金较为充裕并带动其他资源向企业聚集的资源获取模式。在该模式下，创业者以其拥有的资金为基础，通过寻找和资金额度相匹配的项目，进而对其进行开发，来获取、整合和利用资源。很多大型企业的内部创业多采用资金驱动型的资源获取模式，他们有着充沛的资金，有着发现新商机的独到眼光，通过新产品的研发或新技术的购买开始新一轮的创业活动。

（二）创业资源获取的途径

获取创业资源的途径分为市场途径和非市场途径两大类，当创业所需要的资源有活跃的市场，或者有类似的可比资源进行交易时，可以通过市场交易途径获取；其他情况下则可以通过非市场交易途径获取。

1. 通过市场交易途径获取资源

通过市场途径获取资源的方式包括购买、联盟和并购等。

购买是指利用财务资源通过市场购入的方式获取外部资源。主要包括购买厂房、装置、设备等物质资源，购买专利和技术，聘请有经验的员工等。需要注意的是，诸如知识尤其是隐性知识等资源虽然可能会附着在非知识资源之上，通过购买物质资源（如机器设备等）得到，但很难通过市场直接购买，因此，需要新创企业通过非市场途径去开发或积累。对创业者来说，购买资源可能是其最常用的资源获取方式，大部分资源，尤其是物质资源、技术资源、人力资源等都可以通过从市场上购买的方式得到。

联盟是指通过联合其他组织，对一些难以或无法自己开发的资源实行共同开发。这种方式不仅有可汲取显性知识资源，还可汲取隐性知识资源。但联盟的前提是联盟双方的资源和能力互补且有共同的利益，而且能够对资源的价值及其使用达成共识。通过联盟的方式共同研究开发获取技术资源也是创业者，尤其是高科技企业，常用的方式。创业者通过和高等院校和研究机构的联盟，可以在不增加设备投入的同时，及时得到企业发展所需要的技术资源，使企业保持可持续发展的后劲。

资源并购是通过股权收购和资产收购，将企业外部资源内部化的一种资源获取方式。资源并购的前提是并购双方的资源尤其是知识等新资源具有较高的关联度，并购是一种资本经营方式，通过并购可以帮助创业者缩短进入一个新领域的时间，从而及时把握商机，实现创业目标。

2. 通过非市场途径获取资源

非市场途径获取资源的方式主要有资源吸引和资源积累。

资源吸引指发挥无形资源的杠杆作用，利用新创企业的商业计划，通过对创业前景的描述，利用创业团队的声誉来获得或吸引物质资源（厂房、设备）、技术资源（专利、技术）、资金和人力资源(有经验的员工)。创业者在接触风险投资或者技术运用者的过程中,可以通过对创业前景的描述或团队良好声誉的展示,获得资源拥有者的信任和青睐,从而吸引其主动将拥有的资源投入到创业企业之中。

资源积累指利用现有资源在企业内部通过培育,形成所需的资源。主要包括自建企业的厂房、装置、设备,在企业内部开发新技术,通过培训来增加员工的技能和知识,通过企业自我积累获取资金等,创业者很多时候会采用资源积累的方式来筹集企业所需的人力资源和技术资源。通过资源积累的方式获取人力资源可以作为一种激励方式,激发创业团队和企业员工的工作积极性,提高工作效率;通过资源积累的方式获取技术资源,则可以在获得核心技术优势的同时,保护好商业机密。

获取资源贯穿创业的全过程,在创业的初始阶段,它具有更加重要的作用。对于多数新创企业来说,由于初始资源的不完整性,创业者需要取得资源供应商的信任来获取更多的资源。但无论如何,采用多种途径同时获取不同资源总是正确的选择。有研究表明,与采用单一途径获取资源的企业相比,通过多种方式获取资源的企业更有优势:它们在未来5年内继续经营的概率比那些主要依赖联盟的企业高46%,比专注于并购的企业高26%,比坚持内部研发的企业高12%。

评价自己的资源

据权威部门统计,私人创业真正成功率还不到15%,有60%是处于不盈利、不亏本的状态,有25%是彻底做不下去宣告失败。针对如何让自己的创业之路更为顺利这一问题,专家指出,寻求和获取技术、人际、资金等资源是创业成功的起点和关键。要判定自己已有资源是否充足,就必须以一定标准来衡量。以下是专业机构对创业资源的评分标准。

1. 自己的知识圈子(20分,以所在圈子的专家级别标准为100分折算)

一些大学教授、培训教师、记者、演员、作家,他们绝大部分是从自己的知识圈子走向创业成功的。成龙、周星驰等人是从自己大半生的演艺生涯成功步入导演的创业道路。有一些大学教授、培训师是根据自己在专业知识领域的地位和影响力成功地走向职业培训的创业道路。陈安之就是个很好的例子。类似的创业成功的案例还有很多,当然也有很多人的创业走向失败。在演艺圈子里有不少人依仗自己充裕的资金开创餐饮公司,虽然在很大程度上,名气为其起到了招揽客户的作用,但很多还是因为与自己的知识圈跨度太大,不能有效管理而最终导致失败。

2. 自己的技术圈子(30分,以所在圈子的专家级别标准为100分折算)

在中国20世纪90年代初,国家开始大力鼓励个人创业,一大批专业技术人员从稳定的技术岗位走向了创业的道路,尤其在沿海一带,这样的例子更是举不胜举。一时间,很多建筑人才创办起装潢公司、建筑设计公司,律师创办起律师事务所,财务人员创办起会计师事务所,服装师开起服装店,厨师开起餐饮店,甚至一些下岗工人由于做保姆积累了经验,也开办起家政公司。这就是创业的技术圈子。一般新型的技术人员创业成功率比较高,并且技术越是普及,创业的成功率就越低。在20世纪90年代初,开办广告公司的基本个个成功,因为那时候广告业刚刚兴起,而市场的需求远远高于市场的供应。而现在步入广告行业创业的新企业成功率不到20%,类似的行业还有房地产行业、建筑行业、网络行业、餐饮行业、服装行业、职业中介行业等。所以在这些热门行业有一技之长的朋友若计划创业就需要认真考量一下自己的其他圈子，只有在几个圈子拥有多元化的优势才能有成功的创业机会。

3. 自己的人际圈子(30分，以可利用关系80人为100分折算)

这类圈子里的人创业成功率一般比较高，而且比较轻松。据统计，所谓的暴发户绝大部分都是属于这类圈子。有很多人利用自己的家族资源、背景关系等优势创业成功。

4. 自己的经济圈子(20分，以创业所处的行业及拟定规模的最大需要投资款数为100分折算)

要做一名成功的商人一定要学会利用自己的资金优势。其实这个圈子创业成功率也是非常高的，但是走向商业的却不是很多。很多人在创业问题上把这个圈子作为附属条件，总是捆绑在其他圈子上，重点依附于其他的圈子创业，结果导致失败的情况比比皆是。

很多人就是利用自己的资金优势并通过各种投资渠道如股票、国债、黄金等，把握住正确投资方向而发家致富。利用自己的资金投资成功的方式主要有两种。第一种是自己创业，第二种就是利用自己的资金参与金融投资。

(资讯来源：李莉，《创业基础实训教程》，北京理工大学出版社，2015年2月)

第二节　创业融资

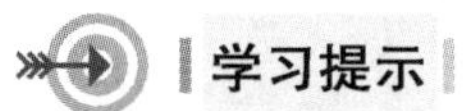

绝大多数的创业者在创业之初都会遇到这样的问题：我的创业资金哪里来？我怎样才能获得足够的创业资金？我要为融资付出什么代价？如何成为融资高手……所以，对于多数创业者来说，资金仍然是稀缺的资源，获取资金的技能和有关知识是创业者需要学习的重要内容之一。

一、创业融资分析

(一) 创业融资的概念

创业融资是指创业者为了将某种创意转化为商业现实，通过不同渠道、采用不同方式，以一定的经济利益付出为代价筹集资金以建立企业的过程。创业者应该根据新创企业在不同发展阶段的资本需求特征，结合创业计划及企业发展战略，合理确定资本结构以及资本需求数量。

(二) 创业融资难的原因

1. 新创企业的不确定性大

相对于成熟的企业，新创企业在资产、销售和雇员等方面处于弱势，存在高度的不确定性。不确定性客观上反映了企业技术、产品或商业模式成功的可能性，进而影响风险投资提供资本的意愿和方式(无论是一次性全部提供还是分阶段注入)；而且不确定性还将使创业企业与外部投资者签订依赖特定条件或状态的合同变得困难，进而增加外部融资的成本。

2. 企业和资金提供者之间的信息不对称

融资过程中企业和资金提供者之间的信息不对称主要表现在以下三方面：第一，创业者属于信息优势，投资者处于信息劣势；第二，创业者倾向于对创业信息进行保密；第三，新创企业的经营和财务信息具有非公开性。

3. 资本市场欠发达

与发达国家相比，我国的资本市场仍然不够完善，缺少擅长从事中小企业融资的金融机构和针对创业企业特点的融资产品，对企业上市的要求较高，产权交易市场不够发达，高素质的投资群体尚未形成，致使创业企业的融资受到一定限制。

4. 创业融资难的其他原因

与既有企业相比，创业企业在融资方面具有明显劣势，包括缺少相应的抵押和担保；单位融资成本较高；资金的安全性难以评估；创业者的人力资本定价困难；等等。

二、创业所需资金的测算

（一）创业资金的分类

创业资金按照不同的标准可以进行不同的分类，对于创业资金分类的认识有利于创业者在估算创业资金时充分考虑可能的资金需求。

1. 按照资金占用形态和流动性的分类

按照资金的占用形态和流动性，可以分为流动资金和非流动资金。占用在原材料、制品、库存商品等流动资产，以及用于支付工资和各种日常支出的资金，称为流动资金；用于购买机器设备、建造房屋建筑物、购置无形资产等的资金，称为非流动资金。

流动资金的流动性较好，极易使用和变现，一般可在一个营业周期内收回或耗用，属于短期资金的范畴，创业者在估算创业资金需求时需考虑其持续投入的特性，选择短期筹资的方式筹集相应资金；非流动资金占用的期限较长，不能在短期内回收，具有长期资金的性质，能够在 1 年以上的经营过程中给企业带来经济利益的流入，创业者在进行创业资金估算时，往往将其作为一次性的资金需求对待，采用长期筹资的方式筹集相应资金。

2. 按照资金投入企业时间的分类

按照资金投入企业的时间可分为投资资金和营运资金。投资资金发生在企业开业之前，是企业在筹办期间发生各种支出所需要的资金。投资资金包括企业在筹建期间为取得原材料、库存商品等流动资产投入的流动资金；构建房屋建筑物、机器设备等固定资产，购买专利权或研发专利、商标权、版权等无形资产投入的非流动资金；以及在筹建期间发生的人员工资、办公费、培训费、差旅费、印刷费、注册登记费、营业执照费、市场调查费、咨询费和技术资料费等开办费用所需资金。营运资金是从企业开始经营之日起到企业能够做到资金收支平衡之日，企业发生各种支出所需要的资金，是投资者在开业后需要继续向企业追加投入的资金。企业从开始经营到能够做到资金收支平衡为止的期间叫做营运前期，营运前期的资金投入主要是流动资金，既包括投资在流动资产上的资金，也包括用于日常开支的费用性支出所需资金。

营运前期的时间跨度往往依企业的性质不同而不同，一般来说，贸易类企业可能会短于一个月；制造企业则包括从开始生产之日到销售收入到账这段时间，可能要持续几个月甚至几年；不同的服务类企业营运前期的时间跨度会有所不同，可能会短于 1 年，也可能长于 1 年。

很多行业中，营运资金的需求要远远大于投资资金的需求，对营运资金重要性的认识，有利于创业者充分估计创业所需资金的数量，从而及时、足额地筹集资金。

阿里巴巴创业初期的三轮融资

1999年2月2日，马云和“十八罗汉”凑够了50万元创办了阿里巴巴。当时，马云希望网站能坚持10个月，期望10个月后能吸引到投资。但没过几个月，就一分钱没有了，这时马云和“十八罗汉”都饿着肚子过日子。马云不能让员工白干活，他只好四处借钱给员工付工资。

1. 第一轮融资：天使投资500万美元

阿里巴巴接触风险投资商源于马云发现了“千里马”，用对了一个关键人物——蔡崇信。蔡崇信是阿里巴巴现任CFO，他来自我国台湾，美国耶鲁大学法学硕士，毕业后在华尔街当了4年律师，然后被银瑞达(InvestorAB)公司派往亚洲负责整个亚洲的风险投资，1999年在同马云接触之后，决定加入阿里巴巴，为此他放弃了当时已经高达数百万美元的年薪。

蔡崇信在华尔街的人脉开始发挥作用，1999年10月，马云私募到手第一手天使投资500万美元，是由高盛公司牵头，联合美国、亚洲、欧洲一流基金公司，如汇亚、银瑞达、新加坡科技发展基金参与。蔡崇信本人也作为投资者进入了公司董事会。

2. 第二轮融资：风险投资2500万美元

阿里巴巴的第二轮融资，是软银介入。正是这个大玩家此后对马云的不断支持，才使得阿里巴巴步步为营，走到今天的规模。

马云结识孙正义(软体银行集团公司的创始人)全属偶然。2000年10月，摩根士丹利亚洲公司资深分析师印度人古塔给马云发来了一封电子邮件，称有个人“想和你见一面，这个人对你一定有用”，地点就在北京富华大厦，此人正是孙正义。在这次约会中，来自软银、摩根士丹利以及国内众多互联企业的CEO均在座——有人为投资而来，有人为融资而来。由于前来面谈融资事宜的企业太多，孙正义只给每个人20分钟时间阐述公司业务规模、商业模式和发展目标。但马云只讲了不到6分钟，孙正义就从会议室那头走过来说：“我决定投资你的公司。”

2000年，马云为阿里巴巴引进了第二笔资金，敲定了2500万美元的投资，包括软银、富达创业投资部、寰慧投资和TDF。

3. 第三轮融资：私募投资8200万美元

2004年，软银牵头出资6000万美元，其余2200万美元由富达、TDF和CGV出资。

三轮融资过后，阿里巴巴的持股结构改变为：马云及其团队占47%，软银占20%、富达占18%，其他几家股东占15%。三轮融资合计1.12亿美元，但并没有改变阿里巴巴大股东的地位。

（案例来源：前瞻网，http://www.qianzhan.com/investment/detail/317/140922-beed44fb.html，有修改）

（二）投资资金的测算

如上所述，投资资金包括新创企业开业之前的流动资金投入、非流动资金投入，以及开办费用所需要的资金投入。采用表格(如表4-1)的形式，将投资资金的项目予以固定化，是合理估算创业资金的有效方法。

表 4-1 投资资金估算表

单位:元

序　号	项　　目	数　　量	金　　额
1	房屋、建筑物		
2	设备		
3	办公家具		
4	办公用品		
5	员工工资		
6	创业者工资		
7	业务开拓费		
8	房屋租金		
9	存货购置		
10	广告费		
11	水电费		
12	电话费		
13	保险费		
14	设备维护费		
15	软件费		
16	开办费		
17	……		
n	合计		

说明:1. 1-3 项属于非流动性资金支出,作为一次性资金考虑;2. 第 8 项房屋租金需结合本地实际了解租金的支付形式,如交一(月)压(金)一(月);3. 第 16 项开办费用,是指企业自筹建之日起,到开始生产经营(包括试营业)之日止的筹建期内发生的费用支出,一般包括筹建期间人员工资、办公费、培训费、差旅费、印刷费、注册登记费以及不计入固定资产和无形资产等构建成本的汇兑损益和利息支出

(三) 营运资金的测算

营运资金主要是流动资金,是新创业开始经营后到企业取得设置平衡前创业者需要继续投入企业的资金。营运资金的估算需要根据企业未来的销售收入、成本和利润情况来确定,通过财务预测的方式实现。

1. 测算新创企业的营业收入

营业收入是指企业在从事销售商品、提供劳务和让渡资产使用权等日常经营业务过程中所形成的经济利益的总流入。对新创业营业收入的测算是估算营运资金的第一步。在进行营业收入测算时,创业者应立足于对市场的研究和对行业营业状况的分析,根据其试销经验和市场调查资料,利用推销人员意见综合、专家咨询、时间序列分析等方法,以预测的业务量和市场售价为基础估计每个会计期间的营业收入。营业收入预测如表 4-2 所示。

表 4-2　营业收入预测　　单位:元

项目		1(月)	2	3	4	5	6	7	……	合计
产品 1	销售数量									
	平均单价									
	销售收入									
……	……									
合计	销售收入									

2. 编制预计利润表

利润表是用来反映企业在某一会计期间经营成果的财务报表。创业者在编制预计利润表时,应根据测算营业收入是预计的业务量对营业成本进行测算,根据拟采用的营销组合对销售费用进行测算,根据市场调查阶段确定的业务模式和企业战略,对新创企业经营过程中可能发生的管理费用进行测算,根据预计采用的融资渠道和相应的融资成本对财务费用进行测算,根据行业的税费标准对可能发生的营业税费进行测算,以此计算新创企业每个会计期间的预计利润。营业成本预测如表 4-3 所示。

表 4-3　营业成本预测　　单位:元

项目		1(月)	2	3	4	5	6	7	……	合计
产品 1	销售数量									
	单位成本									
	销售成本									
……	……									
合计	销售成本									

由于新创企业在起步阶段业务量不稳定,在市场上默默无闻,营业收入和推动营业收入增长所付出的成本之间一般不成比例变化,所以,对于新创企业初期营业收入、营业成本和各项费用的估算按月进行,并按期预估企业的利润状况。一般来说在企业实现收支平衡之前,企业的利润表均应按月编制;达到收支平衡之后,可以按季、半年或者年来编制。预计利润表如表 4-4 所示。

表 4-4　预计利润表　　单位:元

项目	1	2	3	……	N(月)
一、营业收入					
减:营业成本					
营业税金及附加					
销售费用					
管理费用					
财务费用					
二、营业利润(损失记"—")					
加:营业外收入					

续表

项　　目	1	2	3	……	N(月)
减:营业外支出					
三、利润总额(损失记"－")					
减:所得税费用					
四、净利润(损失记"－")					

3. 编制预计资产负债表

资产负债表是总括反映企业在某一特定日期全部资产、负债和所有者权益状况的报表。创业者在编制预计资产负债表时,应根据测算的营业收入金额和企业的信用政策确定在营业收入中回收的货币资金及形成的应收款项,根据材料或产品的进、销、存情况确定存货状况,根据投资资本估算时确定的非流动资金数额和选择采用的折旧政策计算固定资产的期末价值,根据行业状况和企业拟采用的信用政策计算确定应付款项,根据估算的收入和行业税费比例测算应交税费,根据预计利润表中的利润金额确定每期的所有者权益,并可据此确定需要的外部筹资数额。

与预计利润表相同的道理,一般来说,预计资产负债表在企业实现收支平衡之前也应该按月编制,在实现收支平衡之后可以按季、半年或年编制。预计资产负债表如表4-5所示。

企业在经营过程中增加的留存收益是资金的一种来源方式,属于内部融资的范畴。留存收益取决于企业当期实现的利润和利润留存的比率。一般来说,初创期的企业为筹集企业发展需要的资金,利润分配率会很低,甚至为零,于是,企业实现利润的大部分都能够留存下来,构成企业资金来源的一个部分。当留存收益增加的资金无法满足企业经营发展所需时,需要从外部融集资金。外部融资额＝资产合计－负债和所有者权益合计。

表4-5　预计资产负债表　　单位:元

项　　目	1	2	3	……	N(月)
一、流动资产					
货币资金					
应收款项					
存货					
其他流动资产					
流动资产合计					
二、非流动资产					
固定资产					
无形资产					
非流动资产合计					
资产合计					
三、流动负债					
短期借款					
应付款项					

续表

项　目	1	2	3	……	N(月)
应交税费					
其他应付款					
流动负债合计					
四、非流动负债					
长期借款					
其他非流动负债					
非流动负债合计					
负债合计					
五、所有者权益					
实收资本					
资本公积					
留存收益					
负债和所有者权益合计					
六、外部筹资额					

做生意应坚持这样一个观点：获取利润之后的利润，核算成本之前的成本。学会让而不是学会送，商人的最高境界是让，送是慈善。

——冯仑

三、创业融资渠道

融资渠道是指企业筹集资金来源的方向和通道，体现资本的源泉和流量。融资渠道主要由社会资本的提供者及数量分布决定。了解融资渠道的种类、特点和适用性，有利于创业者充分利用和开拓融资渠道，实现各种融资渠道的合理组合，有效筹集所需资金。具体分析，目前我国创业融资渠道主要包括私人资本融资、机构融资、风险融资、政府扶持基金、知识产权融资。

（一）私人资本融资

私人资本包括创业者个人积蓄、亲友资金、天使投资等。

据世界银行所属的国际金融公司(IFC)对北京、成都、顺德和温州四个地区的私营企业的调查，我国私营中小企业在初始创业阶段几乎完全依靠自筹资金。其中，90%以上的初始资金是由主要的业主、创业团队成员及家庭提供的，银行和其他金融机构贷款所占的比例很低，私人资本在创业融资中具有不可替代的作用。《大学生就业蓝皮书》主要撰写方麦克思公司2009年8月11日发布的调查报告显示：2008届本科大学毕业生的创业资金82%来自于个人和家庭的资金。

1. 个人积蓄

个人积蓄是创业融资最根本的渠道，几乎所有的创业者都向他们新创办的企业投入了个人积蓄。个人积蓄的投入对于创业企业来说具有非常重要的意义：首先，只有当创业者对未来的项目充满信心时，他才会毫无保留地向企业中投入自己的积蓄；其次，将个人积蓄投入企业，是创业者日后继续向企业投入时间和经历的保证；再次，个人积蓄的投入是对债权人债权的保障，由于在企业破产清算时，债权人的权益优于投资者的权益，所以企业能够融到的债务资金一般以投资者的投入为限，创业者投入企业的初始资金是对债权人债权的基本保障；最后，个人积蓄的投入有利于创业者分享投资成功的喜悦。因此，准备创业的人，应从自我做起，较早地将自己收入的一部分储蓄起来，作为创业储备资金。将个人合伙人或个人股东纳入自己的创业团队，利用团队成员的个人积蓄是创业者最常用的筹资方式之一。

对于多数创业者来说，个人积蓄的投入虽然是新企业融资的一种途径，但总是十分有限的，并不是根本性的解决方案。

靠自我融资创业的大学生彭敏

到2012年，彭敏的企业已经创建了四年。

他创业之前每周末和节假日都会到上海市徐汇区的“百脑汇”里打工，为客户组装电脑。在装机的过程中，他学会了组装计算机的流程并找到了销售电脑的渠道，同时也发现了他们营销的缺点，他便率先在电脑城里提出了“整体装机只挣100元”，元部件价格全透明。一时间，他的生意好到一个人忙不过来了。

于是，他用打工积累的钱租了一个摊位，请了几位工人开起了自己的电脑维修、装机服务店。到2009年毕业那年，他的资产已经超过了20万元。于是，他把这个资金作为启动资金，利用自己大学所学的“安防技术专业”知识，注册了“上海讯敏安防技术服务有限公司”，并且在全国大学生创新创业大赛中获得了金奖。

如今彭敏已经买了自己的商务车，每年营业额稳定在300多万元。彭敏就是用打工积累创业资金并发展壮大起来的。

（案例来源：李肖鸣等，《职业院校学生创业指导》，清华大学出版社，2012年4月）

2. 亲友资金

对于新创企业来说，除了个人积蓄之外，身边亲朋好友的资金是最常见的资金来源。在向亲友融资时，创业者必须用现代市场经济的游戏规则、契约原则和法律形式来规范融资行为，保障各方利益，减少不必要的纠纷。第一，若融集的资金属于亲友对企业的投资，则属于股权融资的范畴；若融集的资金属于亲友借给创业者和创业企业的，则属于债权融资。创业者对于亲友投入的资金可以不用承诺日后的分红比例和具体的分红时间；但对于从亲友处借入的款项，一定要明确约定借款的利率和具体的还款时间。第二，无论是借款还是投资款项，创业者最好能够通过书面的方式将事情确定下来，以避免将来可能出现的矛盾。

除此之外，创业者在向亲友融资之前，还要仔细考虑这一行为对自己与亲友关系的影响，尤其是创业失败后的艰难困苦。创业者要将日后可能产生的有利和不利方面告诉亲友，尤其是创业风险，以便将来出现问题时将对亲友的不利影响降到最低。

3. 天使投资

天使投资(angel investment)指个人出资协助具有专门技术和独特概念而缺少自有资金的创业家进行创业,并承担创业中的高风险和享受创业成功后的高收益;或者说是自由投资者或非正式风险投资机构对原创项目构思或小型初创企业进行的前期投资,是一种非组织化的创业投资形式。天使资本有三个来源:曾经的创业者、传统意义上的富翁、大型高科技公司或跨国公司的高级管理者。在部分经济发展良好的国家中,政府也扮演了天使投资者的角色。在我国,随着经济的发展,一部分富人在希望自己越来越富有的同时也在寻求挑战,开始成为天使投资者。

国内知名的天使投资公司

1. 红杉资本中国基金

红杉资本中国基金成立于2005年9月,团队目前管理约24亿美元和约40亿元人民币的9支基金,在香港、北京、上海、广州及苏州5地设有办公室。红杉资本中国基金的合伙人及投资团队兼备国际经济发展视野和本土创业企业经验,在科技与传媒、消费品与现代服务业、医疗健康产业、环保与新能源及先进制造业等领域投资了超过150家具有高速增长潜力的公司,红杉中国的投资包括新浪网、阿里巴巴、京东商城、奇虎360、聚美优品、唯品会、美团网、大众点评、匹克运动等。

2. 赛伯乐(中国)投资公司

作为中国投资基金的领导者之一,赛伯乐(中国)投资重点关注早中期具有强大整合平台价值的企业。赛伯乐拥有国内外顶级风险投资的资本源泉,中国和美国创业、成功上市及并购的直接经验,全球化的发展视野及全球领先的IT信息服务平台技术。目前,已经投资了金融、教育、医疗健康、高科技以及先进制造业等领域的企业。丰富的资源,强大的品牌和政府支持,高效的产业经营联盟及行之有效的整合创新模式,造就了赛伯乐在多个领域的成功投资典范。赛伯乐拥有一支具有丰厚全球化运营经验的投资管理团队,为国内的创新创业者的加速成长提供发展战略、创业导师、运营指导与支持、IT技术平台、融资和退出策略、国际化资源等支持。

3. 北极光创投公司

北极光创投基金成立于2004年,资本来源于著名的公益金、基金会、养老基金、联合基金及美国、欧洲和亚洲的个体投资人。两家美国顶级风险投资公司,Greylock Partners和NEA,都是北极光的战略合作伙伴,并在策略及运营方面给予了强有力的支持。这支基金将集中投资于与TMT领域(通信、新媒体、高科技)相关的、具有中国战略的企业。此外,将关注大众消费品市场中具有技术或商业模式创新的公司、新兴能源公司、新兴农业公司等等。

4. 华兴资本

华兴资本于2004年在北京成立,是中国领先的专注于为快速成长的中国创业型企业家提供顶级财务顾问服务的投资银行。公司关注的行业包括高科技、媒体、电信、医疗和消费品等行业。其董事长包凡是一位活跃的天使投资人,先后投资一系列成功的创业企业,包括在美国上市的无线增值服务提供商——掌上灵通,第一家在纳斯达克上市的中国多媒体芯片设计制造商中星微电子,中国最大的在线娱乐互动和媒体公司千橡互动,中国在线音乐批发商 R2G 等，而他亦成立了一个由多位企业家组成的天使俱乐部，将“天使投资”模式化。

5. 金山软件

金山软件的 CEO 雷军是一位知名天使投资人，曾先后投资数家互联网企业，卓越老部下陈年创立我有网，从事虚拟物品交易。同年投资网易前总编辑李学凌创立的多玩网；他着重关注初创期互联网公司的成长与发展。

6. 上海天使投资管理有限公司

上海天使投资管理有限公司（简称 VCAngel）是由一群年轻的企业家发起，致力于在国内外挖掘商业机遇和优秀人才，专门从事天使投资管理的公司。天使投资不仅向具有创业和技术天赋的人才提供资金和创业模式，而且还向创业者提供市场、技术、人才等各种创业成功所需要的资源，甚至还会为优秀的人才提供更为适合更高层面的事业舞台与机会。投资主要专注于互联网及移动互联网、信息技术、消费、医疗健康、环保和节能领域。

7. 逸飞投资控股集团

逸飞投资控股集团（Yifei Group）执行董事兼 CEO 陈凛，在过去的 5 年里，领导投资了数个有影响力的媒体和消费品项目，亦作为天使投资人参与一兆伟德健身俱乐部、郁金香传媒、天才宝贝、新时代通成物流、镜子咖啡馆、博圣云峰、爱迪友联、Shine Media Acquisition Corporation 和分众传媒等优秀企业。

8. 赛富亚洲投资

软银赛富基金成立于 2001 年，2009 年已更名为赛富亚洲基金。现今共管理约 40 亿美元的基金，包括旗下四期美元基金及若干人民币基金，是亚洲最大的风险投资和成长期企业投资基金之一。主要从事私募投资及与股权相关的投资，其投资领域包括亚太地区的信息技术、媒体和电信产业。

（资讯来源：投融界 http://news.trjcn.com/detail_108261.html，2014 年 5 月 23 日）

（二）机构融资

和私人资金相比，机构拥有的资金数量较大，挑选被投资对象的程序比较正规，获得机构融资一般会提升企业的社会地位，给人以企业很正规的印象。机构融资的途径有银行贷款、非银行金融机构贷款、交易信贷和租赁、从其他企业融资等。

1. 银行贷款

目前，我国与许多银行推出了支持个人创业的贷款产品。比较适合创业者的银行贷款形式主要有抵押贷款和担保贷款两种。缺乏经营历史从而也缺乏信用积累的创业者，难以获得银行的信用贷款。

（1）抵押贷款。

抵押贷款指借款人以其所拥有的财产作抵押，作为获得银行贷款的担保。在抵押期间，借款人可以继续使用其用于抵押的财产。抵押贷款有以下几种：①不动产抵押贷款。不动产抵押贷款是指创业者可以土地、房屋等不动产作抵押，从银行获取贷款。②动产抵押贷款。动产抵押贷款是指创业者可以用机器设备、股票、债券、定期存单等银行承认的有价证券，以及金银珠宝首饰等动产作抵押，从银行获取贷款。③无形资产抵押贷款。无形资产抵押贷款是一种创新的抵押贷款形式，适用于拥有专利技术、专利产品的创业者，创业者可以用专利权、著作权等无形资产向银行作抵押或质押获取贷款。

(2) 担保贷款。

担保贷款指借款方向银行提供符合法定条件的第三方保证人作为还款保证的借款方式。当借款方不能履行还款时,银行有权按照约定要求保证人履行或承担清偿贷款连带责任。其中较适合创业者的担保贷款形式有:①自然人担保贷款。自然人担保贷款是指经由自然人担保提供的贷款。可采取抵押、权利质押、抵押加保证三种方式。②专业担保公司担保贷款。目前各地有许多由政府或民间组织的专业担保公司,可以为包括初创企业在内的中小企业提供融资担保,向北京中关村担保公司、首创担保公司等,其他省市也有很多此类性质的担保机构为中小企业提供融资担保服务。这些担保机构大多属于公共服务性非营利性组织,创业者中可以通过申请,有这些机构担保向银行借款。

(3) 信用卡透支贷款。

创业者可以采用两种方式取得信用卡透支贷款。一种方式是信用卡取现;另一种方式是透支消费。信用卡取现是银行为持卡人提供的小额现金贷款,在创业者急需资金时可以帮助其解决临时的融资困难。创业者可以持信用卡通过银行柜台或 ATM 提取现金,灵活使用。透支取现的额度根据信用卡情况设定,不同银行的取现标准不同,最低的是不超过信用额度的 30%,最高的可以将信用额度的 100%都取出来;另外,除取现手续费外(各银行取现手续费不一),境内外透支取现还需支付利息,不享受免费待遇。

创业者还可以利用信用卡进行透支消费,购置企业急需的物资。

(4) 政府无偿贷款担保。

根据国家及地方政府的有关规定,很多地方政府都为当地的创业人员提供无偿贷款担保。如上海、青岛、南昌、合肥等地的应届大学毕业生创业可享受无偿贷款担保的优惠政策,自主创业的大学生向银行申请开业贷款的担保额度最高为 100 万元,并享受贷款贴息。

(5) 中小企业间互助机构贷款。

中小企业间的互助机构是指中小企业在向银行融通资金的过程中,根据合同约定,由依法设立的担保机构以保证的方式为债务人提供担保,在债务人不能依约履行债务时,由担保机构承担合同约定的偿还责任,从而保障银行债权实现的一种金融支持制度。信用担保可以为中小企业的创业和融资提供便利,分散金融机构的信贷风险,推进银企合作。我国早在 1999 年就已经形成了以中小企业信用担保为主体的担保业和多层次中小企业信用担保体系。各类担保机构资金稳步增长。

(6) 其他贷款。

创业者可以灵活地将个人消费贷款用于创业,如因创业需要购置沿街商业用房,可以用拟购置房子做抵押,向银行申请商用房贷款;若创业需要购置轿车、卡车、客车、微型车等,还可以办理汽车消费贷款。除此之外,可供创业者选择的银行贷款方式还有托管担保贷款、买方贷款、项目开发贷款、出口创汇贷款、票据贴现贷款等。

尽管银行贷款需要创业者提供相关的抵押、担保或保证,对于白手起家的创业者来说条件有些苛刻,但如果创业者能够提供银行规定的资料,能够能提供合适的抵押,得到贷款并不困难。

2. 非银行金融机构贷款

非银行金融机构指以发行股票和债券、接受信用委托、提供保险等形式筹集资金,并将所筹集资金运用于长期性投资的金融机构。根据法律规定,非银行金融机构包括经中国银行监督管理委员会批准设立的信托公司、企业集团财务公司、金融租赁公司、汽车金融公司、货币经纪公司、境外非银行金融机构驻华代表处、农村信用合作社、典当行、保险公司、小额贷款公司等机构。创业者还可以从这些非银行金融机构取得借款,筹集生产经营所需资金。

(1) 保单质押贷款。

保险公司为了提高竞争力,也为投保人提供保单质押贷款。保单质押贷款最高限额不超过保单保费累计的 70%,贷款利率按同档次银行贷款利率计息。

(2) 实物质押典当贷款

当前,有许多典当行推出了个人典当贷款业务。借款人只要将有较高价值的物品质押在典当行就能取得一定数额的贷款。尽管典当费率高于银行同期贷款利率,但对于急于筹集资金的创业者来说,不失为一个比较方便的筹资渠道。典当行的质押放款额一般是质押品价值的 50%~80%。

(3) 小额贷款公司。

小额贷款公司是由自然人、企业法人与其他社会组织投资设立,不吸收公众存款,经营小额贷款业务的有限责任公司或股份有限公司,发放贷款坚持“小额、分散”的原则。小额贷款公司发放贷款时手续简单,办理便捷,当天申请基本当天就可放款,可以快速地解决新创企业的资金需求。目前,小额贷款公司已经成为缓解小微企业融资难题的新渠道。

3. 交易信贷和租赁

交易信贷指企业在正常的经营活动和商品交易中由于延期付款和预收贷款所形成的企业间常见的贷款关系。企业在筹办期以及生产经营过程中,均可以通过商业信用的方式筹集部分资金。如企业在购置设备、原材料或商品过程中,可以通过延期付款的方式在一定期限内免费使用供应商提供的部分资金;在销售商品或服务时采用预收账款的方式,免费使用客户的资金等。

创业者也可以通过融资租赁的方式筹集购置设备等长期性资产所急需的资金。融资租赁在办理融资时,对企业资信和担保的要求不高,所以非常适合中小企业融资;此外,融资租赁属于外表融资,不体现在企业财务报表的负债项目中,不影响企业的资信状况,对需要多渠道融资的中小企业非常有利。

4. 从其他企业融资

尽管在大多数情况下,企业是资金的需求者而不是提供者,但是对于不同行业的企业,或者在企业发展的不同时期,部分企业还是会有暂时的闲置资金可以对外提供,尤其是一些从事公用事业业务的企业,或者已经发展到成熟期的企业,现金流一般会比较充足,甚至会有大量资金需要通过对外投资的方式实现较高收益。对于有闲置资金的企业,企业者既可以吸收其资金作为股权资本,也可以向这些企业借款,形成债权资本。

(三) 风险投资

在我国,风险投资是由专业机构提供的投资于极具增长潜力的创业企业并参与其管理的权益资本,这与美国风险投资对象为新兴高科技企业不同。因为我国是发展中国家,所以像零售、农产品之类的传统行业,虽然没有技术含量,但拥有一个广阔的、快速发展的市场,使得这些传统行业的市场增长速度和回报率并不低于高科技行业,所以,中国的风险投资不仅涵盖了高科技项目,也涉及传统领域,如教育、医疗保健等项目。

1. 风险投资的特点

(1) 以股权方式投资。

风险投资的投资对象是处于创业期的未上市新兴中小型企业,尤其是新兴高科技企业,而且常常采取渐进投资的方式，选择灵活的投资工具进行投资，在投资企业建立适应创业内在需要的“共担风险、共享收益”的机制。

(2) 积极参与所投资企业的创业过程。

许多风险投资家本身也是经营老手，一般对其所投资的领域有丰富的经验，经常会积极参与投资企业的生产经营过程，弥补所投资企业在创业管理经验上的不足，同时控制创业投资的高风险。

(3) 以整个创业企业作为经营对象。

风险投资不经营具体的产品，而是通过支持创建企业并在适当时机转让所持股权，获得未来资本增值的收益。与企业投资家相比，风险投资虽然对企业有部分介入，但其最终目的是监控而非独占，他们看重的是转让后的股权升值而非整体持有的百分比。

(4) 看重“人”的因素。

正如美国最早的风险投资公司——美国研究开发公司——创始人之一乔治·多利奥特所言：“宁要一流的人才和二流的创意，也不要一流的创意和二流的人才。”

(5) 高风险、高收益。

据统计，美国由风险投资所支持的企业，只有5%～10%的创业可获得成功，风险投资的高风险可见一斑，与此相对应的就是风险投资对被投资方高收益的预期。一位风险投资家一般会希望在五年内将其资金翻6倍，相当于每年的投资回报率(ROI)大约是44.8%。

(6) 是一种组合投资。

风险投资的对象是处于创业时期的高新技术领域的中小企业，几乎没有盈利的历史可做参考，失败率也很高，因此，风险投资要取得高回报，必须实行组合投资的策略，投资一系列的项目群，坚持长期运作，通过将成功的项目出售或上市回收的价值来弥补其他失败项目的损失，并获得较高收益。

2. 风险投资选项的原则

风险投资者对目标企业的考察较为严格。一般来说，风险投资者所接触的企业中，只有2%～4%能够最终获得融资。因此，创业者要提高获得风险投资的概率，需要了解风险投资项目选择的标准。

有人将风险投资选项的原则总结为创业投资的三大定律。第一定律：绝不选取含有超过两个以上风险因素的项目。对于创业投资项目的研究开发风险、产品风险、市场风险、管理风险、创业成长风险等，如果申请的项目具有两个或以上的风险因素，则风险投资者一般不会予以考虑。第二定律：V＝P·S·E。其中V代表总的考核值，P代表产品或服务的市场大小，S代表产品或服务的独特性，E代表管理团队的素质。第三定律：投资V值最大的项目。在收益和风险相同的情况下，风险投资者将首先选择那些总考核值最大的项目。

根据风险投资的潜规则，真正的风险投资者一般是不希望控股的，只占30%左右的股权，风险投资者更多地希望创业管理层对企业拥有绝对的经营权。因此创业者在创业初期选择风险投资融资途径时要拿适量的钱，以便企业在进一步融资时，不至于稀释过多的股份而丧失对企业的控制权。

前面提到的天使投资也是广义的风险投资的一种，但狭义的风险投资主要指机构投资。

3. 风险投资的寻求步骤

一般来说，创业者寻找风险投资需要经过以下十个步骤：创业者了解自身资金需求→了解、分析创业投资市场和相应机构→确定寻求创业投资的可能性，初步确定寻求融资的目标创业投资机构→准备创业计划→联系接洽创业投资机构，提交创业计划执行总结→最终确定关键的创业投资机构→接受创业机构产业投资机构的尽职调查→就企业价值和投资的股权架构进行谈判→确定最终投资协议→获得创业投资、投资方参与企业发展。

4. 风险投资的获得渠道

创业者获得风险投资的渠道主要有以下几种：给投资人发邮件，参加行业会议，请朋友帮忙介绍以及借助融资顾问的帮助。

(1) 给投资人发邮件。获得风险投资最简单的方法就是给投资人发邮件，一般的风险投资都有自己的网站，上面公布有自己的邮箱，创业者可以将自己的创业想法或者商业计划书发到公开的邮箱中，期待能够得到投资者的关注，并最终获得投资。采用这种方法的成本最低，但效率也最低；虽然风险投资者会关注投到邮箱的邮件，但是那些递交给投资机构的商业计划书，成功融资的只有1%。

(2) 参加相关行业的会议或者创业训练营。这些会上或训练营上会有很多投资人，创业者可以利用茶歇或者休息的时间尽可能接触较多的风险投资者，或者接触自己感兴趣的投资者。这种方式的优点是在短时间内能够见到很多的投资者，但由于时间短，不一定有机会认识或结识他们，另外，这种场合对创业者的说服能力要求较高。

(3) 请朋友帮忙介绍。如果有做过融资或者已经得到风险投资的朋友，可以请他们帮忙介绍，这种方法成功的概率较前两者稍大，毕竟接受过风险投资并且经营成功的人的介绍本身就是一种名片，投资者可以借由介绍人的介绍对创业者或创业项目进行一定了解，通过对介绍人的了解对创业者给予初步的肯定。但是这种方法接触的面可能较窄，朋友认识的投资者可能并不是我们需要的类型，而真正适合的人未必是朋友认识的人。

(4) 聘用投行帮助融资。通过投行或融资中介的帮助寻找风险投资的成功率较高，一是它们对中国活跃的投资人很了解，能够帮助创业者和投资者进行沟通；二是信誉高的投行本身就为创业者的项目成功性增加了砝码；三是投行用自己的经验帮助创业者挑选更合适的投资人。但是采用这种方式的成本也较高。

(四) 政府扶持基金

创业者还可以利用政府扶持政策，从政府方面获得融资支持。

政府资金支持是中小企业资金来源的一个重要组成部分。综合世界各国的情况，政府的资金支持一般能占到中小企业外来资金的10%左右，资金支持方式主要包括税收优惠、财政补贴、贷款援助、风险投资和开辟直接融资渠道等。

1. 再就业小额担保贷款

再就业小额担保贷款：根据中发〔2002〕12号文件精神，为帮助下岗失业人员自谋职业、自主创业和组织起来就业，对于诚实守信、有劳动能力和就业愿望的下岗失业人员，针对他们在创业过程中缺乏启动资金和信用担保，难以获得银行贷款的实际困难，由政府设立再担保基金。通过再就业担保机构承诺担保，可向银行申请专项再就业小额贷款。该政策从2003年初起陆续在全国推行，并不断扩大小额担保贷款的范围，目前再就业小额担保贷款的适用范围包括：年龄在指定范围内(一般为60岁以内，地方政策可能有所不同)，有创业愿望和劳动力，诚实守信，有“下岗证”或者“再就业优惠证”的国企、城镇企业下岗职工；退役军人；农民工；外出务工返乡创业人员；吸纳下岗失业人员达到地方规定的小企业、合伙经营实体或劳动密集型企业；大中(技)专毕业生；残疾人员；失地农民等符合条件的人员。

2. 科技型中小企业技术创新基金

科技型中小企业技术创新基金是于1999年国务院批准设立的，为扶持、促进科技型中小企业技术创新，用于支持科技型中小企业技术创新项目的政府专项基金，由科技部科技型中小企业技术创新基金管理中心实施。创新基金重点支持产业化初期（种子期和初创期）、技术含量高、市场前景好、风险较大、商业性资金进入尚不具备条件、最需要由政府支持的科技型中小企业项目，并将为其进入产业化扩张和商业性资本的介入起到铺垫和引导作用。创新基金以创新和产业化为宗旨，以市场为导向，上连“863”“攻关”等国家指令性研究发展计划和科技人员的创新成果，下接“火炬”等高技术产业化指导性计划和商业性创业投资者。根据中小企业和项目的不同特点，创新基金通过无偿拨款、贷款贴息和资本金投入等方式扶持和引导科技型中小企业的技术创新活动，促进科技成果的转化。

3. 中小企业国际市场开拓资金

中小企业国际市场开拓资金是由中央财政和地方财政共同安排的专门用于支持中小企业开拓国际市场的专项资金。市场开拓资金用于支持中小企业和为中小企业服务的企业、社会团体和事业单位（以下简称项目组织单位）组织中小企业开拓国际市场的活动。该资金的主要支持内容包括：举办或参加境外展揽会；质量管理体系、环境管理体系、软件出口及企业和各类产品的认证；国际市场宣传推介；开拓新兴市场；组织培训与研讨会；境外投（议）标等方面。市场开拓资金支持比例原则上不超过支持项目所需金额的50%，对西部地区的中小企业以及符合条件的市场开拓活动，支持比例可提高到70%。

4. 天使基金

政府有关部门和社会各界有识之士纷纷出资，设立了鼓励和帮助大学生自主创业、灵活就业的一些天使基金。如北京青年科技创业投资基金是由北京科技风险投资股份有限公司出资设立，与共青团北京市委、北京市青年联合会和北京市工商局共同管理的一项基金。其特点之一是以个人为投资主体，孵化科技项目的快速成长，凡在电子信息产业、新材料、生物医药工程及生命科学领域拥有新技术成果，45岁以下的自然人均可申请创投基金，资金投资区域为北京地区。

5. 其他基金

科技部的“863”计划（http://www.863.gov.cn/）、“火炬”计划（http://program.most.gov.cn/）等，连同科技型中小企业技术创新基金一起，每年都有数10亿元资金用于科技型中小企业的研发、技术创新和成果转化；财政部设有利用高新技术更新改造项目贴息基金、国家重点新产品补助基金；国家发展和改革委员会设有产业技术进步资金资助计划、节能产品贴息项目计划；工业和信息化部设有电子信息产业发展基金（http://www.itfund.gon.cn/）等。

各省市为支持当地创业型经济的发展，也纷纷出台政策支持创业。主要有人力资源和社会保障部设立的开业贷款担保政策、小企业担保基金专项贷款、中小企业贷款信用担保、开业贷款担保、大学生科技创业基金等。

创业者应结合自身情况，利用好相关政策，获得更多的政府基金支持，降低融资成本。

PE如何选择企业

陈玮是东方富海公司董事长，有多年的创业投资经验，至2012年底累计投资100亿元。陈玮是这样总结其投资选人经验的：

这么多年来，我投资失败的企业80%与人有关系，成功的企业也是与人有关系。那么怎么看人呢？同时具备三种特质的人会比较容易成功。第一，是大方的人。我们希望他们的团队在一起工作三年以上，而且这个团队是不断有人加入的，核心管理层有股份。一个公司，如果大股东占99%的股份，其他三个股份只有1%的股份，法律上没问题，但你瞅着很别扭。如果企业每半年换一个财务总监，那基本上没办法投资。第二，是一根筋的人。其执着守志、不为所动。在中国创业，一辈子专心致志做一件事不容易，所以专注很重要。第三，是好"面子"的人。老板一定要好面子，有责任敢于担当，因为有的企业有上万人，老板做出一个不好的决策就会影响到上万人。同时具备上述三种特质的人相对比较容易成功。

最容易拿到钱的团队是什么样的？就是唐僧带的团队。第一个是唐僧本事不大，他只知道到西天取经这一件事儿，这辈子一定要完成。第二个就是有一个孙悟空CEO，他也不想这么辛苦，但有一个紧箍咒约束他，取完经以后就能成佛，而且本事也不大。第三个还要有一个沙和尚这样的人，本事一般，但是遵守纪律，让做什么都做什么，执行能力特别强。另外还有一个猪八戒，猪八戒有两个毛病，一个是好色，一个是好吃懒做，但他的小手脚全部都在桌面上，没有在桌子底下。这种人也挺可爱的，你要用好了他就能发挥出自己的本事。

有两种创业者最容易拿到钱。第一种是领袖型创业者，有理想、有气质、有口才，会引导、有激情、能让员工死心塌地的跟着干。第二种是独裁型创业者，有目标、有办法、有干劲、敢承担、敢拍板、敢骂人、敢让员工一天工作24小时。大家记住，政治上要讲民主，做企业要讲集中。

（案例来源：李肖鸣等，《职业院校学生创业指导》，清华大学出版社，2012年4月）

（五）知识产权融资

知识产权融资也是创业者值得关注的融资方式，在国内外已有诸多成功案例。知识产权融资可以采用知识产权作价入股、知识产权抵押贷款、知识产权信托、知识产权资产证券化等方式。

企业生命周期与融资渠道

融资渠道	种子开发期	启动期	早期成长期	成长后期
个人积蓄				
亲友款项				
天使投资				
合作伙伴				
创业投资				
抵押贷款				
融资租赁				
商业信用				

注：表中深色的区域为对应于该阶段采用的较多的融资渠道，浅灰色的区域为该阶段也可能会采用的融资渠道。

（资讯来源：东方财富网，http://finance.eastmoney.com/news/1668,20150311485095354.html）

四、创业融资的选择策略

（一）创业融资的原则

筹集创业资金时，创业者应在自己能够接受的风险的基础上，遵循既定的原则，尽可能以较低的成本及时获得足额创业资金。一般来说创业融资应遵循以下原则。

1. 合法性原则

创业融资作为一种经济活动，影响着社会资本及资源的流向和流量，涉及相关经济主体的经济权益，创业者必须遵守国家的有关法律法规，依法依约履行责任，维护相关融资主体的权益，避免非法融资行为的发生。

2. 合理性原则

在创业的不同时期，企业资金的需求量不同，能够采用的融资方式可能也不同，创业者应根据创业计划，结合创业企业不同发展阶段的经营策略，运用相应的财务手段，合理预测资金需要量，详细分析资金的筹集渠道，确定合理的资本结构，包括股权资金和债权资金的结构，以及债权资金内部的长短期资金的结构等，为企业持续发展植入一个"健康的基因"。

3. 及时性原则

市场经济条件下机会稍纵即逝的特性，要求创业者必须能够及时筹集所需资金，将可行的项目付诸实施，并根据新创企业投放时间的安排，使融资和投资在时间上协调一致，避免因资金不足影响生产经营的正常进行，同时也防止资金过多造成的闲置和浪费，将资金成本控制在合理的范围之内。

4. 效益性原则

创业者应在进行成本效益分析的基础上决定资金筹集的方式和来源。只有投资回报率高于融资成本率，才能够使创业者现实创业目标。因此，创业者应在充分考虑投资效益的基础上，确定最优的融资组合。

5. 杠杆性原则

创业者在筹集创业资金时，应选择有资源背景的资金，以便充分利用资金的杠杆效应，在关键的时候为企业发展提供助力。大多数优秀的风险投资往往在企业特殊时期会与企业家一起，将有效的资源进行整合，如选择投行、券商，进行 IPO 路演等，甚至还参与到企业决策中来。这种资源是无价的。因此，创业者不能盲目的"拜金"，找到一个有资源背景的基金更有利于企业的持续快速发展。

（二）股权融资决策

创业企业在创建的启动阶段及早期发展阶段，采用内部积累方式融资符合融资优序理论的要求，也是很多创业者的必然选择。内部积蓄的资金来源主要是企业在经营过程中赚取的利润。鉴于创业企业在资金实力、经营规模、信誉保证、还款能力等方面的限制，创业企业往往会通过不分红或少分红的方式，将企业的经营利润尽可能通过未分配利润的形式留存下来，投入到再生产过程，为持续经营或扩大经营提供必要的资金支持。创业者在进行股权融资决策前应了解增加获得股权融资机会的方法，融资决策时应考虑投资者的特点和专长。

1. 股权融资需要考虑的问题

（1）创业者是否要通过合伙或组建公司的形式筹集资金。如果创业者拟吸收合伙人的资金，则一定要认真考虑合伙人的专长和经验，以更好地发挥团队优势，各尽其才。在吸收风险投资商的投资时，创业者要分析其声誉的大小、专注投资的领域以及其对投资企业的态度，选择最适合企业发展的投资商。

(2) 对企业控制权的把握也是创业者必须考虑的因素。转让多少控制权能够既吸引投资又有利于对企业日后经营的控制，是创业者必须慎重选择且关乎企业健康发展的最重要的问题之一。

2. 增加获得股权融资的机会

无论是吸收合伙人的出资、采用组建公司的方式还是吸收其他企业或风险资本的投资，要增加获得股权资本的机会，需要创业者具有以下的基本条件。

(1) 有一个好的项目。一个好的项目是吸收股权资金的基本条件，创业者首先应能够找到一个吸引人的、有着广阔发展前景和足够利润空间的项目，且能够证明自己有足够的能力实施该项目。

(2) 有自己在该项目的投入。创业者对项目的投入，可以是资金方面的(包括房屋、设备等固定资产的投入)，也可以是其他方面的，如技术和劳务的投入。创业者对项目的投入说明了其对项目的信心。

(3) 有较高的逆商。游说他人在自己看好的项目上投资，需要创业者具备足够的应对拒绝和应付挫折的勇气。创业者应该多进行尝试，包括多次申请或向多个潜在投资者申请，尤其是在吸引风险投资上。创业者一方面应多联系一些投资公司，并且有针对性地向其提供自己的商业计划；另一方面应对自己联系的投资公司进行跟进，以增加获取资金的机会。

(三) 债权融资决策

创业者可以根据企业需要，结合筹集资金的目的，选择筹集长期或短期的资金，一方面，使资金的来源和运用在期间上相匹配，提高偿还债务的能力；另一方面，尽可能降低资本的筹集成本，提高创业企业的经济效益。

1. 债权融资需考虑的问题

创业者如果想通过借款的方式筹集资金，需要从以下几个方面进行分析。

(1) 考虑经营过程中的获利能否超过借款的利息支出及其他费用支出。如果企业在日后的经营过程中赚取的利润能够支付借款的利息和其他费用支出，且还有剩余，则借款经营对企业较为有利，可以给创业者带来财务杠杆收益。

(2) 慎重考虑借款期限。借入资金的归还期限应与其投资的资产回收期限相匹配，保证企业在日后归还投资时，不会影响正常的生产经营。

(3) 确定合理的借款金额。借款经营成本较低且具有财务杠杆效应，但每期会有固定的资金支出。创业者在决定借款前一定要对其风险和收益进行充分权衡，并根据企业实际的资金需求量确定一个合适的借款金额。

(4) 充分考虑可能的借款支出。对于创业者来说想获得借款，一般都需要提供抵押或担保，如果创业者缺乏债券人认可的抵押资产，则可以申请担保公司为借款进行担保。但担保公司作为盈利性的企业会收取部分担保费用，如果创业者拟通过担保公司担保的方式取得借款，则还需要将担保公司的担保费用计入未来的经营成本，以有效地避免经营风险。

(5) 选择合适的银行。创业者应事先通过各种渠道对银行的风险承受力，银行对借款企业的态度等信息进行了解，以选择最适合新创企业借款的银行。

2. 增加获得债权融资的机会

增加获得债权融资的机会，需要创业者首先了解债权人在发放贷款时主要考虑的因素，以便有针对性地进行应对；还要从团队、项目、商业计划等方面做好充分准备。

(1) 了解债权人在评估贷款申请时考虑的问题。

一般来说贷款人在收到借款人的借款申请后，会从许多方面对借款人的资质进行评估，以决定是否放款，这些因素包括以下几方面。

①借款人的信用。银行在评审企业贷款申请时，要考虑借款人的信用6C，即借款人品质(character)——考察申请人对待信用的态度，包括过去的信用记录；偿还能力(capacity)——检查申请人的收入情况以及以确定其是否有能力偿还借款；资本结构(capital)——审查申请人的个人财产，包括存款、不动产及其他个人财产；经营条件(conditions)——地区、国家的经济状况对贷款的难易程度有很大影响；担保物(collateral)——是否有担保和抵押财产以及这些财产的质量是银行要着重考虑的方面；事业的连续性(continuity)——借款企业持续经营的前景。银行要考虑借款人能否在日益竞争的环境中生存与发展。在信用6C中借款人的品质最重要。

②贷款类型和还款期限。贷款机构会考虑贷款人的贷款类型，是短期借款(期限在一年内的借款)还是长期借款(还款期超过一年以上的借款)，同时还要对借款人提出的还款方案进行分析，以确认借款人的还款能力。

③贷款目的和用途。贷款人为保证自己的资金安全，一般会对贷出资金的用途进行规定，并要求借款人不能将资金用于法律法规限制或禁止的项目上，力求资金的使用符合规定用途。

④资金的安全性。除了对借款人的以上情况进行考察外，贷款机构还会对创办企业未来的销售情况和现金流状况进行预测，以分析企业未来是否有足够的现金流用于偿还贷款本息。

(2) 从团队项目等方面进行充分准备

不论从何处筹集债权融资，创业者要增加获取款项的可能性，都需要具备一些基本的条件，并从以下几个方面入手。

①优秀的创业团队。创业者是创办企业的核心和关键因素，优秀的创业团队是项目成功实施的保障，创业团队需要证明其具备经营企业的能力，需要向贷款机构(人)展示其具备拟开展业务领域里的经验或知识，以吸引债权人的目光和资金。因为债权人的资金可能会投给具有一流团队和二流项目的企业，但一般不会投给具有一流项目和二流团队的企业。所以，优秀的创业团队是吸引债权人资金的首要条件。

②可行的企业想法。吸收债权人资金的次要条件是创业团队要拥有一个可行的企业想法。一个好的企业想法是实现创业者愿望和创造商业机会的第一步，但可行的企业想法只有经过评估才能够成为商业机会，给创业者带来经济和社会效益。

③完善的商业计划。创业者应该首先能够证明自己有明晰的企业战略，并且有通往成功之路的切实可行的行动计划。创业者和创业团队除了具备可行的企业想法外，还必须能够将具体的企业想法细化到每一个步骤、每一个预算，将其落实到具体的商业计划之中。完善的商业计划是创业者吸引资金的重要文件。创业者应该请专业人士帮其准备一份让金融机构人员感到值得研究的商业计划，增加获得贷款的可能性。

④高质量的抵押资产。按照《贷款通则》第十条的规定，“除委托贷款以外，贷款人发放

贷款，借款人应当提供担保”。处于筹备期和初创期的企业，一般不符合贷款要求的资信条件，难以取得信用贷款，而需要一定的资产作抵押。如果创业者和其团队成员拥有高质量的抵押资产，则其取得贷款的概率会大大增加。

（四）融资方式的比较

无论是股权融资还是债权融资均具有一定的优点，也存在不足，创业者要熟悉不同融资方式的利弊，考虑不同融资方式下的融资成本，以便做出科学的融资决策。

1. 不同融资方式的利弊

通过股权融资方式获得的资金既可以充实企业的营运资金，也可以用于企业的投资活动。通过债权融资所获得的资金，企业首先要承担资金的利息，另外在借款到期后要向债权人偿还资金的本金。

债权融资的资金成本比较低，合理使用还能带来杠杆收益，但债务资金使用不当会带来企业清算和终止经营的风险；股权资金的资金成本由于要在所得税之后支付，成本较高，但由于在企业正常生产经营过程中，不用归还投资者，是一项企业可永久使用的资金，没有财务风险。创业者在筹集资金时应对债务资金、股权资金的优缺点进行比较，并考虑企业的资金需要量，资金的可得性，宏观理财环境，筹资的成本，风险和收益，以及控制权分散的问题来进行综合分析。

2. 创业融资决策

在进行创业融资决策时，除了考虑不同融资的方式的优缺点、融资成本的高低外，还要考虑创业企业所处的生命周期阶段、创业企业自身的特征，了解采用不同融资方式时应该特别予以关注的问题。

（1）创业所处阶段。

创业融资需求具有阶段性特征，不同生命周期阶段具有不同的风险特征和资金需求，同时，不同融资渠道能够提供的资金数量和风险程度也不同，因此，创业者在融资时需要将不同阶段的融资需求和融资渠道进行匹配，提高融资工作的效率，以获得创业所需资金，化解企业融资难题。

在种子期，企业处于高度的不确定性当中，很难从外部筹集债务资金，创业者个人积蓄、亲友款项、天使投资、创业投资以及合作伙伴的投资可能是采用较多的融资渠道；进入启动期之后，创业者还可以使用抵押贷款的方式筹集负债资金。

企业进入成长期以后，已经有了前期的经验基础，发展潜力逐渐显现，资金需求量较以前有所增加，融资渠道上也有了更多的选择。在早期成长阶段，企业获得常规的现金流用来满足生产经营之前，创业者更多采用股权融资的方式筹集资金，战略伙伴投资、创业投资等是常用的融资方式，此时也可以采用抵押贷款、租赁，以及商业信用的方式筹集部分生产经营所需资金；成长期后期，企业的成长性得到充分展现，资产规模不断扩大，产生现金流的能力进一步提高，有能力偿还负债的本息，此时，创业者更多采用债权融资的方式筹集资金，以获得经营杠杆收益。

（2）新创企业特征。

创业活动千差万别，所涉及的行业、初始资源禀赋、面临的风险、预期收益等有较大不同，其所要面对的竞争环境、行业集中度、经营战略等也会不同。因此，不同创业企业选择的资本结构有所不同。对于高科技产业或有独特商业价值的企业，经营风险较大，预期收益也较高，创业者有良好的背景，较多采用股权融资的方式；传统类的产业经营风险较小，预期收益较容易预测，比较容易获得债权资金。实践中，创业企业在创始阶段较难满足银行等金融机构的贷款条件，多采用民间融资的方式获得债权资金。

三分钟打动投资人

陈宏是汉能投资集团董事长兼首席执行官，在由《创业家》期刊主办的创业沙龙上，他讲了如何在短时间里打动投资人的技巧。

前阵子他担任一个创业比赛的评委。第二名有两个团队，分数相同。为了区分出第二和第三，评委们给两个创业者一人一分钟作简报。简报完双方得票是5∶0，五个评委都投给同一个人。为什么？因为赢的那个人会表达，让评委们在一分钟内感受到了他的创业激情与梦想。

马云曾经说过，创业者要在5分钟之内敲定几百万美元。五分钟时间的确有点儿夸张，但是在很短的时间里打动投资人，让他们有兴趣继续看他的企业，这是属实的。

陈宏过去在硅谷创业。公司在美国上市前，就为了30分钟的演讲，专门请顾问对他进行了好几天的训练。30分钟演讲，15分钟问答，问完以后投资人就走了，人家都记不住演讲者长什么样子。这拨人在几天之后就要下单，决定要不要买演讲者公司的股票。如果演讲时讲不清楚，拿不到足够的认购订单，公司就上不了市。

沟通是一门功夫，陈宏认识周鸿祎（奇虎360公司董事长）十几年了，当时周鸿祎刚做3721“网络实名”（直接在网页的网址处打上中文即可连接目标网站的网络服务）不久，那时候的周鸿祎也是讲不清楚的，但后来也锻炼出来了。有时候非常好的工程师做出非常好的东西，但就是讲不出来自己的好处和优势，这是很吃亏的。融资融得好，公司可能就活下来了，否则可能就死了。

据UT斯达康公司创始人吴鹰回忆，马云约见软件银行董事长的时候，对方只给了他6分钟时间演讲。马云拿了半张纸，把主要几点写在了上面，并用上了他的语言天赋，用英文讲电子商务，吴鹰都听得云山雾罩，觉得这个人很有热情，讲得也很清楚。而且马云是非常自信地讲，“我不缺钱”（当时已拿到高盛集团的500万美元）。马云讲完后，现场的投资人一致看好他。后来，马云拿到了软件银行集团的2000万美元投资，2004年又拿到了软件银行集团6000万美元的追加投资。

（案例来源：和讯网，http://news.hexun.com/2013-02-25/151431764.html）

第三节 创业资源管理

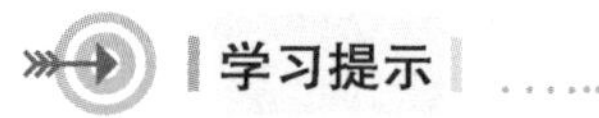

创业者对创业资源的管理可以归结为两句话：要看见别人看不见的东西，要做到别人做不到的事情。也就是说，创业资源的管理包括了如何对创业资源进行获取和开发，以及如何对已获取的资源进行有效利用。

一、不同类型资源的开发

创业资源开发是指创业者开拓、发展、利用新的资源或其新用途的活动。在创业过程中，创业者需要在实现资源价值的基础上丰富资源库，进一步拓展资源的来源和用途，使新创企业获得持续的竞争优势。

（一）资源开发的原则

1. 主要资源优先

对现有的创业资源进行优化配置，这就需要创业者对创业资源进行分类排序，即企业处于某一特定的阶段，在这一阶段起主导作用的资源是什么，起辅助作用的资源是什么，从而确保在资源配置时做到重点突出。

2. 兼顾次要资源

要考虑“木桶效应”，进行查缺补漏，不能一味地考虑起主导作用的资源，加大对起主导作用的资源的投入，而忽视其他资源。创业者还要考虑哪种资源缺乏可能导致其他资源的浪费，要对潜在的资源枯竭问题进行预判，充分做好资源储备、预算管理方案，这样才能使各种创业资源在不同的阶段实现最佳的配置。

3. 资源搭配合理

创业者在开发资源时应该坚持能用的原则，只有满足自己需求的、自己可以支配并使其充分发挥作用的资源，才是需要筹集的资源。另外，资源的使用是有代价的，开发资源时应该本着够用的原则而不是多多益善：一方面，资源的有限性加大了创业者开发资源的成本；另一方面，当使用资源不能弥补其成本时，资源的使用并不能给企业带来效益。

许多大学生都错误地认为，只要有个好的点子，能拿到投资，再加上执着、激情、运气，就能成为下一个马化腾。但是，创业成功的真正关键在于团队、经验、执行力。大部分创业的失败不是因为点子不好，而是因为欠缺经验，没有团队，缺乏执行力。

——李开复

（二）人脉资源的开发

开发人脉资源是创业成功的基本条件，需要注意以下人脉资源的特性。

（1）长期投资性。平时要注意人脉资源的积累，不要事到临头才去找人帮忙。在公司做业务也一样，现在不是你的客户，明天就可能成为你的客户，因而你必须从现在开始建立联系。人脉资源的形成需要很多时间和精力，这也是一种投资。

（2）可维护性和可拓展性。人脉资源可以通过合作、交流、关系、帮助、友情、亲情等进行维护，并且会不断巩固，当然，如果不去维护就会变得疏远，所以人脉资源需要经常维护，同时在维护中不断地发展新的人脉关系。

（3）有限性和随机性。一个人一生中能认识多少人？包括老师、同学、亲戚、同事、朋友、客户等。每个人的人脉资源都是有限的，你的发展同样也会受到你的人脉资源的限制。同时，你所认识的可能没有能力帮助你，有能力帮助你的你可能不认识，所以在客观上就需要你不断认识更多的人，但是每个人的能力又是有限的，又不可能认识所有那些潜在的帮助者。

(4) 辐射性。你的朋友帮不了你,但是你朋友的朋友可以帮你。因此,熟人介绍是一种事半功倍的人脉资源开发方法,可以加快人与人之间信任的速度,降低交往成本,提高创业成功的概率。

人脉资源的开发一定要注意培养健康的人脉资源,要以自身的人格魅力来积聚。为此,需要不断提升创业者自身的素质、人格、品质。

(三) 人力资源的开发

概括地讲,求才、爱才、育才、重才,是新创企业人力资源开发的重要内容。

新创企业的人力资源,由创业发起者、核心团队成员、管理团队及其他人力资源构成。一般而言,优秀的创业发起者应该具备的素质包括创业激情、工作经验、社会关系、专业知识等,随着事业的发展,这些素质也成为吸引其他人加入创业过程的重要因素。

核心团队成员是指在创业初期加入团队,以创业发起者为中心,团结在其周围的团队成员。他们从各自的视角为创业发起者策划,并且能够很好地完成自身职责范围内的工作,是创业发起者同甘共苦的朋友。创业初期,创业者要能够清晰发掘出自己的核心伙伴,如果选择不善,将会给公司今后的发展带来障碍。可以从两个渠道来寻找核心伙伴,一是依靠自己的人脉网络;二是依靠熟人推荐。

随着新创公司发展到一定阶段,部分核心成员的能力与精力可能会出现不能胜任的情况,这时就有必要从外部引进管理团队,推动公司管理规范化。与此同时,新创企业应根据企业发展战略,相应地建立起一套人才资源规划体系:

(1) 建立起完善的激励体系,包括精神上的、物质上的,用奖罚制度激发员工的潜能,让员工的潜能发挥到极致。

(2) 建立起培训机制,培养人才,同时也让人才在企业里发挥其最大的潜能为企业做出贡献。

(3) 善待员工,让员工有一种家的感觉。善待员工,是留住人才的唯一法宝。这种善待,不仅是指从精神上给予人才的满足,也要配以适当的物质利益。

(4) 要量才而用,用人的长处,控制人的短处,不要为了节省开支而凑合。

(5) 分工尽可能明确,但可根据职务的重要与否适当地兼职。

(6) 引入外部力量,如通过培训班等来协助你快速找到自己所需要的人才。

(四) 信息资源的开发

信息资源与人力、物力、财力以及自然资源一样,都是创业企业的重要资源,因此,应该像开发、整合其他资源那样开发整合信息资源。

信息资源的开发效率主要取决于两个因素:信息存量和创业者的理性程度。信息存量是指创业者掌握的相关市场信息、产品或技术信息、创新信息以及政府政策与相关法律信息等。创业者的理性程度受创业警觉性、先前经验、认知能力、创造性、社会网络的影响。开发信息资源的过程,就是处理信息存量与创业者理性程度的匹配过程,在这一过程中,要做好以下三个方面的工作。

第一,抓住有用的信息。随着信息量陡然增大,信息流转加快,各种信息充斥在我们周围,创业者如何在最有效的时间内获得内外部信息、抓住成功创业的机遇却往往成了一个难题。很多时候不是它们不出现,而是当它们出现时,创业者能否发现并把握,对于创业者来说，这点更显得至关重要。

第二，信息资源开发应该得到创业者的高度重视。对创业者而言，信息是不对称的。了解分析竞争对手、政府、行业、合作伙伴、客户，我们才能做到“知己知彼，百战不殆”，集中精力抓住转瞬即逝的成功机遇。

第三，新创企业在开发信息资源时，既要整合管理好企业外部的资源，抓住发展机遇，又要整合管理好企业内部的信息资源，进行信息资源的规划。

（五）技术资源的开发

新创企业成功的关键是首先要开发出或者寻找到成功的创业技术。开发技术资源时，企业要重视技术资源的整合，不仅要整合、积聚企业内部的技术资源，还要整合外部的可利用的技术资源。成功企业要有好的产品，必须在同一领域内做到专业化程度最高，技术上则要一直领先。自主研发并拥有自主知识产权，才能保持技术的领先、保持市场的优势地位。当新创企业没有实力一直保持这样的技术优势，就要尽可能多与科研院所、高等院校合作，因为那里有技术上的前沿人才，而且科研院所、高等院校的人才也很愿意把自己的技术资源转化为产品，实现技术成果的转化。

此外，开发技术资源时，一定要注意以市场需求为导向，不能过于留恋自己开发的技术而忽视市场反应。这是因为进入21世纪，信息社会使获取技术的成本大大降低，单个企业取得技术领先地位的难度已增加，靠一张“王牌”通吃的可能性明显减小。以用户体验为中心，整合资源并创造新的产品和服务，取代了那些闭门进行产品研发和对既有产品不断改进的直线思维，成为了胜出者新的成功之道。在赛道变换的情况下，如果漠视用户体验、闭门造车、用工程师的意愿代替消费者的需求，这样的“技术偏执”往往会浪费创业资源、贻误创业机会。

（六）资金资源的开发

新创企业面临的最重要的问题之一就是资金资源的短缺。开发资金资源，不仅仅是解决资金问题，最为关键的是，在资金资源开发过程中，要进一步确定公司的商业模式和创业战略，并且所选择的战略投资者要与企业当前阶段的发展目标相吻合。

1. 了解资金提供者的相关信息

开发资金资源时，首先要对准备引入的资金资源有较为全面的了解。在初步确定投资意向之后，创业企业就可以根据实际情况，在众多的意向投资者中选择中意的目标。在接触之前，一定要认真了解这些投资者的基本情况，如资质情况、业绩情况、提供的增值服务，要看战略投资者还能为企业带来什么资源，比如政府背景、行业背景、市场影响力、营销支撑等，以及开发、整合资金资源时要充分考虑该项资源能否带来更多的其他资源。既可以通过公开信息渠道了解情况，也可以通过社会网络、人脉资源打听信息。

2. 设计独特的商业模式

以某公司及其中子刀产品为例，如果把它的商业模式抽象出来，可以描述为：在医疗器械行业，研发有科技含量、高附加值的产品，然后生产、销售，最后赚取产品的利润。这种商业模式的理想景象是：公司具备产品研发和创新核心能力，能够可持续地推出新产品，产品的目标市场定位和性价比有竞争力，由此确保公司的盈利水平和可持续发展。

现实情况是，鉴于该公司的实际运营情况，这种以厂商定位的商业区模式对投资者根本没有吸引力。于是咨询公司重新设计了该公司的商业模式，从而使形势发生了起死回生的逆转。新商业模式的要点如下：

（1）将公司医疗器械制造厂商的角色转换到医疗服务提供商，放弃销售中子刀的做法，转而建立公司肿瘤治疗中心，使其形成“区域合理布局经营连锁”效应。

（2）在条件成熟时，引入租赁等金融手段，强化各地公司肿瘤治疗中心的技术设备，最终使得“中心”成为肿瘤治疗方面的知名品牌。

（3）在上述实体的肿瘤治疗连锁体系的基础上，建立一个肿瘤治疗的专业门户网站，将其打造成一个具备权威性和影响力的专业门户网站。

新商业模式，使得公司的投资价值陡然增加，并且新商业模式设计了充分考虑投资方资金安全和风险规避的股权融资方案，由经营者和管理层来承担更大的责任和风险。在参与公司路演洽谈的五家投资方中，形成了争抢投资的局面，公司经过权衡后选择了其中一家，成功签约股权融资5000万元人民币。

在公司融资案例中，中子刀技术只是公司的战略要素，处于公司商业模式的起点。出资人所投资的，实际上并不是中子刀技术或产品，而是由中子刀技术衍生出来的公司产业战略和商业模式。从这个意义上说，产业战略选择和商业模式设计是企业开发资金资源的决定性因素。

3. 克服“技术钟爱”或“产品偏执”的情结

对技术类型的新创企业，开发资金资源时需要克服“技术钟爱”或“产品偏执”的情结，要有产业眼光和商业意识，要跳出技术和产品，学会识别战略要素，设计合适的商业模式。只有这样，才能建立起撬动资本市场的那个“阿基米德支点”。

在资本市场通行的是商业法则，它不会为技术本身而埋单，也未必要求企业当前就能实现多少利润，它青睐的是技术能够带来的产业空间和成长预期。一个能够占领未来产业空间的企业战略，和一个能够实现的启动成长过程的商业模式，比先进的技术本身更能唤醒资本的兴趣。

从新创企业长远的发展角度看，一项技术融资再成功，筹来再多的钱，如果配之以一个失败的企业战略和错误的商业模式，那么这项技术连同这个企业也必将行之不远。因此，技术很重要，融资很重要，而新创企业的发展战略和商业模式、开发资金资源更重要。对于技术类型的新创公司而言，资金开发的重心应该放在商业模式和发展战略上，而非一味地钟情于技术或产品，孤芳自赏。

开发资金资源必须回答的五个问题

创业者常常为筹集资本而百般忙碌。尽管能从哪里筹资、能否筹集到资本都是无法完全预测的事情，但是创业者在开发资金资源以前，可以先考虑一些必要的问题，以便为最终决策提供依据。

问题1：什么时候需要钱？

创办企业当然需要资本，但不能因为“我需要钱”而使自己的思路混乱，应该首先考虑融资后的投资收益状况。因为融资需要付出成本，既有资本的利息成本，也有昂贵的融资费用和不确定的风险成本。因此，只有在严谨地论证自己的创意之后，确信利用筹集的资本所产生的预期总收益大于融资总成本时，才有必要考虑融资，要争取做到“好钢用在刀刃上”。

问题 2:需要多少钱?

由于资本的筹集与使用都具有成本,因此企业筹集来的资本并非“韩信点兵,多多益善”。事实上,多余的资本只会让新创企业盲目扩张,而这种超出自身运作能力的扩张既不能保证企业自身盈利目标的完成,也不能实现股东预期的回报,最为可怕的是让没有市场经验的新创企业迷失方向乃至“夭折”。因此创业者在融资时应该量力而行,避免“圈钱”。

问题 3:需要什么样的钱?

对于新创企业以及成长型企业来说,选择哪种融资方式有着重要意义,因为不同的融资方式具有不同的资本成本。一般地讲,融资方式不外乎股权融资和债务融资两种,除了创业投资外,股权融资的主要表现是上市融资。相对于债务融资而言,其风险更大,还需要承担一定的发行费用,看起来成本较高。但企业融资还包括机会成本,从目前我国的情况看,企业通过银行贷款所花费的机会成本是很高的。

问题 4:是否愿意让投资者了解企业的秘密?

无论以哪种方式融资,资本的提供者大都需要依据相应的条款、制度、手续而了解企业和企业主。以债务融资为例,无论是银行贷款还是担保公司进行担保,提供资本的一方会要求企业提供清晰透明的财务管理资料,并反复审查。很多投资机构不投资的原因都是因为创业者无法公开企业的秘密,或者隐瞒,或者造假。以股权融资的投资为例,投资者往往还需要了解创业者(企业家)个人的秘密,包括信用状况、个人能力等,以确保投资后,创业者(企业家)有足够的能力使资本升值。因此,创业者应该学会识别交易中不可接受的条款和条件,并使用相应的措施保护个人和企业财务报表的机密。

问题 5:如何看待自己的企业?

投资家在考虑是否投资时,往往要看融资者对自己公司的态度:究竟是像对待孩子一样对待自己的企业,还是抱有“养大了卖钱”的心理。在前一种想法的支配下,融资者为了自己的企业能够健康成长,会尽力将企业搞好,并且会在企业面临困难时,千方百计地抢救。而在后一种想法的支配下,融资者为了以后卖掉企业而大赚一笔,可能为了将企业“养大养壮”而不择手段,这是投资者最为担心的事情。

(案例来源:李家华,《创业基础》(第二版),清华大学出版社,2015 年 1 月)

二、有限创业资源的创造性利用

大量事实表明,绝大多数创业者早期所能获得和利用的资源都相当匮乏,但是少数创业者在创业过程中能够体现出卓越创业技能,即创造性地整合、转换和利用资源,尤其那种能够创造持续竞争优势的战略资源,并由此成功地抓住创业机会、推进创业过程向前发展。

(一) 控制资源利用

大部分创业者因为受到有限资源的约束,被迫控制资源利用,以创造性的方式开发机会去建立企业,并推动企业的发展。即在缺乏资源的情况下,创业者会分多个阶段投入资源,并且在每个阶段或决策点投入最小的资源,步步为营。

这种“步步为营”不仅是一种做事最经济的方法,还是在有限资源的约束下获取满意收益的方法;不仅适合小企业,同样适用于快速成长企业、高潜力企业。其活动包括:创业者在资源受限的情况下寻找实现企业理想目标的途径;最大限度地降低对外部融资的需要;最大限度地发挥企业者投在企业内部资金的作用;实现现金流的最佳使用。

步步为营法的主要策略是成本最小化，但是过分强调低成本，会影响到企业形象与产品质量，最终会限制企业的快速成长。例如，有的食品加工企业为了降低成本，用地沟油作为食用油的生产原料，不但导致企业被依法处理，而且对全社会造成了严重危害，这种短视的降低成本行为对创业活动的影响是致命的。因此，步步为营法中的成本最小化是有前提的，就是设计企业使命，在能够实现企业使命的可行路径下，运用成本最小化的步步为营法。

在兼顾企业运行情况下，新创企业运用步步为营法时仍有很大可供选择的余地。比如，创业者可以通过申请政府创立的创业园和创业孵化器，享受那里的免费办公室，与其他创业者一起共享办公设备等，也可以利用兼职人员或招聘的实习生。总之，在实现创业目标的过程中，创业者能够独辟蹊径地找到许多降低成本的方法。

（二）创造性地拼凑资源

在创业情况下，资源约束是创业者面临的首要限制性因素，大多数创业者都缺乏资源来抓住创业机会。那么，创业者就要学会利用手头现有的、零散的、在他人看来没有什么价值的资源，富有创造力地构想资源的新用途，并且用他们来抓住机会和支持创业成长。

1. 创业资源拼凑的核心要素

创业资源拼凑有三个核心要素，即“凑合利用”“突破资源约束”和“即兴创作”。这三个概念都与资源紧密相关，从不同角度反映了创业过程的资源拼凑特点。具体而言，“凑合利用”是指利用手头资源来实现新的目的和开发新的机会，重在对资源的创新性利用；“突破资源约束”是指创业者拒不向资源、环境或者制度约束屈服，积极主动地突破资源传统利用方式的束缚，利用手头资源来实现创业目标，因而凸显了创业者在资源拼凑过程中表现出来的创新意识以及创造创业价值所必需的可持续创业能力；而“即兴创作”与前面两个概念紧密相关，是指创业者在凑合利用手头资源、突破资源约束的过程中必须即兴发挥，创造性地使决策和行动同时进行。

2. “手段导向型创业资源拼凑”和“基于社会关系网络的创业资源拼凑”

在手段导向型资源拼凑过程中，创业者要像荷马史诗《奥德赛》中的主人公奥德修斯那样，不向资源约束低头，而是想方设法利用现有资源来实现既定目标。这种资源拼凑方式的特点在于整合利用可动员的分散资源来有效突破资源约束的制约。通过资源拼凑，创业者在发现新机会以后就不会因为资源紧缺而观望等待，而是积极主动地调动一切可利用的资源来及时抓住机会。

基于社会关系网络的资源拼凑又称“网络拼凑”，是指创业者通过社会关系网络来获取和利用资源的一种战略行为，它超越了传统的关系网络利用方式，不拘泥于固定的网络资源，也没有详尽计划或者工作性的网络关系维护目标，而是通过利用现有的社会、商业或者个人关系来拓展资源获取渠道，以解决在创业过程中必然会遇到的融资、供应商、客户、办公场所和咨询建议等不同问题。

借力修天桥

国际商场是天津市第一家上市公司，地处南京路商业圈。南京路是一条十分繁华的主干道，对面就是繁华的商业街。在国际商场开业时，门口并没有过街天桥，行人穿越南京路很不方便，也不安全。应该修天桥！估计经过那里的人都会产生这样的想法，但政府一直没有行动。

一个年轻人没有认为这是政府该干的事情。有一天，他找政府商量，提出用自己的钱修天桥，但政府要允许他在天桥上挂广告牌。

不花钱还让老百姓高兴，政府觉得不错，就同意了。这个年轻人拿到政府批文，立即想到找可口可乐那样的大公司洽谈广告业务。

在这样繁华的街道上立广告牌，这是大公司求之不得的事情。很快，这个年轻人从大公司那里拿到广告的定金。他用这笔钱修建了天桥还略有剩余。天桥修好了，广告也挂上了，年轻人从大公司那里拿到余款，获得了第一桶金。

（案例来源：道客巴巴，http://www.doc88.com/p-6791963914278.html）

（三）发挥资源的杠杆效应

资源的杠杆效应是指以最小的付出获取最大的收获的现象，通常有如下表现方式：第一，利用一种资源换取其他资源；第二，创造性地利用别人认为无用的资源；第三，能够比别人有更长的时间占用资源；第四，借用他人或其他公司的资源来达到创业者自身的目的；第五，用一种富余资源弥补一种稀缺资源，产生更高的附加值。杠杆效应对于推动创业活动具有重要意义，因此创业者要在创业过程中训练自己形成杠杆效应的能力。

对于创业者来说，由于初期资金缺乏、时间紧迫，最容易产生杠杆效应的资源就体现在创业者自身的素质和能力以及社会资源等非物质资源。就创业者的素质与能力看，如果创业者能够识别一种没有被完全利用的资源的能力，看到某种资源怎样被运用于特殊方面的能力，说明资源拥有者让渡使用权的能力，都能使资源发挥出杠杆效应。

就社会资源的杠杆效应来说，社会资源存在于社会结构之中，为社会网络之间的行为者进行交易、协作提供了便利。在外部联系人之间，社会交往频繁的创业者所获取的相关商业信息更加丰富，从而有助于提升创业者对特定商业活动的深入认识和理解，使创业者更容易识别出常规商业活动中难以被他人发现的顾客需求，进而更容易获得财务和物质资源——这正是其杠杆作用所在。

三、创业资源开发的推进方法

资源开发是整个创业活动的主线，随着创业过程的开展，不同发展阶段资源利用特点不同、资源控制重点不同，创业者需要采用不同的资源推进方式、整合内外部资源以获得良好的创业绩效。

（一）寻找式资源整合

对于初次创业者来说，其创业存在许多共性问题，比如管理经验不足、市场狭窄、创业资源匮乏。创业之初，创业所需资源主要依靠自身的努力来获取，但是仅仅依靠从自己身边获取的创业资源很难维持企业的发展，要想使企业继续发展，那就不得不从外界寻找创业资源。

寻找式资源整合主要是结合自身创业团队的资源情况，分析资源储备存在的不足，提出整合外界资源的方案，积极地寻找和整合所能利用的创业资源。这就要求创业者具备较强的预见能力和洞察能力。较强的预见能力可以让创业者准确地把握自己所在行业的发展热点和竞争焦点。洞察能力是一种从不同类型的信息中获得知识的能力。创业者只有拥有较强的预见能力和洞察能力，才能在诸多的资源中获得对自己创业有所帮助的资源。

（二）积累式资源整合

进入创业过程的中期，新创企业得到了一定的发展，也积累了一些企业赖以生存发展的创业资源。这段期间，企业正处于发展关键期，创业资源需要不断积累和增加。这需要创业者掌握积累式的资源整合方式。

为了使已获得的创业资源发挥其最大的效能，创业者必须在初创企业的发展过程中，进一步了解创业资源的特征，以便于更好地整合利用。也就是说，为了有效利用已获得的创业资源，要对其进行分析、归类。只有对已有的资源进行准确的分析定位，才能在此基础上进行进一步的整合利用，才能发挥资源的最大效能，不断提高企业的核心竞争力。

（三）开拓式资源整合

企业取得初步发展之后，创业者要想使企业继续快速发展，就必须采用开拓式创业资源整合。

开拓式创业资源整合强调创新能力，当今社会的竞争，与其说是人才的竞争，不如说是人的创造力的竞争。创新是一个企业发展的动力和灵魂，没有创新的企业是很难成长和发展的。开拓式创业资源整合要求创业者不断地把创新式思维注入其中，从创新的视角去寻找具有创新点的创业资源。特别是继续寻找企业的新的增长点，在新的增长点上充分开拓和整合可利用资源，这一点对创业基础较为薄弱的大学生创业者来说尤为重要。

绝妙的整合

一位优秀的商人杰克，有一天与儿子交谈。

杰克：我已经看好了一位女孩子，我决定你要娶她。

儿子：我自己要娶的新娘我自己决定。

杰克：但我说的这个女孩可是比尔·盖茨的女儿哦。

儿子：哇！这样的话……

在一个聚会上，杰克走向比尔·盖茨。

杰克：我来帮你女儿介绍个好丈夫。

比尔：我的女儿还不想嫁人呢。

杰克：但我说的那个年轻人可是世界银行的副总裁哦。

比尔：哇！那样的话……

接着，杰克去见世界银行的总裁。

杰克：我想介绍一位年轻人来当贵行的副总裁。

总裁：我们已经有很多副总裁了，够多了。

杰克：但是我说的这位年轻人可是比尔·盖茨的女婿哦。

总裁：哇！那样的话……

最后，杰克的儿子娶了比尔·盖茨的女儿，又当上了世界银行的副总裁。

（案例来源：李家华，《创业基础》(第二版)，清华大学出版社，2015 年 1 月）

（四）资源整合原则

1. 识别利益相关者及其利益

该原则提示创业者，整合资源一定要关注有利益关系的组织和个人，首先就是把这些利益相关者一一识别出来，把他们之间的利益关系辨析出来，甚至有时候还要把利益创造出来。一般来说，寻找利益相关者就是要寻找那些具有共同点的人，同时也需要寻找可以互补的人。

2. 管理好能够促进企业持续成长的人力资源

企业持续成长需要大量的人力资源作为支撑，保持企业持续成长对人力资源管理提出更高的要求。高素质的人力资源是企业持续成长的根本，管理好人力资源是企业持续成长的重要保证。

3. 构建共赢机制

共赢机制是指创业者在进行资源整合时，一定要兼顾资源提供者的利益，使资源提供与使用的双方均能获益。在与外部的资源所有者合作时，创业者还要构建一套各方利益真正实现共赢的机制，给资源提供者一定的回报，同时尽可能替对方规避风险。

4. 维持信任长期合作

资源整合以利益为基础，需要以沟通和信任来维持。沟通是产生信任的前提，信任是社会资本的重要因素。同时，创业者要尽快从人际信任过渡到制度信任，从而建立更广泛的信任关系，以获取更大的社会资本。

巩固与训练

打工妹善抓商机变身百万富翁

一个既没有技术又没有资金的打工妹，凭借精明的头脑，善于捕捉商机，成了年轻的百万富翁。

丁世燕，出生在河南省宜阳县农村，1998年丁世燕初中毕业，单调的农村生活令她感到非常失望，于是决定到外地打工。她怀揣着父母给他的800元钱，兴冲冲地去了古城安阳。谁知道到达安阳的第二天，她的钱包就被偷了。她把心一横，索性就先在安阳落脚打工。

当天，她出去找工作。当她找到一家名叫“溢香”的鲜花店时，花店正需要人手，于是女老板收留了她。丁世燕十分感激，从此她不仅虚心向姐妹们学习鲜花护理技术，而且特别留心女老板的经营之道。

到了2000年8月，由于竞争激烈，鲜花店举步维艰，面临关门的危险。当天晚上，丁世燕躺在床上左思右想：花店为什么会经营不下去呢？她想：首先，是市场饱和，竞争激烈；其次，是摊子铺得过大，造成入不敷出。如果能把花卉苗圃卖掉，直接去批发出售，也不至于亏损。如果再把员工换成钟点工，生意忙时按点付酬，又能节约开支。如此一来，花店起死回生是不成问题的。第二天她找到女老板，希望接手这个花店。女老板看丁世燕是个干事业的人，同意无偿转给她，以此抵消拖欠她的6个月工资。

1. 鲜花铺路

丁世燕接手鲜花店后，只留下一个要好的姐妹给自己打工。她顶着烈日骑着自行车跑去郊区的一些鲜花店种植基地洽谈合作事项。转眼到了国庆节，安阳市各大单位庆贺节日时都要摆放鲜花装饰，以前与溢香建立合作关系的老客户纷纷前来订货，丁世燕紧急招聘了10名钟点工，雇了6辆货车到市郊拉送鲜花，一个国庆节下来赚了1万多元。

2002年3月的一天，她无意中听到一位老顾客抱怨"花不好养，放家里几天就焉了"。说者无意，听者有心。丁世燕灵机一动，想出提供"免费花木护理项目"的招。这一措施推出后，受到了客户的普遍欢迎，来她这买花的人一下子多了起来，当月的营业额就翻了两番。

2. 雨中商机

2002年5月的一天，丁世燕办事途径安阳市制伞厂，看见许多职工在摆摊卖伞，上前一打听才知道，伞厂倒闭了，发给每个工人1000把雨伞，以每把两元的价格抵工资，她又发现了商机。这么漂亮的雨伞，才2元一把，在商场一把伞少说也得六七元，如果雨伞倒卖出去，肯定能大赚一笔。她首先想到的是把雨伞批发给商场，可大家都想得到的路走起来自然不容易。她灵感所致，想到了"雨中送伞"，专在下雨的时候，把伞卖给那些没带雨具的人。想到这，她立即找到卖伞的大嫂，先要了100把雨伞。随后的日子里，丁世燕特别留心天气预报。

机会终于来了。2002年6月1日下午两点多钟，安阳天气突变，丁世燕赶紧开着摩托车，带着一大捆雨伞，风驰电掣地向安阳市少儿游乐中心驶去。她心想：今天是六一儿童节，许多家长带孩子出来游玩，出来时天气晴朗肯定不会带伞。10分钟后，丁世燕来到儿童游乐园时，天空噼里啪啦地下起了雨，毫无准备的父母们带着孩子，四处躲雨，此时，丁世燕从容地拿出雨伞叫卖起来，人们蜂拥而至，只是一眨眼的功夫，100把雨伞便被抢购一空。每把雨伞她卖7元钱，前后不到一小时，赚了500元钱。

初试成功，她又买了1000把雨伞。雨伞买回来后，丁世燕一下子变成了气象迷，时刻关注着广播电台的《天气预报》节目。半个月后的一天，丁世燕又逮住了一次下雨的机会，在安阳市纺织厂门口，她用了短短半小时的时间，就将1000把雨伞卖光，除去雇人雇车的成本，丁世燕赚了4000元钱。

从2002年6月到10月，短短四个月时间，丁世燕如法炮制，先后在安阳市机床厂、亚细亚商场、安阳市技工学校、新华书店门口卖出10000多把伞，净赚4万多元。

3. "非典"做卡套，一举赚了30万

2003年年初，受"非典"影响，丁世燕的鲜花店门庭冷落，面临关门歇业的困境。

心急如焚的丁世燕寻找商机，这天她发现，经过的人很多都戴着出入证。那是为了严格控制人员出入，几乎所有单位都要求佩戴出入证，一时间制作胸卡的打印店门庭若市。丁世燕正在痛惜没有抓住商机时，一位行人佩戴的胸卡掉了，她拾起来还给了那位行人，行人说："唉，这胸卡总夹不紧，如果能挂在脖子上该有多方便呀。"丁世燕当时眼前一亮，这么多人带胸卡，如果制作胸卡套出售，一定是个不小的市场。

她立即联系制作胸卡套，以一个5角钱的价格定做了10000个。第二天下午，她带着花店里的所有员工来到安阳市最大的一家国有企业门口出售胸卡套。她的胸卡套正好解决职工容易丢失胸卡的烦恼，职工们争相购买，一个胸卡套她卖四元钱，前后一个小时，丁世燕带去的1万个胸卡套所剩无几，从制胸卡套到销售仅一天时间，一个小小的胸卡套让丁世燕赚了3万多元。

丁世燕并没有被转眼到手的巨大财富冲昏头脑，事不宜迟，她又火速赶去预订了10万个胸卡套。随后几天，她紧急雇用了100名钟点工在安阳各大矿厂、学校、小区门口摆摊销售卡套。一星期后，她的10万个胸卡套销售一空。安阳市许多个体户见胸卡套市场火爆，纷纷定做销售，可惜偌大的市场几近饱和，他们定做的胸卡套大部分积压在了手中。短短半个月下来，小小的胸卡套让丁世燕赚了30多万元。

经过几年摸爬滚打，丁世燕从一个打工妹，变成了一个百万富翁。她说，物质丰富了，头脑更不能贫困。她打算今后一边学习，一边捕捉商机做生意，将来条件成熟时还要进大学深造。

思考并回答：

(1) 丁世燕成功创业的过程中，发挥了哪些创业资源的作用，你认为哪种资源对她的创业影响最大？为什么？

(2) 丁世燕是如何开发自己的创业资源的？

课后训练

1. 请你结合自己的创业项目(或拟定一个创业项目)，结合本章所学，列出你所需要的创业资源以及创业过程中需要继续获取的资源，并提出资源开发整合的具体途径和方法。

2. 请你查阅相关资料，并开展相关调研活动，结合本章所学，以3个月为筹建期，以12个月为运营周期，制订一份创业初期的财务预算计划，大致说明你打算通过哪种渠道进行融资，并解释你这样做的理由。

第五章　创 业 计 划

学习目标 ……

知识目标：认识创业计划书的作用，了解创业计划书的结构。

技能目标：认识创业计划书的编写过程和所需信息，掌握创业计划书的撰写方法。

态度目标：始终保持理性，力争打造完美计划书。

学习创业计划前的思考

创业计划，是在创业的整体过程中，进入实施阶段的重要节点，也是创业前期准备的总结归纳和后期工作开展的方向和规划。在准备创业计划之前，要对之前创业想法的诸多方面进行整理和归纳，并形成关于创业计划的具体思路。在开始创业计划书的撰写之前，要重新审视和思考创业计划中经常存在的几个问题。

首先，确定自己的创业项目所选择的产品和服务是不是创新型的，是否具有全新的内容，弄清楚与其他同类产品或服务之间的差异。

其次，要将创业计划作为一个延续性的发展项目，而不是一时的点子，要将自己选择的创业想法，落实为具体的产品和服务，并将其延续发展作为创业之初就考虑并设想的主要内容。

此外，要想好自己的产品和服务在市场中的具体竞争优势，比如价格、服务、销售渠道、消费体验等。

最后，要将自己的创业计划与当前社会经济发展的趋势相结合，充分思考自己的创业项目是否适应网络社会的营销方式和信息传播方式，能否借助互联网拓展消费需求和传播自身品牌文化。

在充分思考以上问题并做好充足的前期准备后，就可以开始整理和归纳自己的创业计划，并形成书面的创业计划书了。

第一节　创业计划与创业计划书

学习提示 ……

创业计划是创业者叩响投资者大门的“敲门砖”，是创业者计划创立的业务的书面摘要，一份优秀的创业计划书往往会使创业者达到事半功倍的效果。通过本节的学习，了解创业计划的基本内容及其重要性，认识创业者在创业过程中准备创业计划的原因，了解做好创业计划所需要开展的准备工作。

一、创业计划书的内容与作用

(一) 认识创业计划书

创业计划是创业者在创业实施之前和初期为自己创业行为作出的整体规划和路线。创业计划是创业前期准备的总结性节点,也是创业进入实质阶段的重要保障,同时还是创业者吸引投资的重要保障。良好的创业计划可以给创业者的创业活动带来积极有效的指引与保障,同时也可以给投资者提供更准确的判断创业项目价值的依据,从而为创业项目带来更好的发展机遇。

对于一个学习创业和准备创业的人来说,对创业计划的认识和了解能够帮助其在创业过程中有序、稳定地进行相关活动。

创业计划可以看做是创业者计划创立业务的书面摘要,可以描述创业项目中涉及的内外环境要素,并为业务的发展提供方向指导,同时也能为业务的评估提供参考标准。可以说,创业计划是创业者对整个创业设想的总结和概括。

在创业初期,面对复杂的市场和艰苦的创业环境,创业者的思路总是千头万绪、一头雾水,这就需要经常与其他创业者共同探讨,并不断增强自己关于创业业务的相关知识。在创业之前,创业者还要学会将自己的创业想法形成完整全面的创业计划,并以创业计划书的形式推广出去。这种自我推销的前提,是创业者能够对自身的创业项目具有清晰的路线认识,创业计划一旦确定就充当了创业者行动指南的角色。

创业语录

一旦他们将创业计划写到纸上,那些希望改变世界的天真想法就会变得实在且冲突不断。因此,文件本身的重要性远不如形成这个文件的过程。即使你并不试图去集资,你也应当准备一份创业计划书。

——盖伊·卡维萨基(硅谷著名创业家和风险投资者)

(二) 创业计划与创业计划书的关系

创业计划是一个相对宽泛的概念,其内涵是相对丰富的。创业计划可以是一个相对具体的想法,也可以是一个讨论后的流程,还可以是一个详细的路线图。在创业中,创业计划既可以是长期的远景蓝图,也可以是短期的经营策略。

如果说广义创业计划是对创业者创业想法的总结和概括、是对创业中思维思路的统称,那么创业计划书则是创业计划在经过缜密思考、详细论证和高度概括后,形成的全面、系统的书面总结。在学习创业知识的过程中,狭义的创业计划,通常指的就是创业计划书,也就是创业计划的书面表达。

从创业计划到创业计划书,除了要将创业设想和具体方针进行书面化,更重要的是保证内容的系统化过程。在将创业计划撰写成创业计划书之前,要明白创业计划书的特点。

创业计划书要做到以下几点:

(1) 表述清晰准确,使读者能够准确地明白创业者的创业诉求及创业动机。

(2) 论述详细,将创业想法的实施细节充分展现,让读者清楚地了解创业计划实施的具体环节、方法、时间、地点等信息。

(3) 充分论证创业想法的可行性，使读者清晰地了解创业计划中销售对象选择、销售方式设计的可行性。

(4) 充分运用图表、调查数据、模型、视频动画等多元展示形式，使创业计划书中传播的信息更生动、更令人信服。

走上创业路前一定要尽量想清楚三层意思：第一，项目能不能赚钱？行业前景有多大？技术做得很领先，但未必都能赚钱。第二，一些门槛能否迈得过去？联想最早选择先做汉卡，插在别人的电脑上卖。没有直接做电脑，是因为当时还没有独立做电脑的实力。第三，有没有搞清楚竞争对手的情况？有时项目虽好，但竞争对手太强大，自己的项目又太烧钱，创业者可能还没等到胜出就败了。

——柳传志（联想控股有限公司董事长兼总裁）

（三）创业计划书的功能

创业计划书就是创业计划的一种文字表现形式，同时也是创业计划进行展示和传播的载体。创业计划书通常是对整个创业计划的详细概括，包含了创业计划中项目选择依据、决策依据、项目实现依据、存在问题与解决途径、市场分析、推广策略等。创业计划书的功能可以概括为以下几个方面。

作为创业行动的指导纲领。创业计划书的首要作用是指导创业行为，将创业设想进行系统化和书面化后，创业计划中的思路就具备了转化为现实的可能。有了创业计划书的指导，创业者在面对纷繁复杂的创业环境时，能够更准确地按照计划进行创业。

为未来的企业发展奠定基础。好的创业项目在经过创业初期的发展后，都面临扩张的问题，市场的拓展和业务的新增都需要创业者能够做出重要的决策。创业计划书能够很好地为取得初期成果的创业企业提供更理性的发展路线，使企业能够清晰认识到自己初期市场的特点和创业项目发展的规划，保障创业者不偏离创业计划的方向。

创业计划是创业者对风险把控的重要手段。创业者在创业过程中往往难以把控选择中带来的风险，而创业计划作为对创业项目内部外部信息环境和发展方向的高度概括，可以为创业项目具体行为提供参考标准，同时也为项目发展提供衡量标准，进而促使创业者能够依据创业计划书的路线设计有效把控风险和规避风险。

（四）创业计划书的作用

创业计划书的作用主要表现在以下几点：

为创业提供“敲门砖”。创业计划书的首要作用是提交给投资者，使投资者看到创业计划的可行性和价值，从而为创业者提供创业所需的资金。因此，创业计划书要便于投资者对创业项目进行判断，好的创业计划书能够使创业者达到事半功倍的效果。

指导创业行动。创业计划书中清楚地表述了创业活动的关键方向和要素，向创业者提出了创业中需要重点注意的地方，比如在什么时间需要解决什么问题，以便有效指导创业者的创业行动。

提供创业信息。创业计划书可以向创业的投资方、创业合作者和创业初期的重要客户提供创业计划的重要信息，塑造创业企业早期的良好形象。此外，创业计划还可以向正在发展中的加盟客户提供企业信息：一方面，增强加盟商对企业文化的认知，另一方面，也可以在创业计划的基础上，延伸出帮助加盟商创业的具体计划。

大学生创业计划书大赛的起源

创业计划书竞赛起源于美国高校。那是在1983年，美国德克萨斯州大学奥斯汀分校的两位MBA学生，参照模拟法庭的形式，举办了一次创业计划书竞赛，目的是演练企业策划的过程。当他们历经千辛万苦，终于成功举办了这个世界上第一次创业计划书竞赛时，也因此得到了风险投资家的关注。从此，越来越多的创业基金，风险投资基金，律师事务所，会计师事务所和投资咨询公司也都参与到这类活动中来。

（资料来源：http://www.tiaozhanbei.net/，挑战杯全国大学生课外学术科技作品竞赛和创业计划大赛官方网站）

二、创业计划的基本结构

（一）创业计划是创业的基础

在开始制订创业计划之前和制订创业计划的过程中，创业团队中的每一成员都必须清晰地认识到创业计划在整个创业活动中起到的基础性作用。可以说，创业计划的制订就是创业从想法变为实质的转折点，从而为今后创业的各个环节提供参考范本。

因此，在制订创业计划的过程中，创业者或创业团队的成员要能够充分地分析创业中所面临的和可能面临的各种问题，充分而全面地勾勒出完整的创业设想。要与市场的实际环境和消费者的实际需求相联系，避免空泛的、仅仅停留在思想层面的创业计划。

在创业计划的制订过程中，创业者可以开展多次头脑风暴，集思广益将创业项目的细节进行梳理，反复对自己的创业想法提出质疑并解释质疑。可以通过向成功的创业者进行咨询和学习的方式补充自身经验的不足。在明白创业计划起到的基础作用的前提下，将创业计划中必须涉及的各个领域的问题进行思考和梳理。

（二）创业计划的基本构成

在对创业计划的作用有充分认知，并反复思考自身创业项目的基础上，可以进行创业计划具体内容的准备，进而将创业计划形成系统的创业计划书。

创业计划书是对创业想法的全面总结，是对创业企业内外部环境的重要分析，还是创业发展过程中诸多环节的具体指南。完整的创业计划要具备十大核心要素：

（1）事业描述（计划概要）：对创业计划内容的概括性描述。

（2）产品服务描述：对计划提供的产品或服务具体描述，突出产品或服务的特色和竞争力。

（3）市场分析：界定目标市场，对计划提供的产品或服务所处市场环境分析。

（4）营销策略：进入目标市场的策略。

（5）地点选择：在市场界定的基础上，选择企业店面的地理位置，并分析。

（6）财务需求和预算指标：分析项目实施所需的财务预算。

（7）人事管理：分析创业的人力资源需求，并拟定初期人事管理理念。

(8) 团队构成：分析创业团队的人员构成与分工机制。

(9) 风险分析：分析潜在的风险并设置处理预案。

(10) 成长前景：拟定创业企业的发展方向，以一年或三年为周期，将企业的可持续经营方式和远期目标进行结合。

以上是一般创业项目在制订创业计划时所需要涉及的重点内容，对于具体的创业项目，选择商品和服务的种类不同，其创业所面临的市场环境和竞争压力也多有不同。由于创业计划中涉及的内容并非一成不变的，创业者需要针对创业项目的需求和实际条件，进行有目的性的补充。如一些无实体店的创业计划，就可以弱化地点的分析而加强对产品服务配送、目标消费群体等内容的分析。

创业时选取的点一定要足够"小"，足够专注。所有成功的公司都是从很小的点做起来的，千万不要从行业的高度和产业的高度来创业，作为创业者，你永远要回答一个问题，你做了什么产品，解决了什么问题，面对什么样的用户，给用户创造了什么价值。

——周鸿祎(360 公司董事长)

(三) 创业计划的信息整合

创业计划是一个多元化的信息集合体，在其制订过程中，信息的调查与分析往往是分散进行的，而在创业计划形成的过程中，则必须要将原本分散的各种信息进行整合，这个整合的过程就是创业信息各个部分的要素一体化的过程，也是最终形成创业计划书的前提条件。

创业计划的信息整合实际上就是将创业信息中原本独立的各个类别的信息进行逻辑关联。创业计划中包含了事业描述、产品服务描述、市场分析、营销策略、地点选择、财务预算、人事分析、团队分析、风险分析、前景分析等内容。好的创业计划，会使这些类别的信息内部形成有机的联系。只有逻辑清晰的创业计划，才能消除内部信息可能存在的矛盾与盲区，才能更好地表述创业构想，更好地为创业行动提供指导。

在创业计划的制订过程中，很多创业者往往简单罗列创业计划中需要分析的内容，而忽视这些内容中存在的客观联系。事实上，项目的选择决定了创业者要如何去调查市场，市场的环境又决定了创业者如何选择适合自己创业的地点范围和进入策略，对自身团队的管理和制度建设又必须满足创业所需的市场条件，企业长期的成长方向和风险评估则建立在对市场、产品、服务、制度和策略的综合考量基础上。真正决定一个创业计划好坏的，往往是创业项目中各个信息要素能否有机地结合在一起。

亚马逊的 doordesk

亚马逊的创始人贝佐斯在 1994 年时是投资管理公司 D. E. Shaw 最年轻的副总裁，他在寻找投资机会时得知网络用户一年激增 23 倍的信息，于是产生了创业的想法，几周后便辞去了工资丰厚的职位，和太太一起驾车去西雅图，路上起草商业计划，到西雅图后立即在出租房的车库里架起电脑，聘请了四名助手开始编写软件。当时的办公桌是由门和四根柱子组成的，称为 doordesk，后来这种 doordesk 成了亚马逊的标配，以提醒大家仍在创业。激情让贝佐斯抓住了机会，他在1995年7月成立的亚马逊书城在早期就取得了出乎意料的成功：没有任何广告宣传，30天内亚马逊的书就卖到了四十多个国家。

三、创业计划中的信息分析与市场调查

（一）创业计划中信息要素的搜集和分析

准备创业计划的过程实际上就是信息的搜集过程。创业计划是一个复杂的信息集合体，在其制订过程中，信息的搜集工作是最重要的前期工作，同时，信息搜集的结果也是创业设想进行修正的直接依据。

在撰写创业计划书的准备过程中，要将所有关于这个创业计划的信息进行整合，对项目的可行性进行严谨地思考，将整合的信息尽可能具体地展现在创业计划中。

在创业计划完成之后，对创业前景的信息搜集和分析是创业者坚定实施创业计划并努力实现创业的保障。

在创业计划汇总中，信息搜集工作主要可以分为以下四个步骤：

(1) 明确信息搜集方向。

创业计划汇总所需的信息搜集不是漫无目的的，而是针对创业计划的重点和面临的主要竞争环境，搜集信息。如主要竞争对手在产品和营销方面的信息，创业期间外部市场环境可能呈现的发展趋势等。

(2) 制订信息搜集计划。

信息搜集需要一个周密完善的计划，面对复杂的信息搜集环境，搜集计划中应该明确不同层面的计划所采用的搜集方式。如通过运用互联网、问卷、数据购买、电话访问、实地考察等不同方式进行信息搜集。

(3) 确定信息搜集实施方案。

有了明确的方向和周密的计划，信息搜集的执行过程，就是真正获取创业计划所需信息的实施环节。信息搜集工作的组织实施，要做到在广泛工作的基础上选择性地深入，重点是将不同渠道获取的杂乱信息进行整合。

(4) 归纳信息搜集结果。

搜集的信息在经过初步地整理后，需要科学地进行分析和归纳，使其成为能够直接提供给创业计划阅读者的有效信息。这就需要在初步收集工作完成后，对信息搜集结果进行可视化分析和整理。可以通过图表、资料汇编、调查报告等方式将搜集到的信息资料转化为有针对性的信息。

（二）创业计划中的市场调查的内容

在创业计划中，信息的搜集和整理工作是支撑整个创业计划的关键，也是创业计划能否正确引导创业活动及成功获得资金支持的关键。在创业计划的相关信息搜集工作中，最主要的工作就是相关的市场调查。

市场调查是一种信息调查与分析活动。就是指运用科学的方法，系统地搜集、记录、整理有关市场营销的信息和资料，分析市场现状及其发展趋势，为市场预测和营销决策提供客观、正确的依据。

在创业计划中，市场调查针对的是与创业项目所设计的产品和服务有关的市场环境信

息，包括消费者调查、市场环境分析、产品或服务调查、广告策略研究等。

创业计划中消费者调查的对象是创业项目所设计的目标消费者或者潜在消费者群体，其对消费者群体的消费预期、消费习惯、收入水平、现有同类产品消费体验等进行综合分析，为创业计划提供切入市场的独特卖点。

市场环境分析是针对创业计划中涉及的产品和服务的初步销售市场，通常是在本地市场进行的市场环境调查。包括针对特定的产业区域作对照性的分析，有组织地从经济、科技等角度来做研究。

产品和服务调查这是针对创业想法中的产品或服务，在特定市场区域进行相关或同类产品服务分析，同时还要分析此类产品过去的发展历史，并结合消费者调查和市场环境分析探索其可能的发展趋势。

（三）创业计划中市场调查的作用

市场调查作为企业经营中需要时刻重视的信息收集和分析工作，在企业发展的各个阶段都是必不可少的。在创业筹备期，市场调查对创业计划而言，主要表现为以下几点：

第一，为企业提供完善、全面、先进的行业经验和最新技术信息，使创业计划的目的清晰、方向清楚，增加创业计划的可行性。通过市场调查，可以得到有助于创业者充分了解市场经济动态和科技信息的资料信息，为创业计划提供最新的市场情报和技术生产情报，以便更好地学习和吸取同行业的先进经验和最新技术，增强产品和企业的竞争力，保障创业计划的方向正确。

第二，为创业计划做出科学的市场定位提供基础，使企业在创业期具有生存能力和竞争力。如今，多元化的市场情况不断地发生变化，而促使市场发生变化的原因，不外乎产品、价格、分销、广告、推销等市场因素和有关政治、经济、文化、地理条件等市场环境因素。这两类因素往往相互联系、相互影响，而且不断地发生变化。因此，好的创业计划需要企业适应这种变化，就只有通过广泛的市场调查，及时地了解各种市场因素和市场环境因素的变化，才能有针对性地采取措施，通过对市场因素，如价格、产品结构、广告等的调整，去应付市场竞争。对于创业者来说，能否及时了解市场变化情况，并适时适当地采取应变措施，是能否创业成功的关键。

第三，为创业计划能够制订良好的管理策略和营销策略提供基础。在进行创业计划制订时有许多具体的策略需要创业者考虑，如进行产品策略、价格策略、分销策略、广告和促销策略等，通常要了解的情况和考虑的问题是多方面的，主要有：产品在什么市场上销售较好，有发展潜力；在哪个具体的市场上预期可销售数量是多少；如何才能扩大企业产品的销售量；如何掌握产品的销售价格；如何确定产品价格；怎样组织产品推销；等等。这些问题都只有通过具体的市场调查，才可以得到具体的答复，而且只有通过市场调查得来的具体答案才能作为决策的依据。否则，就会形成盲目的、脱离实际的决策。

（四）创业计划中市场调查的方法

进过上文的论述，市场调查在创业计划制订过程中为具体创业方案提供数据支撑和决策依据，可以说，市场调查是创业计划中信息搜集、整理和分析的最有效环节，也是创业计划的读者用来判断创业计划可行性和创业者专业性与态度的重要考核指标。

市场调查的方法主要有观察法、实验法、访问法和问卷法。

1. 观察法

观察法是社会调查和市场调查的最基本的方法。它是由调查人员根据调查的对象，利用眼睛、耳朵等感官以直接观察的方式对调查对象进行考察并搜集资料。例如，市场调查人员到受访者的销售场所去观察商品的品牌及包装情况。

2. 实验法

实验法由调查人员根据调查的要求，采用实验的方式，将调查的对象控制在特定的环境条件下，对其进行观察以获得相应的信息。控制对象可以是产品的价格、品质、包装等，在可控制的条件下观察市场现象，揭示在自然条件下不易发生的市场规律，这种方法主要用于市场销售实验和消费者使用实验。

3. 访问法

访问法可以分为结构式访问、无结构式访问和集体访问。

结构式访问是事先设计好的、有一定结构的访问问卷的访问。调查人员要按照事先设计好的调查表或访问提纲进行访问，以相同的提问方式进行访问。提问的语气和态度也要尽可能地保持一致。

无结构式访问没有统一问卷，是调查人员与被访问者自由交谈的访问。它可以根据调查的内容，进行广泛的交流。如：对商品的价格进行交谈，了解被调查者对价格的看法。

集体访问是通过集体座谈的方式听取被访问者的想法，收集信息资料。可以分为专家集体访问和消费者集体访问。

4. 问卷法

问卷法是通过设计调查问卷，让被调查者填写调查表的方式获得所调查对象的信息。在调查中将调查的资料设计成问卷后，让接受调查的对象将自己的意见或答案，填入问卷中。在一般的实地调查中，问答卷应用最广，同时该法在网络市场调查中的运用也较为普遍。问卷调查因其针对性强，操作简单，是创业者在创业初期和创业计划制定阶段，最常使用的调查方法。

创业语录

消费者并不知道自己需要什么，直到我们拿出自己的产品，他们就发现，这是我要的东西。

——史蒂夫·乔布斯（美国苹果公司联合创办人）

只有在充分了解消费者需要的基础上，发现消费者真正需要的产品，才有可能发现更多的机会，不断改进产品和营销组合，真正满足消费者的需要。

——蔡滟（《浅谈消费者的需求管理》）

第二节　创业计划书的撰写与展示

了解创业计划书的撰写方法，创业计划展示过程中需要注意的问题，以及创业计划书各构成部分的相对重要性。

一、创业计划的基本构想

在将创业计划转化为创业计划书的过程中，首先要充分研讨创业构想，将已经搜集的调研数据和已经形成的基本思路进行再次梳理，并重点考虑创业计划书撰写过程中，需要重点论证的内容。

创业构想是创业者在创业想法形成事实的过程中，对创业计划的思考、论证和分析。在创业开始前，面对这样一个复杂的系统工作，创业者需要形成一个完整的创业构想。创业构想涵盖了创业计划的方方面面，创业计划书的撰写始于完整的创业构想。一个完整的创业构想，应当包含行业定位、竞争优势、竞争者分析、目标客户以及经营策略等。

（一）行业定位

创业计划书中的行业定位是创业者确定创业方向和目标的重要环节。创业项目选择的行业是市场竞争激烈还是市场空白，是行业定位需要分析的核心问题。在成熟的行业中，市场发展已经趋于饱和，创业计划中要明确表述创业者所选择的项目如何在饱和的市场中开辟新的空间。在市场空白的行业中，创业计划则需要详细说明选择这一新兴产品或服务的理由，以及如何开辟新的空白市场。

（二）竞争优势

在大多数创业者的创业计划中，选择的项目所处的并不是完全没有被开辟的全新市场，反而是已经发展成熟的稳定市场。成功的创业者通常通过对传统市场中产品和服务的技术创新获得同行业者所不具备的竞争优势，进而取得成功；或者通过对传统市场中营销模式的改革使消费者获得更好的消费体验，使企业取得同行业者无法达到的效率进而创业成功。无论是对产品的创新还是对模式的改革，创业计划中，创业者需要重点论述的就是创业项目，当面对在传统市场已经站稳脚跟的诸多竞争对手时，通过什么方式塑造自己的核心竞争力，并说明这种核心竞争力无法在短时间内被模仿或超越。创业者对自己的创业项目和创业项目所处的市场有足够了解的情况下，通过对自身项目创新性的表述，突出自己的竞争优势。

（三）竞争者分析

在创业计划中，创业者所选择的创业项目有没有市场竞争者？市场竞争者具有什么样的特点？竞争者是否与创业者所设计的创业计划有相同或相似的目标客户？以上都是在创业构想中需要面对的问题。对竞争对手和潜在竞争对手的分析，是创业构想中相对具体的环节，同时也是准确判断竞争态势，做到知己知彼的先决条件。竞争者分析的目的是为了准确判断竞争对手的战略定位和发展方向，评价竞争对手对本企业的战略行为的反应，估计竞争对手在实现可持续竞争优势方面的能力。对竞争对手进行分析是确定企业在行业中战略地位的重要方法。

竞争者分析不仅包含对创业前的市场竞争者进行分析，更应该注重创业初期企业逐步步入正轨后的竞争者分析。由于市场环境瞬息万变，创业者将具有创新性的产品和服务纳入市场后，可能会引起所处市场的变化，这就要求企业在参与市场竞争的全过程中，不仅要了解谁是自己的顾客，而且还要弄清谁是自己的竞争对手。从表面上看，识别竞争者是一项非常简单的工作，但是，由于需求的复杂性、层次性、易变性，技术、产业的快速发展和演进，一个企业可能会被新出现的竞争对手打败,或由于新技术的出现和需求的变化而被淘汰。因此,创业者必须密切关注市场环境的变化,了解自己的市场地位及彼此的优劣势。

(四) 目标客户

针对具有较大创新性的创业项目,创业者在进行创业计划的创想时,往往需要对产品或服务进行更为细致的消费者分析。通常,属于新兴行业的创业项目,需要针对本身的产品和服务,进行全新的市场细分,也就是消费者群体的细分。对目标客户的定位需要结合创业项目的具体情况,分析消费者的文化程度、分布范围、群体数量、心理需求、时尚认知等多种内容,而不同行业的目标消费者分析,侧重点也不同。

如服装行业的目标消费者分析就需要创业者首先对顾客的基本类型进行划分,对选定的顾客群体进行分析,了解他们的生活方式、消费习惯、身份地位、生活空间等需求,然后根据分析推断顾客群体的审美观念、消费动机、品牌意识、流行敏感度等时尚需求,最后根据顾客的品牌观念、生活方式、文化品位、个性风格、价值取向、消费动机等共性特征,最终确定目标顾客群体着装需求。

(五) 经营策略

经营策略是企业处于充满竞争的市场环境中时,努力创造生存与发展空间并形成自身优势所采取的反应。创业创想中的经营策略是将创业的想法与前期信息搜集与分析的结果真正落到实处的环节,是创业活动实施的具体策略。针对一个创业方案,经营策略的作用是在创业目标确定后,找到帮助其实现的方法和途径。在创业期,经营策略包含规划合理的创业步骤、制订清晰的创业原则、确定明确的创业条件、建立良好的投资关系,以及组织高效的创业团队。

经营策略不能一成不变,必须随内部条件、外部环境的变动而调整。管理上也必须根据企业体制、不同的阶段,采取不同的管理模式。在一定的市场环境条件下,所有可能为实现经营目标而采取的行动及其行动方针、方案和竞争方式,均可称为经营策略。除了创业前期的策略外,企业进入发展期的经营策略也要在创业计划中进行充分考虑。

创业资讯站

美国常用的信息网站:

商业法,www. businesslaw,gov

国家制造协会,www. nam. org

福布斯,www. forbes. com

国际数据,www. census. gov/main/www/stat_int. html

世界银行,www. worldbank. org

国家工业市场调研,www. export. gov/cntryind. html

华尔街时报,www. wsj. com

国际数据库,www. census. gov/ipc/www/idbnew. html

商业周刊,www. businessweek. com

主要的行业信息网站:

在我国,几乎各地区的各行各业都有自己的协会及其信息发布的网站。创业者要积极利用行业网站提供的数据，以便参考。

主要的网站有：

中国行业协会商会，http://www.hangye114.net/?Action-model-name-yy-itemid-656。

其实，雇员流动，非正式交流，企业的衍生，合作创新等也是创业者获取信息的重要途径。

（资料来源：李家华，《创业基础（第2版）》）

二、创业面临的内部环境与外部环境困难

在撰写创业计划之前，要充分认识创业面临的内部环境和外部环境，了解来自内部和外部的困难，并制定针对性的解决方案，是增加创业计划可行性和创业能够平稳进行的关键。

（一）内部环境带来的困难

在企业管理中，企业内部环境是指企业内部的物质、文化环境的总和，也称企业内部条件，即组织内部的一种共享价值体系，包括企业资源、指导思想、经营理念和工作作风。对于创业者而言，将来企业的内部环境还仅仅停留在创业者思想中的未来规划，除创业团队外，企业的内部环境无法与形成规模的大企业相比。而相对简单的团队内部环境，由于时间的特殊性，对将来创业计划实施后企业内部建设的发展起到决定性的作用。充分考虑和积极应对来自企业内部环境的困难是创业者在创业计划中必须考虑的问题。

对于创业期间来自企业内部的困难，可以归纳为创业者自身层面的问题和团队组建的问题两个方面。

创业者自身的问题首先表现在创业者心里位置的调整，从一个学生或一个企业工作人员甚至一个政府工作人员，转型为一个创业者的过程，除了从事工作的差异外，更重要的是创业者内心角色的切换和作为创业团队负责人的心理建设。在创业初期，创业者要在创业工作中投入大量的时间和精力，这会将创业者在创业之前的生活节奏打乱，同时也是对创业者身体素质的考验。心理的转型和身体的准备是创业者面临的一个容易忽视却普遍存在的问题。

创业者自身的问题还表现在自身对于创业所需的知识、能力和资源准备不足。随着互联网经济的快速发展，今天的创业环境比之前的任何时期都更为开放，但同时也更为激烈。创业者在大学中所学习的知识，本身就由于时效问题和行业的实际发展存在一定差距，作为创业者，更需要对自己创业所选择的行业有充分的认识。今天，大多数创业者，特别是大学生创业者面临的问题就是自身知识、能力的不足。由于缺乏社会实践经验，和企业管理经验，不少创业者在社会关系维护、创业所需资源的调配上面临较大困难。对于创业者来说，构建一支在知识和能力上互补，在资源占有中协调共享的团队，培养并实现创业团队的互补化和终身学习的精神，是克服创业过程中，创业者自身对创业所需知识、能力和资源准备不足的有效方法。

在团队建设方面，初创期的企业往往面临资金缺乏的问题，这就导致企业难以招聘到高水平的人才，而人才短缺和企业管理者管理经验的欠缺共同导致了创业团队结构不合理和成员流失等问题。这是创业期的企业常见的管理难题，在创业计划的制订过程中，针对这个普遍问题，要充分考虑解决办法。如何积极寻求初创期企业需要的稳定人才，如何组建高效

的工作团队，如何建立适应企业发展和员工需要的奖励、评价、惩罚、学习、协调机制，是企业能否度过创业不稳定期的关键。

（二）外部环境带来的困难

企业外部环境是对企业外部的政治环境、社会环境、技术环境、经济环境等的总称。对处于创业期的企业而言，来自外部环境的困难通常是显而易见的。选择成熟市场的创业项目，往往面临来自经济环境的困难，资金、市场、消费者的问题可能在创业期集中出现，给企业带来持续不断的压力。当创业者选择一个确定的项目后，可能发现项目运行过程中的收益远远低于预期，顾客数量少，产品知名度低，这都是创业者必须经历的一个阶段。如何面对创业初期外部环境中来自市场和经济环境的压力，快速地使自己的产品和服务融入一个成熟的市场中，需要企业在创业期制定能够承受短时间内发展速度缓慢带来的经济压力的方案，同时制订适合自己创业项目的品牌宣传策略。

除创业期的市场和经济环境带来的困难外，创业期企业面临的社会政治环境也会成为威胁创业项目发展的潜在因素。一些极具创新性的项目，在获得大额融资之后，可以克服市场资源不足、品牌知名度低的困难，但却要面对来自政策的不确定性。尤其是一些对传统行业带来变革的创业项目，如互联网金融融资的创业项目、专车软件等，在快速占有市场后，面临的是由其发展导致的社会和行业问题，这些问题会促使政府出台相关政策，对企业的快速发展带来不可预料的困难。面对来自政治和社会环境的潜在困难，创业者要充分把握自己选择的创业项目在未来一段时间内，在社会政治发展趋势中可能受到的负面影响，并提前做出准备。

三、创业计划书的撰写

创业计划书的撰写是将创业计划中涉及的诸多内容文字化的过程，在现有的创业计划书格式中，投资者们要求的创业格式多种多样。如天使基金、中国青年创业国际计划（YBC）、银行的创业贷款等，都会要求创业者提供相应格式的创业计划以供投资方审查。虽然不同投资方要求创业者提供的创业计划书在格式和内容形式上有所不同，但创业计划书的核心内容都是基本相同的。撰写创业计划书的步骤、技巧和环节也都有着相对统一的标准。

（一）创业计划书的撰写步骤

一份好的创业计划书可以节省创业者相当多的时间和金钱，减轻他们在商业概念形成之前，而不是在企业创建之后的心中之痛。

——布鲁斯·R. 巴林杰

创业计划书在撰写时应当遵循目标明确、优势突出、内容详实、要素齐全、通俗易懂、结构严谨、风格统一、详略得当、篇幅适当等原则。要保证创业计划书在撰写后能够符合上述要求，就需要在撰写过程中，严格按照规范的步骤进行。

创业计划书撰写的第一个步骤是经验学习，在准备撰写创业计划书之前，需要针对自己的创业计划，寻求类似的成功企业经验，通过对创业成功团队的相关资料的学习，积累撰写创业计划书所需要的经验。

第二个步骤是创业构思，在开始创业计划书的撰写工作之前，创业者通常会产生一个相对具体的创业想法，这个想法在经过创业者的经验学习之后会变得更为具体可行。通过对创业计划中所涉及的一些想法进行初步的构思，创业者能够在思想层面形成创业计划的雏形，并为后续步骤打下基础。

第三个步骤是市场调研，在前面的课程中，市场调研在创业计划的制订和实施过程中起到的重要作用已经被多次提及。市场调查是创业构想的具体化过程，同时也是对创业计划的真正系统化审视的过程。在撰写创业计划的过程中，要想将创业计划完成得符合前文要求的标准，市场调研是必不可少的环节。

第四个步骤是方案的起草，在前三个步骤进行完之后，创业团队需要将积累的经验、创业构想的内容、市场调查搜集分析后的数据结论，进行综合分析，并拟定创业计划的大纲，由一人或多人分工完成创业计划转化为创业计划书的工作，最终形成创业计划书草案。这个过程是撰写创业计划的核心过程，其中的撰写技巧将在后面的课程中讲解。

第五个步骤是修饰，修饰包括对草稿内容的修饰和对创业计划书装订形式的修饰两个方面。在内容方面，创业计划书的初稿完成后，通常会出现语句不顺，内容重复或缺失等问题。如果是分工完成的，还容易出现同一份创业计划书不同部分的表达风格差异过大的现象。对创业计划书内容的修饰，就是要将内容的重复缺失部分进行删减、补充，对内容中表述不清的语句进行修正，将不同部分的表达风格统一。在形式修饰方面，完成后的创业计划书，需要将其中核心的内容进行压缩，形成一个一页到两页的摘要，方便投资方快速审阅。摘要往往是读者对整个创业计划进行评判的重要依据，也是最初的依据，失败的摘要往往会导致创业计划书还没有被阅读就被判失败的命运。除摘要外，创业计划书还应有一个好看得体的封面，注重内部的细节，如目录、页码、图表的编排等。

第六个步骤是检查，在创业计划书撰写、修改、装订完毕后，要对其进行详细的检查，可以从以下几个方面加以检查：

（1）创业计划书是否显示出创业者具有管理公司的经验。

（2）创业计划书是否显示了创业者有能力偿还贷款或为投资方带来收益。

（3）创业计划书是否显示出创业者已进行过完整的市场分析。

（4）创业计划书是否容易被投资者所领会。创业计划书应该备有索引和目录，以便投资者快速地查阅各个章节。还应保证目录中的信息真实并且符合逻辑顺序。

（5）创业计划书中是否有摘要，摘要是否放在了最前面，摘要相当于公司创业计划书的封面，投资者首先会看它。

（6）创业计划书是否存在文字、语法、格式等低级错误。

（7）创业计划书能否消除投资方对创业项目所提供产品或服务存在的疑虑。

创业计划书的撰写从前期到后期应按照上述六个步骤进行，无论什么格式的创业计划书都要求基础扎实、内容详尽、整体美观。

（二）创业计划书的撰写技巧

在撰写创业计划书时，要避免盲目地撰写，避免什么都想说却什么都说不清。起草计划书的过程中，要对以下问题进行重点描述，使读者对其有清晰的认识。

1. 重点阐述产品和服务具有独特性

创业项目具有的独特性可能体现在技术、品牌、成本等方面，创业者要将其充分展示在创业计划书中，同时，还要通过市场分析论述创业项目的独特性能够保持多久。

2. 充分论述商业模式和赢利模式的可行性

任何优秀的创意产品都需要合理的商业模式将其创新性转化为经济效益。在创业计划书中，创业者除了阐述产品或服务的优势外，还需要对商业模式的选择进行系统地阐述。包括如何生产商品，如何提供服务，基本的市场策略等。赢利模式则是把产品和服务转化为利润的具体方法。商业模式和赢利的模式的可行性，是决定企业能否给投资者带来回报，给创业者带来效益的环节。

3. 强调管理团队的高效

对于投资者来说，创业想法的实现依靠的是将其转化为经济效益的管理团队。有了好的想法和合理的模式，投资者关心的下一个问题就是团队的建设和管理制度是否能够保障创业项目按照预期进行。对于投资者和有创业经验的评估者而言，好的创业想法如果没有好的管理团队就无法实现其价值，而一般的创业想法在高效的管理团队的管理下，可以带来超预期的收益。

4. 提供有说服力的公司财务增长预测

对于投资者来说，创业项目的内容并不重要，重要的是创业的结果能否为投资者带来收益。而风险投资最重要的评估指标是对风险的控制与收益的预测。在创业计划书中，要对市场调研的数据进行合理地分析推断，提供给投资方具有说服力的公司财务增长预测，使其看到创业项目获得收益的可能，同时有说服力的预测也可以使投资者减少对风险的担忧。

5. 提供合理的退出机制

创业计划书是创业者获得创业资金的重要资料，在投资者看来，创业计划的长期计划中需要设定一个明确的退出机制。投资者不会长期持有创业者企业的所有权，而是希望在一定时间内获得预期收益并退出。退出机制一般可以设定为上市后，由投资方出售自己所持公司原始股权。或发展到一定规模后，创业团队通过回购股份的方式使投资方撤出资金。无论选择哪种方式，都需要将时间、步骤和可行性分析完整地展现在创业计划书中。

雅虎在创业计划书大赛中获得风险基金

家喻户晓的雅虎公司就是在创业计划书竞赛中脱颖而出，从而获得了400万美元的风险投资而起步的。如今，杨致远和他的团队创造了近70亿美元的市场价值。

雅虎创办人杨致远，在1993年与斯坦福大学一名学生大卫·费罗合创雅虎。三年后在纽约股票市场上市，每股股价由13美元飙升到33美元，个人身家高达1.32亿美元。杨致远说："人人都说美国机会多，没想到机会就降临得这么偶然。"这就是风险投资帮助他抓住这个机会的。

原来，杨致远在1995年上半年便开始与风险投资公司接触，希望公司得到更理想的发展。他明白硅谷是一个风险投资乐园，在那里平均每天就有一家公司上市。故此，当时微软，美国在线(AOL)等想收购雅虎都遭到拒绝。结果，他终于得到风险投资基金的支持，而公司也得以成功上市。

(资料来源：创业网《看雅虎创始人杨致远谈成功之道》)

(三)创业计划书的框架和格式

创业计划书的撰写需要有一个相对系统的框架，完整的框架是创业者在起草创业计划书时首先考虑的环节。创业者应当根据自己的创业项目和投资方的格式要求有侧重地进行框架构建。一般情况下，创业计划书框架包含下面所列模板的部分。

创业计划结构模板

摘要
1. 执行总结
1.1 项目背景
1.2 目标规划
1.3 市场前景
2. 市场分析
2.1 客户分析
2.2 需求分析
2.3 竞争分析
3. 公司概述
3.1 公司概况
3.2 总体战略
3.3 发展战略
3.3.1 初期战略
3.3.2 中期战略
3.3.3 长期战略
3.4 人力资源组织
3.5 财务管理制度
3.6 企业文化
3.7 服务概述
4. 组织管理体系
4.1 组织机构
4.2 部门职责
4.3 管理模式
5. 投资策略
5.1 股份募资
5.2 项目融资
6. 营销战略
6.1 营销目标
6.2 营销模式
6.3 产品流动模式
7. 财务分析
7.1 营业费用预算
7.2 销售预算

7.3 现金流量表

7.4 盈亏分析

8. 风险分析

8.1 机遇

8.2 风险及策略

退出策略

（资料来源：百度百科《创业计划书模板》）

以上所列出的创业计划书的模板，是创业者在撰写一般创业项目计划书时需要涉及的部分。但创业者在实际撰写时，可结合企业的实际情况，和创业者在创业构想阶段与信息搜集阶段的实际成果，有选择、有重点地撰写自己的创业计划书。

四、创业计划书的展示技巧

创业计划书是将创业计划、创业构想和创业前期的信息搜集与分析后的成果按照创业者和投资方的实际需求，系统地转化为书面文字的成果。创业计划在完成了前期构想和信息搜集以及创业计划书的撰写后，还需要按照合理、有效的方式将创业计划展示给投资者和合作方。好的创业计划和创业计划书，需要与之相匹配的创业计划展示方案，才能真正发挥效果。一些创业者拥有良好的创业想法，也做了大量的前期工作，但因为创业计划的展示环节没有达到预期效果，便无法获得创业初期的资金支持。关于创业计划书展示技巧的学习，我们首先要明白，适合被展示的创业计划书有哪些特点，然后再掌握展示创业计划书的技巧。

（一）什么是适合展示的创业计划书

创业计划书的展示，无论采取什么样的形式，其展示的都是创业者撰写创业计划书的内容。从创业计划书的内容来看，满足以下条件的创业计划书是适合展示的。

第一，内容详略得当、重点突出的创业计划书。创业计划书内容涵盖了创业构思和市场调研的方方面面，不少创业者为了使自己的创业计划书看起来更充实，往往将能够想到的和搜集到的资料全部加入创业计划书中，这就造成了创业计划书冗长而没有重点。在展示过程中，创业计划书不可能被人百分之百地接受，也不可能全篇一字不差地进行展示，尤其是通过 PPT、视频、讲解等方式进行的展示，因此，创业计划书需要有明确的结构逻辑、突出的重点，使创业计划环节紧凑、重点明晰。

第二，善于使用多种表达方式的创业计划书。一篇好的创业计划书，要做到简单直观，并给人留下深刻印象。创业计划书中，涉及产品或服务的设计、企业管理的模式、市场环境的分析、消费者的调查等重要环节内容时，单纯地使用文字和数字进行阐述，往往显得枯燥乏味。同时文字表达的问题在于不能将内容间的对比关系直观地展示出来，往往仅使用文字表述调查分析结果的计划书，在阅读体验上无法凸显其重要性和价值。在展示创业计划书的环节中，创业者想用有限的时间展示内容详实的创业计划，就需要在撰写创业计划书时将原本抽象的语言文字符号，转化为可视化的具象表达方式，如图表、视频动画、照片、效果图等。

第三，优秀的创业计划书摘要。创业计划书的摘要是在创业计划书完成后，用简洁的语言高度概括创业计划书的内容，并集中体现创业者创业构想核心要素的部分。在创业展示过程中，由于时间和空间受到限制，投资方往往不能全程高度集中地了解创业者的想法和计划，创业计划的摘要就成了创业展示过程中最为重要的部分。通过将摘要转化为各种形式的展示内容，如视频短片、演讲、PPT文稿，快速地使投资者认识到创业者的具体想法和创业项目的投资价值。可以说，好的摘要是创业计划书能够被更好展示的必备条件。

第四，长度适中的创业计划书。创业计划书过长或过短，都不利于创业计划书的展示。过长的创业计划书，在展示过程中，如果追求全面的展示，则会使展示时间过长，一方面不符合展示组织方的要求，另一方面，即便全部展示，也往往给人带来观看疲劳、不得重点的感受。过短的创业计划书，在展示的过程中，无法全面地阐述创业项目所需的计划内容，还会给人以创业者准备不充分、思路不清晰、工作不扎实的不良印象。

企业家提示

一份计划书是否吸引人不在于篇幅长短，但是太短的计划书也不可能把你的盈利模式阐述清楚。建议20～50页为好。

（二）创业计划书展示的基本技巧

除了满足上述基本条件外，一个适合展示给大家看的创业计划，还需要运用合理的技巧才能真正吸引人的眼球。创业计划在展示过程中，需要创业者和创业计划结合：融入适当的情感，将原本客观的创业计划生动地表达出来。

创业语录

如果你打算让你的公司利润最大化，创业计划将告诉你答案并尽可能帮助你避免为企业失败支付高昂的学费。避免创建一家注定失败的企业的成本要远远低于从经验中学习的成本。而让你了解这一切的只不过是全神贯注地花几个小时完成一份创业计划。

——约瑟夫·曼库索（美国首席执行官俱乐部主席）

首先，创业者展示创业计划时要融入自己的激情。对于创业者来说，创业的动力一方面来自于技术产品的创新，另一方面则来自于创业者对其人生价值实现的渴望。在展示创业计划时，将创业者对创业的激情融入创业计划的展示环节，尤其在演讲、回答提问的环节中，能够让投资者和合作方感受到来自创业者的自信与激情，往往能够起到事半功倍的效果。

其次，创业者要尽可能地将自己的创业产品或服务，以实物或模型的方式展示出来。眼见为实是创业者向投资方推销自己创业计划的最有效的方式。如果创业者做的是食品，则提供样品给投资方的代表品尝；如果是工具，则现场展示工具的作用。诸如此类的方式，看似是最简单的实物推销行为，但却最能集中体现创业者创业项目中产品与服务的创新性和价值。如果一些产品或服务无法拿出样品或模型来展示，就需要创业者在展示创业计划时，尽可能地用视频动画的方式对生产过程、服务模式进行演示。

最后，创业者要学会运用简短的时间阐述自己的创业计划。在创业者进行路演或寻求投资的时候，往往需要在极短的时间内给投资者留下深刻印象。如：在创业者回答投资方提问的环节中，往往只有一分钟的时间，这就需要创业者在展示创业计划时，能够用三两句话完整概括创业计划中所需回答的重点。创业者可以在创业计划展示前做好相应的准备，用三句话概括计划内容，如第一句话说明自己要做的是什么项目，第二句话说明自己需要什么样的资金支持和具体用途，第三句话要强调自己选择的创业项目在市场中的发展趋势和潜力，也就是创业项目的价值。

巩固与训练

案例1:大学生奶茶产品创业计划的摘要分析

创业计划摘要

公司名称：××奶茶店

主要产品：奶茶类饮料

业务范围：销售奶茶，果汁、咖啡等现场制作的饮料

营销策略：

(1) 促销计划和广告策略。

(2) 价格定位策略。

公司战略目标：

第一、二年：建立自己的品牌，收回初期投资，积累无形资产，第二年后开始盈利。尽管在目标市场中奶茶店很多，但是团队会通过提高公司知名度的方式，使市场占有率最大化。预计本阶段在南昌的市场占有率达到20%。

第三、四年：进一步扩展公司项目，开发新品与规范流程两手抓。使公司拥有一定品牌影响，扩大公司影响范围，为以后占领更大市场打下基础。预计本阶段的市场占有率达到40%，并开始建立省内连锁分店，向经济较好的地区扩展。

第五、六年：对公司进行进一步完善，扩大建设规模，随着公司不断壮大，打造一个拥有稳定市场和外延品牌价值的现调饮料公司。

核心竞争力分析：

我公司推出的奶茶饮品，不仅注重于产品的质量，口感，包装，我们的产品更加注重对身体的调养，真正做到健康、好喝。这是我们的优势，也是我们战胜其他品牌，战胜周围其他店面，成为“奶茶之王”的一个重要法宝。

消费者特征与习惯

1. 消费者特征

青年人是主力军，调查显示，女性喝奶茶的比例高于男性，这与女性消费者看重奶茶饮品的健康、时尚特性不无关系，因为奶茶对皮肤有滋润美白功效，其中的椰果是粗纤维食品，既可以填饱肚子，又不含脂肪，所以美容瘦身是女性喝奶茶的比例高于男性的主要原因之一。

2. 消费者需求

既然是奶茶店，就一定要保证店面的清洁与舒适。光是做到这一点还远远不够，还要把店布置得富有特色，不落俗套，所以店面装修很重要，让消费者在店门外就有种想进来逛逛的欲望。当然这只是表面的包装，奶茶的质量跟包装才是顾客最看中的，所以制作奶茶的每一道工序都会经过安检局的严格检验，绝不会出现掺假、缺斤少两的现象。

由于消费者大都是年轻情侣，所以一定要给他们营造一个舒适、安静、浪漫、优雅的氛围，尽管是一杯奶茶，也能品出幸福的味道。可以开展一些有特色的促销活动，比如：情侣买，可赠送情侣对勺；买三杯以上，获赠可爱的饰品；小店要有自己的特色，比如有卡通形象，或者制造供情侣用的Y形吸管。可以在店名上方加几个小射灯，最好是发粉色光，晚上看起来很漂亮、温馨。

（资料来源：百度文库 http://wenku.baidu.com/link?url=53UR_tkmW8yF3poth3kqUVzEWwiDQSWPemIy1zETWMdN3LeW4OYwHXee26inl81XWy1VCjaGX3x7T0PKLM5ER4oE9tIpamkTR4p4ot4wDIe）

课后训练

分析：假如你是投资者，请分析指出这一创业计划摘要的结构特点、内容中存在的问题，以及是否适合展示。

案例2：大学生创业动漫周边店铺项目财务分析

（一）财务预算

第一年由于本店铺处于启动阶段，我们的市场以×××大学的学生为主，预计平均每月营业额在9000元左右，从中抽取30%作为利润。初期装修需要（为了尽可能节约资金，以自己DIY为主）、新增柜台等基础设施的投入资金，在5000元左右；因为属于合营，所以无需招募员工，雇员资金基本不用支出（繁忙时会招临时工，工资按时间计算）；初期样品等费用估计在7000元（样品包括漫画书籍、玩偶、布偶、饰品、黏土玩偶、手绘服装等动漫周边衍生产品）；购买相关办公用品，店铺网站制作推广，办营业执照，制作会员卡等2000元。购买电脑一台3000元，店面房租20000元一年，水电费1000元一年。另外为了应对风险我们还预留一部分资金。周转资金3000元。总投入41000元。综合上述各项，第一年的收入为108000元，则利润为32400元。

店铺第一年收支情况

第一年收支表	
第一年的收入	32400元
第一年的费用	34000元
盈利	−1600元

第二年我们的市场面向整个×××，预计每月营业额在15000元左右，从中抽取40%作为利润。由于现代应随网络的发展，加大网络推广，淘宝作为亚洲最大网络零售商区，我们准备在淘宝网推广上买断“漫画”两个字，使顾客一进淘宝网，搜索关键词“漫画”二字，就可以直接浏览我们的网店，此推广价格在20000元左右。水电费1000元，另外第二年需求量增大，店铺价位与第一年的价格一样，在20000元左右。综合上述各项，这一年的营业额在180000元左右，利润为72000元，前一年负债1600元，这一年盈利70400元。

店铺第二年收支情况

第二年收支表	
第二年的收入	70400元
第二年的费用	41000元
盈利	30400元

（二）成本及盈利分析

初次经营需借助于其他生产厂商，大部分以从外部购进为主，所以成本较高而且盈利较低，不过这只是前期；经营数月之后转为以自主创新的产品为主，因此成本将会减少许多，从而开始正式盈利，如以易拉罐为原料做的原创手办，以最低的成本做出最高的效益又不缺乏个人创意及发展潜力的产品。

预计经营3个月后进入自己创作的作品销售，一年后回收成本，开始盈利。

盈利分配以按劳分配为主，多劳多得。

关于订单，若有大量需求的顾客，我们将会联系厂家，并会在规定的时间内完成规定的数量。

（三）财务统计准则

为了保持店面账目的清晰明了，资金运转的健康正常，有关资金的出纳由专人负责，每日结业小计，每周总结并公开财务，月底制作出财务月报，开会总结该月运营情况，对于不足之处商讨出对策，在下个月的运营中就能有效避免上个月出现的类似问题。

（四）财务报表

动漫周边铺第一年财务报表

项目	合计
固定资产总计	37000元
流动资金总计	3000元
存货余额总计	7000元
未分配利润总计	—
股东权益总计	41000元
应收账款余额总计	—
资产总计	41000元

（资料来源：《“挑战杯”大学生创业计划竞赛参赛作品模板》http://www.doc88.com/p-9713799728534.html）

分析：分析其经营预算和收益预期时使用表格方式在创业计划的撰写和展示过程中起到的作用。

第六章　新企业的开办

学习目标

知识目标：了解企业选址的影响因素，认识新企业获得社会认同的必要性；掌握新企业开办流程及办理事项；了解创办新企业后可能遇到的风险及其应对策略；掌握创业团队组建选择的原则；了解新企业成立的相关法律问题。

技能目标：通过本章的学习，使学生能够组建结构合理的创业团队；帮助创业者在创办企业前能够选择合适的地址；使创业者能够独立地完成新企业开办。

态度目标：严谨、敬业、协作精神；客观、认真、科学的素养。

第一节　成立新企业前的思考

学习目标

本节介绍了成立新企业应该考虑的选址影响因素，新企业获得社会认同并承担社会责任的必要性和基本方式，使创业者了解成立新企业前应该思考的一些问题。

一、新企业的选址

（一）新企业选址的重要性

从世界各地新创企业成功和失败的经验来看，选址的重要性不言而喻。据香港工业总会和香港总商会的统计，在众多开业不到两年就关门的企业中，由于选址不当所导致失败的企业数量占据了总量的50%以上。这是因为，企业竞争力的内容具有复杂性和多层次性，一家新创企业的持续竞争力必然受到该地区商业环境的强烈影响。可以想象，倘若没有高质量的交通运输基础设施，新创企业就无法高效地运用先进的物流技术；假如没有高素质的员工，新创企业就无法在质量和服务方面进行有效竞争；假如机构繁琐的官僚习气使得办事效率极差，或者当地的司法系统不能公平迅速地解决争端，新创企业就难以有效和正常地运作。另外，社会治安、企业税率、社区文化等商务环境因素也都深刻地影响着新创企业。

从深层次上看，选址对于创业成功的重要性还在于区域的竞争优势和集聚效应等。迈克尔·波特认为，各个地域中存在的“知识”(knowledge)、“关系”(relationship)及“动机”(motivation)通常具有难以被其他地域竞争对手所模仿和取代的特性。在一个经济发达的区域中，比地理位置对商务环境更具影响力的因素是，该地区的企业是否集聚在一起并形成了具有竞争力的“团簇”(或称集群)，这种团簇“构成了企业竞争中最为重要的微观经济基础”。

（二）新企业选址的影响因素

新企业选址是一个较复杂的决策过程，涉及的因素比较多。归纳起来，影响选址的因素主要有五个方面，即经济因素、技术因素、政治因素、社会因素和自然因素。

1. 经济因素

在关联企业和关联机构相对集中地区的新企业容易成功。波特在研究了全球产业竞争力的“钻石模型”后指出，某一领域内相互关联的企业和机构在选址上进行集中后可以形成所谓的团簇，这是一个地区经济竞争力强的标志。若一家企业有幸建在一个好的企业聚集区，区内的各家企业间就会产生一种既竞争又合作的关系。一方面，竞争对手之间展开激烈的竞争以求在竞争中胜出并保住市场；另一方面，在相关行业间的企业及地方机构间还存在着广泛的合作关系，一群具有竞争力的企业和一系列高效运转的机构共同实现该地区的繁荣。因此新企业在选址时应考虑将企业建在一个好的产业团簇中。具体来说，选择接近原料供应或能源动力供应充足地区的新企业具有成本优势；选择接近产品消费市场的地区具有客户优势；选择劳动力充足且费用低、劳动生产率高的地区具有人力优势；选择有利于员工生活的地区具有人才相对稳定优势。

2. 技术因素

新技术因素对高科技创业企业成功的影响是显然的，但技术本身的进步从某种意义上说是在技术市场上变化最为剧烈和最具不确定性的因素。因此，为了能够了解和把握技术变化的趋势，许多企业在创业选址时，常常考虑将企业建在技术研发中心附近，或建在新技术信息传递比较迅速、频繁的地区。例如，美国加州的硅谷在 20 世纪 50 年代以后逐渐成为美国的电子工业基地、高科技创业企业的“摇篮”。其以电子工业为基础所形成的“高科技风险企业团簇”被认为是“20 世纪产业集群的典范”。该基地成功的经验和运行方式为世界各国所模仿。

具有较强社会资本的产业团簇内的企业要比没有这种资本的孤立的竞争者更加了解市场。因为，这些企业与其他关联实体间不断发展的、建立在信任基础上的并且是面对面的客户关系能够帮助企业尽早了解进步技术、零部件及其他资源的市场供求状况，融洽的关系能够使新创企业通过不断的学习和创新及时改善产品服务和营销观念，从而进一步增强企业的存活力，当然，以技术为依托的社会资本积累过程往往是一个渐进过程。

3. 其他重要因素

(1) 政治因素。政府对市场的规制也是值得创业者重视的一个方面，创业者要评价现在已经存在的及将来有可能出现的影响到产品或服务的分销渠道、价格以及促销策略等的法律和法规问题，将企业建在政府支持该产业的地区。当投资者到国外去设厂时，更应该考虑不同国家的政治环境，如国家政策是否稳定、有无歧视政策等。

(2) 社会文化因素。由于生活态度的不同，人们对安全、健康、营养及环境关心程度也不同，这会影响创业者所生产产品的市场需求，特别当创业者准备生产的产品与健康或环境质量等有密切关系时更是如此，此时应优先考虑将企业建在其企业文化与所生产产品得到较大认同的地区。

(3) 自然因素。选址也需要考虑地质状况、水资源的可利用性、气候的变化等自然因素。有不良地质结构的地区，会对企业安全生产产生影响。水资源缺乏的地区对于用水量大的企业来说，会对正常生产产生不利影响。

上述各种因素对不同行业的企业来说考虑的侧重点不同，比如制造业的选址和服务业的选址的侧重点就不同。制造业侧重考虑生产成本因素，如原料与劳动力；而服务业侧重于考虑市场因素，比如顾客消费水平、产品与目标市场的匹配关系、市场竞争状况等。

总之，无论影响企业选址的因素有多少，无论企业给予不同因素的权重有怎样的变化，一般企业的厂址都在都市、郊区、乡间、工业区四者中进行选择。

小雷接手的火锅店

小雷投身做餐饮管理咨询公司已经快 4 年了，先后成功帮助好几家餐厅扭亏为盈，在当地有很好的口碑。前段时间，小雷接手了一家火锅店，究竟是什么原因使这家火锅店关门转让了呢？原来小雷接手的这家火锅店老板以前是某知名火锅店的技术骨干，在火锅技术和出品质量的把控方面相当不错。这次出来单干也是想通过其技术上的优势得到市场的认可。

由于没有选址方面的经验，这家火锅店的老板未对场地进行详细的调查和分析，而是简单地贪图转让费、房租低，草率地签下协议后立马进入装修、筹备，开业后因地段和管理原因，生意一直上不去，于是老板找他去帮忙打理。小雷接管后对菜品质量、菜品口味、服务质量等方面进行了提升，同时在营销策划上采取有针对性的宣传，并与店内各种促销活动相结合，慢慢地生意有了起色，甚至生意最好时全堂爆满，但好景不长，此时该店的地理劣势不断体现出来，给客源的增长带来致命打击。一是该店没有合法的停车位，二是该条街是单行道，三是该餐厅处于居民楼楼下。因是单行道，周围的车要到该店消费需绕道，而且要绕很远，很不方便，导致很大一批客人不愿进来，而好不容易通过各种手段把客人请来了，但又留不住，不是饭菜问题、服务问题、价格问题，而是没有停车的地方，当时唯一的办法就是把酒楼门口的马路和人行道作为临时停车位。

该火锅店处在居民楼下，来消费的车又经常占用人行道、公共车道，给居民出入带来非常大的不便，影响了居民的正常生活，加上火锅店的噪音、霓虹灯灯光等的影响，导致火锅店老板经常与小区居民发生纠纷，甚至有的居民一见火锅店生意火爆时就打 110 投诉。交警一来就拖顾客停靠在门口的车，这样一来客人生气了，在这里吃饭不仅扫兴，还要跑老远去交警队取车。反复这样搞几次，客人都不来了，于是老板只好选择转让。

百莲凯开美容院的选址法则

(1) 商业中心或副中心附近，同行集中地；

(2) 靠近人口密集的居民区、新兴小区、写字楼、商业大厦、广场、宾馆等；

(3) 一层、二层或独立门面较理想，带电梯的高层楼房亦可；

(4) 两街交汇处十字拐角最佳，三岔路口亦较理想；

(5) 停车场：店面位置可稍偏僻，但注意一定要具有配套的停车场。

以上要点，主要考虑的是美容院的人流量以及商圈的兴旺度，尤其最后一条，则注重细节，将到达美容院的便利程度做了强调，最大限度为美容院顾客提供便利，这是开美容院的一个要求。

除此以外，百莲凯化妆品国际美容连锁机构强调开美容院位置选择还要注意以下事项：

(1) 要把握好商业区与居民区的结合，追求相对稳定顾客群；

(2) 要把握好人流量与车流量的区分，追求较高人流量，避免高车流量造成主要目标消费群行动不便；

(3) 房屋的结构安全、水电卫生齐全，不受气候、拆迁等因素影响。

(资料来源：http://biz.ppsj.com.cn/2010-9-1/2862155858.html)

二、新企业的社会认同

新企业在发展的最初阶段往往面临如何建立包括消费者、供应商和投资者在内的利益相关者对其产品、服务或商业模式乃至组织自身的理解和认识。在漫长的经营、成长过程中，企业要想做大、做强、做久，最终成为百年名店，仅仅做到提供顾客所需要的产品和服务、遵纪守法是不够的，还要符合道德标准，主动承担社会责任，通过良好的行为表现获得社会各界的广泛认同。

(一) 社会责任与社会道德

一个企业应该承担多少社会责任，以及应该承担什么样的社会责任，近年来一直是一个热门的讨论话题。新企业能否取得成功不仅取决于创业者能否把握和实现新的创业机会，还取决于由这种新的经济活动在多大程度上符合现有或新的制度规范的要求，从而能够为利益相关者(如供应商、消费者和员工等)、一般公众和社会整体制度所认可和接受。因此，创业活动不仅受到市场环境的影响，还受到社会规范和价值体系的约束，道德就是其中之一。

在我们的生活中，肯定遇到过许多道德上的两难问题。例如，为一位没有钱的朋友复制一份价格不菲的计算机软件是道德的吗？或者，假设你是一位健身器材销售代表，只是为了得到奖金，你诱导本不需要或者无力支付的顾客购买产品是道德的吗？道德是判定决策和行为对错的惯例和原则。考虑一下对正确和错误的各种不同的解释，就能明白道德是多么复杂的一个问题。但是，创业者在对其创业企业做出决策和采取行动时，道德因素确实在起作用。创业者需要了解这些决策和行动的道德后果。研究显示，与经理人相比，企业家通常具有更严格的道德标准，而且也能更好地按自己的理念生活。

(二) 道德与道德管理

从广义上讲，道德就是以一种可接受的方式进行活动时所需遵守的原则或参考的标准。具体来说，道德就是判断好与坏、对与错的一套行为准则；另外，道德还包含道义责任。道德与法律不同，但二者之间既有区别又有联系。第一，法律要求有时会与道德标准重叠，但是并不是社会道德标准的复制。一些法律不具备道德内容(如靠右行驶)，有的法律从道德上讲是不公正的(如美国20世纪60年代的种族隔离制度)，同时，一些道德准则也不具备法律基础(如说谎)。第二，法律要求常常是消极的(禁止行为)，而道德往往是积极的(鼓励行为)。第三，法律要求通常滞后于社会道德准则。

创业者面临着特殊的道德困境，包括利益冲突、个性特点、利益相关者的社会责任、开放程度等。利益冲突主要与前面关于道德和经济平衡的问题有关，它包括企图将个人从经营决策中分离出来的紧张状态。个性特点主要与人际关系和个人问题有关。在许多情况下，个人问题或个性人格往往会引发困境。利益相关者的社会责任涵盖了管理合理化的压力，强调了行为准则的重要性。开放程度表明创业者对于价值与期望的要求更加公开。在这些困境中，创业者面临着每天都要做出经营决策的挑战。许多决策是复杂的，并且需要从道德上考虑。

在新企业发展过程中，充满着无数的冲突，创业者需要对企业战略负道德责任。在强调道德问题的时候，创业者应该分析不同的组织特点。有关研究调查了道德标准、动机、目标、法律和战略定位，并运用这些特点来定义不同类型的管理方法：不道德的管理、非道德管理和道德管理。

为了使新企业健康发展，创业者应该制订专门的原则，以便帮助他们在企业成长过程中做出正确的决策。下面是 4 条管理者的道德法则。

法则一：雇用最合适的人员。具有道德意识的员工是最好的保障。

法则二：建立标准，而不是规定。

法则三：不要孤立自己。管理者如果置身象牙塔，就可能失去市场竞争力。

法则四：要做出榜样，在任何时候都不犯道德错误。

尽管道德给创业者带来了复杂的挑战，但创业者的价值观对于建立一个道德化的组织非常关键。创业者在做出关键决策的时候都有机会展示诚实、正直和道德。创业者的行为对于所有其他员工来说都是一个榜样。

三、企业的社会责任

企业的社会责任（corporate social responsibility）又称企业的伦理责任，即企业在追求利润最大化的同时，还应当承担的更广泛的社会责任。企业的生存和发展有赖于一定的社会环境，回应社会的要求是企业理性的表现。

（一）企业承担的社会责任分为两个方面

从企业内部看，就是要保障员工的尊严和福利，从企业外部看，企业的社会责任可分为经济责任，文化责任，教育责任，环境责任等几方面。就经济责任来说，企业主要是为社会创造财富，提供物质产品，改善人民的生活水平；就文化责任和教育责任等方面来说，企业主要是为员工提供符合人权的劳动环境，教育职工在行为上符合社会公德，在生产方式上亦即生产的产品性能上要符合环境保护的要求。企业的社会责任要求企业的决策能够保证雇员、客户、环境、社区和雇主都健康发展并保持和谐。这与我国儒家提倡的“己所不欲，勿施于人”“设身处地想一想”的理念，和推崇“双赢”的原则是一致的。当前倡导企业承担社会责任之所以具有迫切性和必要性，是出于以下的原因：

（1）在市场经济下的企业与社会有着千丝万缕的联系。企业的生存与发展依赖于社会的健康发展，正是作为社会代表的国家为企业提供了诸如物资资源、人力资源、文化资源、优惠的投资条件、安全的保障等良好的社会环境，一个公正的、法制的和稳定的社会是企业生存及发展的必要条件。企业发展壮大不仅需要社会提供良好的条件，而且企业在竞争中被淘汰出局，遭到破产，也要由社会来承担它失败的后果。社会既然赋予了企业存在的权力和发展的条件，企业也就必须承担为人类生活水平不断提高而提供所需要的物资产品和精神产品的义务，承担促进社会的全面进步和人的全面发展的义务，否则，企业也就失去了存在的价值与理由。总之，企业应社会的需要而存在，社会又为其发展提供了生存空间；企业来自于社会，也必将还原于社会，企业与社会是一种共存共荣的关系，正是在这个意义上，我们说，企业本质上是社会性的组织。他在追求自身利益的同时，必须重视社会利益，承担对社会负有的责任。

(2) 企业承担社会责任,这是企业保持和发展与各种利益相关者之间的契约关系的需要。企业不仅是一个独立的法人,而且需要各种利益相关者的参与。各利益相关者为以下四类:一是劳动的提供者;二是各种资源的提供者(包括资本、土地和半制成品的提供者);三是顾客或消费者;四是社会和社会的代表——政府。这四种关系是企业存在必然具备的。企业的多种社会利益关系方包括企业雇员、消费者、投资者、供货商、企业所在的社会和社会的代表——政府等,在市场经济体制中,这些利益相关者彼此之间的关系是一种平等交易的契约关系,正是这种相互依存关系才促进了企业的经济发展和财富的增加。因此,企业必须维系这种相互依存关系,才能使企业获得生存和发展,而企业对社会履行自己的责任,正是对契约关系各方利益的最大的维护,自然会起到巩固和发展契约关系的作用。

(3) 企业承担社会责任,这是企业自身伦理道德的要求。一个企业是否强大,是否具有发展的潜力,除了企业现有的经济实力、管理水平、技术力量、员工素质等多方面的要求以外,还有企业伦理道德的要求。以伦理道德为主要内容的企业文化的形成和发展,是一个企业成熟的标志。所以企业在为股东赚取更多的利润的时候,必须遵守一定的是非准则,必须承担自己的社会责任,使企业、市场和社会获得共同繁荣和发展,使企业成为社会良心的维护者。任何组织的存在和发展,只有在它拥有为社会大多数人所接受的道德上的正当性时,才能被大众视为是正义的,才能为社会大众所认可和接受,并成长壮大。罗宾斯认为,企业社会责任"是一种工商企业追求有利于社会的长远目标,而不是法律和经济所要求的义务"。在此,罗宾斯有一个限定,就是假设企业遵守法律并追求经济利益。

(4) 企业承担社会责任,这是与国际经济接轨的需要。企业承担社会责任是一种国际性的发展趋势。目前,强调企业的社会责任已成为世界性的趋势,近些年来,《财富》和《福布斯》杂志在企业排名评比标准上都加上了"社会责任"。

(二) 企业承担社会责任不仅是必要的,而且对企业自身的发展具有重大意义

1. 主动积极地承担社会责任,可以为企业赢得良好的社会信誉

承担社会责任的企业一定是诚信的企业。他们为顾客着想,提供优质服务、优质产品,让消费者满意,从而赢得顾客对企业的信赖,在顾客中树立起良好的企业形象。企业形象是社会对企业的评价,它是由企业的经营思想、经营作风、行为方式等多种因素组成。良好的社会形象是企业生存和发展的重要条件。企业善待社会服务社会,在从事公益活动的同时也提高了自身在社会中的声望,创造了一种企业的品牌效应,对产品的推销和优秀员工的招聘产生积极促进的作用。"良好的声望有助于企业吸引顾客、投资者、潜在员工和商业伙伴。今天,许多消费者和投资者都希望从所打交道的企业中找出高水准的公司;越来越多的消费者不仅对他们所购买的产品和服务感兴趣,而且对提供这些产品和服务的企业的行为感兴趣。"毫无疑问,参与公益活动事业对民营企业自身的发展有着积极影响。

2. 主动积极地承担社会责任,可以增强企业的竞争力

经济全球化使企业之间的竞争激烈程度空前高涨,竞争的范围也逐步扩大。现代企业的竞争已不仅仅是市场份额的竞争、产品的竞争或品牌的竞争,更重要的是服务的竞争及企业形象的竞争。企业承担社会责任使企业在公众心目中建立起良好的口碑。企业竞争归根到底是人才的竞争,高质量的人力资源是获得竞争优势的可靠保证。而承担社会责任的企业主张尊重人权,保障工业健康和安全标准,施行以人为本的企业管理哲学,促使劳动提供者自我价值的实现,是和谐的商业伦理关系的具体表现。在管理实践中,企业行为遵循"人

高于一切"的价值观，员工是企业最为重要的资产，他们被信赖，并受到尊重，从而有利于发挥人的积极性和创造性，在公平的环境中发挥其最高的工作效率，提高企业的劳动生产率和整体竞争力。

3. 主动积极地承担社会责任，将促进企业的可持续发展

企业承担社会责任有利于企业创造更广阔的生存环境。如，提高企业员工的责任感、积极性和创造性，有助于企业生产活动有序进行，使决策者和经营者具有更大的灵活性和自主性，有利于获得相关企业的信任、合作与帮助，有助于得到政府的信任而获得更多的资助和优惠政策。同时企业承担社会责任也是一种长期的促销手段，一种长期吸引顾客的广告形式，从而能够长期、稳定地获得大量的客户。所有这一切，都为企业的可持续发展创造了条件。

创业资讯站

中国幅员辽阔，地理、气候条件复杂，自然灾害种类多且发生频繁，影响地区广且灾情严重。发生灾害后，公众往往反应强烈，但由于传统的救灾模式往往需要长时间、远距离、大储存空间来进行备灾、采购、仓储和运输，很多偏远地区的灾害发生后，救灾物资供应无法第一时间满足救援需求，而救灾物资中，饮用水是重中之重。

可口可乐在中国拥有强大的供应链机制，能够把产品配送到全国各地。分布在全国各地的装瓶厂和覆盖全国的物流、仓储体系是可口可乐在中国长期运营的核心优势。2013年，可口可乐正式启动了"净水 24 小时"应急救援机制，在灾难发生之后的黄金救援期间，及时通过遍布全国的可口可乐系统运营网络就近调配产品资源，与政府及壹基金等专业救援伙伴精诚合作，发挥救灾领域优势的互补性，在危难时刻为社区提供应急饮用水。

事实上，可口可乐一直在努力建设一个以社会需求为原点，基于公司业务创造企业与社会共享价值的可持续发展系统。这个系统需要既可以简洁、高效地与企业内外部机构连接，又最大程度地基于业务本身来满足社会需求，参与社会公共事业，甚至推动企业的发展和创新。在救灾体系从成型到成功的过程中，可口可乐发现了一条行之有效的可持续发展战略思路，并把其运用到实际中：从社会需求出发，基于自身业务优势，将企业价值最大程度地贡献于社会价值。而一旦将可持续发展纳入企业战略的各个链条和层面上，从社会需求出发，遵循企业与社会的共同价值观，它会为社会和企业创造更持续的价值。

（资料来源：http://www.gongyishibao.com/html/qiyeCSR/8779.html）

第二节　如何申办成立企业

学习目标

本节主要介绍了企业的组织形式及特点，企业对注册资金的要求，新企业注册的程序和步骤，使创业者可根据自身情况来选择合适的企业组织形式。

一、企业法律形式选择

我国的企业形式大体上有有限责任公司、股份有限公司、中外合资企业、中外合作企业、外商独资企业、合伙企业、个体工商户、农村承包经营户等。我们应当根据自己的经济实力及其他有关情况，决定自己创办企业的形式。

不同企业法律形态有不同的要求，包括开办和注册企业的资金、开办企业手续的难易程度、风险责任的大小、纳税额的多少、筹措资金的难易、寻找合伙人可能性的大小、企业决策的复杂程度、企业利润的多寡等等。

1. 不同企业法律形态的特点

不同企业的法律形态其特点也各不相同，我们只有详细了解其特点，才能为选择企业的法律形态做好充分的准备。

(1) 个体工商户。

个体工商户业主只需一个人或一个家庭，人数上没有过多限制，注册资本也无数量限制，开办手续比较简单。业主只需要有相应的经营资金和经营场所，到工商部门办理登记手续即可。个体工商户还可以根据自己的需要起字号。在经营上，由于全部资产属于业主所有，决策程序比较简单，不受他人制约；利润分配上，全部利润归自己或家庭，但同时对外要承担无限责任，相应的风险也比较大。

(2) 个人独资企业。

个人独资企业在业主数量与注册资金上与个体工商户相似，但设立手续比个体工商户要复杂，需要有合法的企业名称、有投资人申报的出资、有固定的生产经营场所和必要的生产经营条件及必要的从业人员。在经营决策与利润分配上与个体工商户相似，决策程序简单，利润归投资人，同时负无限责任。

(3) 合伙企业。

合伙企业需要两个或两个以上的人合伙，无资本数量限制。成立条件较为复杂，需要两个以上的合伙人订立书面合伙协议，有合伙人的实际出资、合伙企业的名称、经营场所和从事合伙经营的必要条件。合伙企业的合伙人要依照合伙协议共同经营、共享利益、共担风险，各合伙人按照协议分配利润，同时要对合伙债务负无限连带责任，这种责任可以说是最重的。

(4) 有限责任公司。

有限责任公司由 2 个以上 50 个以下的股东组成，注册资金根据从事不同的行业而有所不同。具体来说，从事科技咨询服务行业的，量低注册资金为 10 万元；从事零售行业的，最低注册资金为 30 万元；从事批发性商业及生产性行业的，最低注册资金为 50 万元；法律对其最高注册资金未做限制。同时，有限责任公司还需要股东共同制订公司的章程、建立符合要求的组织机构、有固定的经营场所和必要的生产经营条件，还应设立股东会、董事会和监事会，并由董事会聘请职业经理管理公司事务。办理开业登记的手续也较为复杂。但有限责任公司的优点是股东按出资比例分配利润，并以出资额为限承担有限责任，对创业者而言风险最低。

(5) 股份有限公司。

股份有限公司对股东的数量未做具体规定，对注册资本数量也无具体限制，利润分配方面按股东出资比例分配利润，同时，股东以出资额为限对公司承担有限责任。在经营上，企业成员入股，一般实行全员入股，建立资本金制度，职工既是参股人又是劳动者。

(6) 中外合作经营企业。

中外合作经营企业的投资人至少包括一个中方投资者和一个外方投资者。对于这类企业，法律并没有特殊的注册资本限制，但如果是有限责任公司形式的，注册资本要按照有限责任公司的规定执行，是股份有限公司的按照股份有限公司的规定执行。需要特别注意的是，申请设立中外合作经营企业，应当将中外合作者签订的合作协议、合同、章程等文件报请国务院对外经济贸易主管部门或者国务院授权的部门和地方政府审查批准后方可。中外合作经营企业按照合作合同分配利润，并以其全部资本承担债务责任。该种企业形式在经营上设董事会或者联合管理机构，依照合作企业合同或者章程规定，决定合作企业的重大问题。中外合作企业的董事长或联合管理机构主任由中国公民或外国公民担任，副董长或联合管理机构副主任由另外一方公民担任。

2. 注册资金的要求

公司类型不同，对注册资金的要求就不同，下面列举出了注册有限责任公司、股份有限责任公司、个人合伙企业、个人独资企业、全民所有制企业、集体所有制企业及个体工商户等所需资料及注册资金的要求。

(1) 有限责任公司。

依照《公司法》设立，股东以其出资额为限对公司承担责任，公司以其全部财产对公司债务承担责任的企业法人。股东(单位或个人都可以作股东)2 个以上(含 2 个)，50 个以下(含 50 个)，注册资本最低限额为 3 万，如果是一人单独出资的公司(即一人有限公司)的最低注册资本要求为 10 万元。设立登记应填写指定委托书，由被委托人办理。被委托人应是自然人股东之一或法人股东的职工。也可委托登记注册代理机构办理。

①名称核准：名称中必须有“有限公司”或“有限责任公司”字样。

②设立登记：填写企业设立登记申请书，将设立登记申请书中《投资者名录》《董事会成员、经理、监事任职情况》表的内容另打印一份，打印公司章程 2 份(章程应由全体股东签字)。

(2) 股份有限责任公司。

基本要求：

设立股份有限公司，应当有 5 人以上的发起人，其中须有过半数的发起人在中国境内有住所。国有企业改建为股份有限公司的，发起人可以少于 5 人，但应当采取募集设立方式。

股份有限公司发起人，必须按照法律规定认购其应认购的股份，并承担公司筹办事务。

股份有限公司的设立，必须经过国务院授权的部门或者省级人民政府批准。

股份有限公司的注册资本为在公司登记机关登记的实收股本总额。

股份有限公司注册资本的最低限额为人民币 500 万元。股份有限公司注册资本最低限额需高于上述所定限额的，由法律、行政法规另行规定。

(3) 个人合伙企业。

依照《合伙企业法》设立，2 人以上(含 2 人)出资，出资多少没有要求，出资人按照合伙协议，共同出资、合伙经营、共享收益、共担风险，并对合伙企业债务承担无限连带责任的营利性组织。其不具有企业法人资格。设立登记应填写指定委托书，由被委托人办理。被委托人应是合伙人之一。也可委托登记注册代理机构办理。

①名称核准：名称中不得使用“有限”“有限责任”或“公司”字样。

②设立登记：填写企业设立登记申请书，提交书面合伙协议及出资权属证明。这种经济性质的企业，其出资人之间要承担无限连带责任，多适用于律师事务所、会计师事务所等。

(4) 个人独资企业。

依照《个人独资企业法》设立，一个人出资，出资多少没有要求，出资人以其个人财产对企业债务承担无限责任的经营实体。其不具有企业法人资格。设立登记由出资人本人亲自办理或委托登记注册代理机构办理。

①名称核准：名称中不得使用“有限”“有限责任”或“公司”字样。

②设立登记：填写企业设立登记申请书。

(5) 全民所有制。

依照《企业法人登记管理条例》设立的企业法人组织。投资主体必须是全民单位——企业法人、社团法人、全额或差额拨款的事业法人(自收自支的事业法人不能直接办照)，并须经同级国有资产管理部门批准。注册资金最少 3 万元。设立登记应填写指定委托书，由被委托人办理。被委托人应是投资主办单位职工。也可委托登记注册代理机构办理。

①名称核准：名称中不得使用“有限”“有限责任”或“公司”字样。

②设立登记：填写企业设立登记申请书，提交企业章程及国有资产产权登记表。

(6) 集体所有制。

依照《企业法人登记管理条例》设立的企业法人组织。投资主体必须是集体企业法人，注册资金最少 3 万元。设立登记应填写指定委托书，由被委托人办理。被委托人应是投资主办单位职工。也可委托登记注册代理机构办理。

①名称核准：名称中不得使用“有限”“有限责任”或“公司”字样。

②设立登记：填写企业设立登记申请书，提交企业章程。

二、企业注册流程

按照现行法律法规，创业者注册新公司需要遵循一定的流程，并需要到相应的政府部门登记审批。相关审批登记项目包括：公司核名、经营项目审批、公司公章备案、验资、申领营业执照、申办组织机构代码证、办理税务登记证、银行开户、购买发票等。

1. 公司核名

注册公司第一步就是公司名称审核，即查名。创业者需要通过市工商行政管理局进行公司名称注册申请，由工商行政管理局三名工商查名科注册官进行综合审定，给予注册核准，并发放盖有市工商行政管理局名称登记专用章的“企业名称预先核准通知书”。

此过程中申办人需提供法人和股东的身份证复印件，并提供 2～10 个公司名称，写明经营范围、出资比例。公司名称要符合规范，例如：郑州(地区名)＋某某(企业名)＋贸易(行业名)＋有限公司(类型)。

2. 经营项目审批

如新创企业的经营范围中涉及特种行业许可经营项目，则需报送相关部门报审盖章。特种许可项目涉及旅馆、印铸刻字、旧货、典当、拍卖、信托寄卖等行业，需要消防、治安、环保、科学技术委员会等行政部门审批。特种行业许可证办理，根据行业情况及相应部门规定不同，分为前置审批和后置审批。

3. 公司公章备案

企业办理工商注册登记过程中，需要使用的图章由公安部门刻出。公司用章包括公章、财务章、法人章、全体股东章、公司名称章等。

4. 验资

按照《公司法》规定，投资者需按照各自的出资比例，提供相关注册资金的证明，通过审计部门进行审计并出具“验资报告”。

5. 申领营业执照

工商局对企业提交的材料进行审查，确定符合企业登记申请，经工商行政管理局核定，即发放工商企业营业执照，并公告企业成立。

相关材料包括公司章程、名称预先核准通知书、法人和全体股东的身份证、公司住所证明复印件（房产证及租赁合同）、前置审批文件或证件、生产性企业的环境评估报告等。

6. 申办组织机构代码证

公司必须申办组织机构代码证，由企业提出申请，通过审定，到当地质量监督检验检疫局审批签章。

7. 办理税务登记证

税务登记证应到当地国税局办理。办理税务登记证应提供的材料包括企业营业执照副本、组织机构代码证副本、经营场所产权证及租赁合同复印件、法人身份证、公司章程、验资报告及公章。

8. 银行开户

新创企业需设立基本账户，企业可根据自己的具体情况选择开户银行。银行开户应提供的材料包括营业执照正本、组织机构代码证正本、公司公章、法人章、财务专用章、法人身份证、税务登记证正本等。

三、大学生自主创业办理流程

大学生自主创业可采用的市场主体类型主要有个体工商户、个人独资企业、合伙企业、农民专业合作社和有限责任公司等。创办不同类型的市场主体，需要准备的材料和办理流程如下。

（一）个体工商户

1. 需准备的材料

（1）经营者签署的个体工商户注册登记申请书；

（2）委托代理人办理的，还应当提交经营者签署的委托代理人证明及委托代理人身份证明；

（3）经营者身份证明；

（4）经营场所证明；

（5）个体工商户名称预先核准通知书（设立申请前已经办理名称预先核准的须提交）；

（6）申请登记的经营范围中有法律、行政法规和国务院决定规定必须在登记前报经批准的项目，应当提交有关许可证书或者批准文件；

（7）申请登记为家庭经营的，以主持经营者作为经营者登记，由全体参加经营家庭成员在个体工商户开业登记申请书经营者签名栏中签字予以确认。提交居民户口簿或者结婚证复印件作为家庭成员亲属关系证明，同时提交其他参与经营家庭成员的身份证复印件；

（8）国家工商行政管理总局规定提交的其他文件。

2. 办理流程

（1）申请。

①申请人或者委托的代理人可以直接到经营场所所在地登记机关登记。

②登记机关委托其下属工商所办理个体工商户登记的,到经营场所所在地工商所登记。

③申请人或者其委托的代理人可以通过邮寄、传真、电子数据交换、电子邮件等方式向经营场所所在地登记机关提交申请。通过传真、电子数据交换、电子邮件等方式提交申请的,应当提供申请人或者其代理人的联络方式及通讯地址。对登记机关予以受理的申请,申请人应当自收到受理通知书之日起 5 日内,提交与传真、电子数据交换、电子邮件内容一致的申请材料原件。

(2) 受理。

①对于申请材料齐全、符合法定形式的,登记机关应当受理。

申请材料不齐全或者不符合法定形式,登记机关应当当场告知申请人需要补正的全部内容,申请人按照要求提交全部补正申请材料的,登记机关应当受理。

申请材料存在可以当场更正的错误的,登记机关应当允许申请人当场更正。

②登记机关受理登记申请,除当场予以登记的外,应当发给申请人受理通知书。

对于不符合受理条件的登记申请,登记机关不予受理,并发给申请人不予受理通知书。

申请事项依法不属于个体工商户登记范畴的,登记机关应当即时决定不予受理,并向申请人说明理由。

(3) 审查和决定。

登记机关对决定予以受理的登记申请,根据下列情况分别作出是否准予登记的决定:

①申请人提交的申请材料齐全、符合法定形式的,登记机关应当当场予以登记,并发给申请人准予登记通知书。

根据法定条件和程序,需要对申请材料的实质性内容进行核实的,登记机关应当指派两名以上工作人员进行核查,并填写申请材料核查情况报告书。登记机关应当自受理登记申请之日起 15 日内作出是否准予登记的决定。

②对于以邮寄、传真、电子数据交换、电子邮件等方式提出申请并经登记机关受理的,登记机关应当自受理登记申请之日起 15 日内作出是否准予登记的决定。

③登记机关作出准予登记决定的,应当发给申请人准予个体工商户登记通知书,并在 10 日内发给申请人营业执照。不予登记的,应当发给申请人个体工商户登记驳回通知书。

(二) 个人独资企业

1. 需准备的材料

(1) 投资人签署的个人独资企业登记(备案)申请书;

(2) 投资人身份证明;

(3) 投资人委托代理人的,应当提交投资人的委托书原件和代理人的身份证明或资格证明复印件(核对原件);

(4) 企业住所证明;

(5) 名称预先核准通知书(设立申请前已经办理名称预先核准的须提交);

(6) 从事法律、行政法规规定须报经有关部门审批的业务的,应当提交有关部门的批准文件。

(7) 国家工商行政管理总局规定提交的其他文件。

2. 办理流程

(1) 申请:由投资人或者其委托的代理人向个人独资企业所在地登记机关申请设立登

记。

(2) 受理、审查和决定:登记机关应当在收到全部文件之日起15日内,作出核准登记或者不予登记的决定。予以核准的发给营业执照;不予核准的,发给企业登记驳回通知书。

(三) 合伙企业

1. 需准备的材料

(1) 全体合伙人签署的合伙企业登记(备案)申请书;

(2) 全体合伙人的主体资格证明或者自然人的身份证明;

(3) 全体合伙人指定代表或者共同委托代理人的委托书;

(4) 全体合伙人签署的合伙协议;

(5) 全体合伙人签署的对各合伙人缴付出资的确认书;

(6) 主要经营场所证明;

(7) 名称预先核准通知书(设立申请前已经办理名称预先核准的须提交);

(8) 全体合伙人签署的委托执行事务合伙人的委托书;执行事务合伙人是法人或其他组织的,还应当提交其委派代表的委托书和身份证明复印件(核对原件);

(9) 以非货币形式出资的,提交全体合伙人签署的协商作价确认书或者经全体合伙人委托的法定评估机构出具的评估作价证明;

(10) 法律、行政法规或者国务院规定设立合伙企业须经批准的,或者从事法律、行政法规或者国务院决定规定在登记前须经批准的经营项目,须提交有关批准文件;

(11) 法律、行政法规规定设立特殊的普通合伙企业需要提交合伙人的职业资格证明的,提交相应证明;

(12) 国家工商行政管理总局规定提交的其他文件。

2. 办理流程

(1) 申请:由全体合伙人指定的代表或者共同委托的代理人向企业登记机关申请设立登记。

(2) 受理、审查和决定。

申请人提交的登记申请材料齐全、符合法定形式,企业登记机关能够当场登记的,应予当场登记,发给合伙企业营业执照。

除前款规定情形外,企业登记机关应当自受理申请之日起20日内,作出是否登记的决定。予以登记的,发给合伙企业营业执照;不予登记的,应当给予书面答复,并说明理由。

(四) 农民专业合作社

1. 需准备的材料

(1) 农民专业合作社登记(备案)申请书;

(2) 全体设立人签名、盖章的设立大会纪要;

(3) 全体设立人签名、盖章的章程;

(4) 法定代表人、理事的任职文件和身份证明;

(5) 载明成员的姓名或者名称、出资方式、出资额以及成员出资总额,并经全体出资成员签名、盖章予以确认的出资清单;

(6) 载明成员的姓名或者名称、公民身份号码或者登记证书号码和住所的成员名册,以及成员身份证明;

(7) 能够证明农民专业合作社对其住所享有使用权的住所使用证明；

(8) 全体设立人指定代表或者委托代理人的证明；

(9) 名称预先核准通知书(设立申请前已经办理名称预先核准的须提交)；

(10) 农民专业合作社的业务范围有属于法律、行政法规或者国务院规定在登记前须经批准的项目的，应当提交有关批准文件；

(11) 法律、行政法规规定的其他文件。

2. 办理流程

(1) 申请：由全体设立人指定的代表或者委托的代理人向登记机关申请设立登记。

(2) 受理、审查和决定。

申请人提交的登记申请材料齐全、符合法定形式，登记机关能够当场登记的，应予当场登记，发给营业执照。

除前款规定情形外，登记机关应当自受理申请之日起 20 日内，做出是否登记的决定。予以登记的，发给营业执照；不予登记的，应当给予书面答复，并说明理由。

(五) 有限责任公司

1. 需准备的材料

(1) 公司法定代表人签署的设立登记申请书；

(2) 全体股东指定代表或者共同委托代理人的证明；

(3) 公司章程；

(4) 股东的主体资格证明或者自然人身份证明；

(5) 载明公司董事、监事、经理的姓名、住所的文件以及有关委派、选举或者聘用的证明；

(6) 公司法定代表人任职文件和身份证明；

(7) 企业名称预先核准通知书；

(8) 公司住所证明；

(9) 国家工商行政管理总局规定要求提交的其他文件。

法律、行政法规或者国务院决定规定设立有限责任公司必须报经批准的，还应当提交批准文件。

2. 办理流程

(1) 申请：由全体股东指定的代表或者共同委托的代理人向公司登记机关申请设立登记。

(2) 受理：公司登记机关根据下列情况分别作出是否受理的决定。

①申请文件、材料齐全，符合法定形式的，或者申请人按照公司登记机关的要求提交全部补正申请文件、材料的，决定予以受理。

②申请文件、材料齐全，符合法定形式，但公司登记机关认为申请文件、材料需要核实的，决定予以受理，同时书面告知申请人需要核实的事项、理由以及时间。

③申请文件、材料存在可以当场更正的错误的，允许申请人当场予以更正，由申请人在更正处签名或者盖章，注明更正日期；经确认申请文件、材料齐全，符合法定形式的，决定予以受理。

④申请文件、材料不齐全或者不符合法定形式的，当场或者在 5 日内一次告知申请人需

要补正的全部内容；当场告知时，将申请文件、材料退回申请人；属于5日内告知的，收取申请文件、材料并出具收到申请文件、材料的凭据；逾期不告知的，自收到申请文件、材料之日起即为受理。

⑤不属于公司登记范畴或者不属于本机关登记管辖范围的事项，即时决定不予受理，并告知申请人向有关行政机关申请。

公司登记机关对通过信函、电报、电传、传真、电子数据交换和电子邮件等方式提出申请的，自收到申请文件、材料之日起5日内作出是否受理的决定。

(3) 审查和决定：公司登记机关对决定予以受理的登记申请，分别情况在规定的期限内作出是否准予登记的决定。

①对申请人到公司登记机关提出的申请予以受理的，当场作出准予登记的决定。

②对申请人通过信函方式提交的申请予以受理的，自受理之日起15日内作出准予登记的决定。

③通过电报、电传、传真、电子数据交换和电子邮件等方式提交申请的，申请人应当自收到受理通知书之日起15日内，提交与电报、电传、传真、电子数据交换和电子邮件等内容一致并符合法定形式的申请文件、材料原件；申请人到公司登记机关提交申请文件、材料原件的，当场作出准予登记的决定；申请人通过信函方式提交申请文件、材料原件的，自受理之日起15日内作出准予登记的决定。

④公司登记机关自发出受理通知书之日起60日内，未收到申请文件、材料原件，或者申请文件、材料原件与公司登记机关所受理的申请文件、材料不一致的，作出不予登记的决定。

公司登记机关需要对申请文件、材料核实的，自受理之日起15日内作出是否准予登记的决定。

(4) 发照：公司登记机关作出准予公司设立登记决定的，出具准予设立登记通知书，告知申请人自决定之日起10日内，领取营业执照。

公司登记机关作出不予登记决定的，出具登记驳回通知书，说明不予登记的理由，并告知申请人享有依法申请行政复议或者提起行政诉讼的权利。

第三节 创业团队组建与创业资金筹措

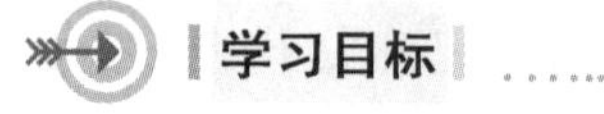

本节介绍了创业团队的组成要素、创业团队成员的选择原则以及创业资金筹措的原则。目的是使学生掌握创业团队组建和创业资金筹措的基本原则，为创业做好铺垫。

一、创业团队的组建

创业团队，就是由少数具有技能互补的创业者组成的团队，创业者为了实现共同的创业目标和一个能使他们彼此担负责任的程序，共同为达成高品质的结果而努力。共同创业有利于分散创业的失败风险；通过团队成员之间的技能互补可提高驾驭环境不确定性的能力，从而降低新创企业的经营失败风险；更为重要的是，共同创业具有更强的资源整合能力，能同时从多个融资渠道获取创业资金等资源，保证创业企业的成功。

（一）创业团队组成要素

创业团队需具备五个重要的团队组成要素，称为5P。

1. 目标(purpose)

创业团队应该有一个既定的共同目标，为团队成员导航，使成员知道要向何处去，否则这个团队就没有存在的价值。目标在创业企业的管理中以创业企业的远景、战略的形式体现。

2. 人(people)

人是构成创业团队核心的力量。三个及三个以上的人就形成一个群体，当群体有共同奋斗的目标就形成了团队。在一个创业团队中，人力资源是所有创业资源中最活跃、最重要的资源。应充分调动创业者的各种资源和能力，将人力资源进一步转化为人力资本。

目标是通过人员来实现的，所以人员的选择是创业团队中非常重要的一个部分。在一个团队中可能需要有人出主意，有人定计划，有人实施，有人协调不同的人一起去工作，还有人去监督创业团队工作的进展，评价创业团队最终的贡献，不同的人通过分工来共同完成创业团队的目标。在人员选择方面要考虑人员的能力如何，技能是否互补，人员的经验如何。

3. 创业团队的定位(place)

创业团队的定位包含两层意思：

(1) 创业团队的定位。创业团队在企业中处于什么位置，由谁选择和决定团队的成员，创业团队最终应对谁负责，创业团队采取什么方式激励下属。

(2) 个体(创业者)的定位。作为成员在创业团队中扮演什么角色，是制定计划还是具体实施或评估。是大家共同出资，委派某个人参与管理；还是大家共同出资，共同参与管理；或是共同出资，聘请第三方(职业经理人)管理。这体现在创业实体的组织形式上，是合伙企业或是公司制企业。

4. 权限(power)

创业团队当中领导人的权力大小与其团队的发展阶段和创业实体所在行业相关。一般来说，创业团队越成熟领导者所拥有的权力相应越小，在创业团队发展的初期阶段领导权相对比较集中。高科技实体多数是实行民主的管理方式。

5. 计划(plan)

计划的两层含义：(1)目标最终的实现，需要一系列具体的行动方案，可以把计划理解成达到目标的具体工作程序。(2)按计划进行可以保证创业团队的进度顺利。只有在计划的操作下创业团队才会一步一步地贴近目标，从而最终实现目标。

（二）创业团队成员的选择原则

创业语录

如果你要创业的话，一定要有优秀的团队，没有优秀的团队，光靠你一个人单枪匹马不行。

——马云

1. 寻找价值观一致的人

团队建设中，最关键的是价值观一致。价值观不一致，很容易在合作中出现问题，比如：

有的人看重长远利益,希望在几年内创造企业品牌,因此,特别注重营销团队、销售网络和客户群的建立;而有的人更看重短期利益,希望尽快收回投资,不希望在这些方面花费太多的资金;有的人是以创办上市企业为阶段性目标,从财务管理、税收各方面都十分规范;而有的人希望赶紧多赚钱,钱入口袋最好……这些都是价值观造成的差距。所以,在成立团队时,除了要注意性格等搭配之外,更要注重价值观的统一。

2. 注意团队成员的互补性

一个团队,应该有产品研发人员、财务人员、市场营销人员、管理人员及策划人员等。知识和技能上优势互补才能确保团队的优势凸显。在团队的组成中,"短板理论"是最好的例证。

短板理论又称"木桶原理""水桶效应"。该理论由美国管理学家彼得提出:盛水的木桶是由许多块木板箍成的,盛水量也是由这些木板共同决定的。若其中一块木板很短,则盛水量就被短板所限制。这块短板就成了木桶盛水量的"限制因素"(或称"短板效应")。

3. 注意核心成员的能力匹配

团队核心成员不是一般的员工,他们一般都要独立负责一块业务,如技术、财务、销售、运营等。因此,这些成员的能力要注意与其岗位尽量匹配,以免造成公司发展的瓶颈。

4. 明确核心成员的责任

在分工之后,要明确每个人的责任,只有敢于承担责任的人才是好的创业团队成员。总是推卸责任或者找各种理由解释的人,不适合做团队核心成员。

大学毕业只有一次,而千篇一律的毕业照,已无法满足现在追求个性的大学生的胃口。当你看到网络上一张张充满创意的毕业照时,却有三个小伙子为了这精彩的瞬间付出了两个多月的努力,当然也得到了巨大的回报。安庆师范学院生物技术专业的大四学生杨凯、姚其义和宋若敏,在毕业之际抓住创意毕业照这一商机,成功创业。

4 月份是学校大四毕业生集中返校论文答辩和拍摄毕业照片的时候。从这段时间开始,杨凯每天早晨都被电话叫醒——毕业班的同学纷纷向他咨询拍照事宜。召集摄影团队之后,从早上七点半开始,按照流程单上的班级逐个拍摄毕业照,摆造型、想创意,每天几乎从日出拍到日落,分类整理完拍摄服装时时钟已经快过零点,随后整个团队还要商量第二天的工作安排,凌晨才能睡觉。"就这一段时间,整个人感觉像打了鸡血一样在工作。"杨凯说道。

毕业季开始后,安庆师范学院 100 多个毕业班级中,有 73 个班级找到杨凯团队拍毕业照。他们不仅提供服装拍毕业照,承担班级毕业聚会的拍摄任务,还负责将照片制作成相册,同时还将其中一些照片制作成纪念品。"整个一条龙服务,忙完一个班级,就累得不行了。"姚其义说道,最忙的时候他们一天拍了 20 个班级的毕业照。在安庆师范学院,他们每个学生收费 120 元,短短两个月不到的时间,团队收入 30 多万元。除此之外,他们三人还接黄山学院的拍摄活,挣得 10 多万元。

"虽然那段时间异常辛苦,但这辛苦也换得我人生第一桶金。"杨凯说,"随着毕业季的逐渐离去，生意也会迎来淡季。”2015 年他给毕业十年后回到母校的思政专业校友做过服务。从中受到启发，他想到了校友服务这一新业务，把业务范围从“在校时”拓展到了“毕业时”和“毕业后”，去做校友们的回校“接待员”，给他们安排衣、食、住、行、游、购、娱一条龙服务。

（资料来源：http://www.xuexila.com/chuangye/gushi/770335.html）

二、创业资金筹措原则

每个创业者在实施创业时，常常会面临到哪里筹集创业资金的问题，而且也不太清楚适合自己的资金来源和融资组合方式。因此，熟悉各种资金来源和理解不同资金的要求和期望，显得异常重要。倘若不了解这些，创业者在寻找启动资金时会很茫然。

值得注意的是，大学生创业者要根据风险水平和企业产品生命周期的不同阶段（即婴儿期、创业期、成长期、成熟期）来选择合适的融资渠道。

多数大学生在自主创业时遇到了“缺经验，少资金”的困难。很多大学生创业者表示，创业的首个瓶颈往往是资金，而解决资金问题的渠道非常有限，特别是金融危机的情况下，无论是银行还是风险投资机构对项目投资都会非常谨慎，尤其对大学生的创业融资。

资本是企业的血脉，是企业经济活动的第一推动力和持续推动力。任何企业都是需要成本的，即使拥有再多的创业激情，没有资金的推动也没用。对初创创业者来说，快速稳妥地筹集资金，是创业成功的关键因素，但创业资金的筹措有几项原则需要遵守。

（一）资金筹措要适度

资金要与创业项目相适应，并不是说资金越多越好。任何资金都是有成本的，因此，资金要适度，避免一味追求资金多。创业不是追逐金钱的游戏，创业的本质是无中生有，以有限资源做出最大效果，运用创新与创意来创造企业的价值。创业者对金钱的态度，往往决定企业的格局与成长潜力。创业阶段的艰苦奋斗精神，正是今天许多知名企业家能够白手起家，成就大型企业的原因。

（1）最低的有效规模，这是指创业企业实现最低单位生产成本的产量水平。创业者通常需要准备好可以实现最低有效规模的资金，否则将处于竞争劣势。

（2）盈利能力。其他条件相同时，盈利能力越强，创业企业越有能力从内部满足资金需求，同时对外部融资需求也就越低。

（3）现金流。现金流水平低的创业企业需要更多的资金；反之，现金流水平高的企业只需要少量资金。创业者在筹措创业资金时，必须是以能支付公司创业第一年内所有营运开销为目标。

（4）销售增长率。销售增长率越高，要求创业企业增加的投资越多，需要的资金也就越多。

此外还有一些其他因素也会影响创业资金需求。比如，创业者对于营运资本和现金流的管理能力，良好地管理营运资本和现金流可以显著地增强创业企业的盈利能力，从而减少对资金的需求。

社区 001 的融资扩张

社区 001 成立于 2012 年 2 月，由邵元元、薛蛮子、杜国强三位投资人联合创建，是一个为本地社区提供在线购物及配送的服务网站，运营模式为用户通过平台下单，平台从超市拿货，为用户送货上门，致力解决社区内“最后一公里”配送问题。

此后，社区001接连拿下多轮融资，2013年10月获得海银资本、上海致景投资等数百万元天使轮融资；2014年4月获得上亿元A轮融资（其中五岳天下为其投资了4千万元）。2014年10月，其天使投资人之一的薛蛮子曾在微博公布，社区001获得了1亿美元的B轮融资，估值达到20亿元。创立的第一年，团队只在北京的部分区域低调经营。随着2013年底开始的一波O2O大潮，这个由互联网老兵邵元元执掌的社区电商，开始受到空前关注，同时开始了一轮快速的市场扩张。

然而，这个曾经高调的明星企业现在却在面临一场破产和讨薪风波，大量人员离职，并停止接单。在百度贴吧中，充斥着来自社区001员工的讨薪贴。社区001并未直接回复这些负面传闻，而该公司创始人邵元元的微信朋友圈自9月中旬起便停止更新。

（二）资金筹措基本原则

不少创业者在苦于没有资金的时候，往往视投资者为救命稻草，出让公司股份，甚至出让控股权。百度CEO李彦宏曾说：“不要轻易将主动权交给投资人，在创业过程中没有人会乐善好施，一定在尚不缺钱的时候借到下一步的钱。”多数创业者都是在企业面临资金困难时才想到融资，他们并不了解资本的本性。资本的本性是逐利，不是救急，更不是慈善。不论创业者的志气有多高，魄力有多大，都应该在不缺钱的时候就考虑融资策略，与投资方建立广泛联系，以备不时之需。

对有创业意向的大学生而言，最简单的资金筹措方式就是“借力”。大学生可以借助以下原则和方式。

(1) 敢于借钱。创业没有本钱，怎么借钱？有的人说：“我这个人借了别人的钱，就吃不香、睡不着，整天压在心里很难过。”一个人要创业、发展，就要敢借钱。最简单的方式就是和父母或者亲朋好友借少量的本钱作为创业启动资金，当然前提是做好详细的创业计划，切不可盲目行事。

(2) 提升信誉。俗话说：有借有还，再借不难。作为大学生来讲，信誉是无价的资本。无论进军何种行业，都一定要在自己的“信誉银行”里多“存”一些，切不可让“信誉银行”变成负值。良好的信誉，不仅可以为创业者在用户面前赢得美誉和口碑，也会降低商业运行资本，在和经销商、供应商等商业链条的关系处理中发挥巨大的效益作用。

(3) 共享利益。亲朋好友可能不一定要你的“利”，但作为创业者，要有一种感恩的心，要懂得知恩图报，不能过河拆桥。困难的时候，别人帮了你，你一定要感谢别人，给别人回报。成功的人一般都是懂得感恩的人。

(4) 循序渐进。资金的需求随着企业的规模扩大会逐渐增加，新办企业的利润一般均赶不上企业的资金需求。但任何资金都有成本，对新创业的大学生来说，不仅要筹集新办企业需要的资金，还要对企业的发展做出预期判断，提前准备发展所需要的资金。资金的准备要根据企业的发展循序渐进，合理规划，保证资金的最大利用度和最大回报率。

1号店

2010年5月，于刚在金融危机之后的资金困境中从平安融资8000万元，让出了1号店

80%股权，控制权就此旁落。平安整合1号店并不顺利，于是逐步将1号店控股权转让给了沃尔玛。经过多次于刚离职的传闻后，1号店在7月14日晚间正式确认创始人于刚和刘峻岭离职。随后，于刚和刘峻岭发布内部邮件，向1号店员工宣布，决定离开1号店去追求新的梦想。

真功夫与海底捞

真功夫的蔡达标和潘宇海各占50%公司股权，引入PE以后，是47%对47%；这种股权分布被认作一枚定时炸弹，为真功夫内部股权纠纷埋下了隐患。

海底捞早期时张勇夫妇和施永宏夫妇各持50%股权，海底捞经过十余年飞速发展后，张勇从先后离开公司管理岗位的施永宏夫妇手中购买了18%的公司股权，张勇夫妇成了海底捞68%（超过三分之二）的绝对控股股东。

第四节　注册企业必须考虑的法律与法规

学习提示……

本节提醒了学生创业时要首先学习相关的法律法规知识，特别是使学生了解了尊重知识产权相关法律的重要性。

一个社会的法律规定为其公民能做什么或不能做什么建立了一个框架。这个法律框架同样在一定程度上允许或禁止创业者所做的某些决策和采取的部分行动。显然，创建新企业会受当地法律的影响，创业者必须了解并处理好一些重要的法律和伦理问题。创业涉及的法律和伦理问题相当复杂。创业者需要认识到这些问题，以免由于早期的法律和伦理问题而给新企业带来沉重代价，甚至使其夭折。

创业者一般不会有意触犯法律，但往往高估他们所掌握的与创建和经营新企业相关的法律知识，或者缺乏伦理意识。在企业的创建阶段，创业者面临的法律问题包括：确定企业的形式，设立适当的税收记录，协调租赁和融资问题，起草合同，以及申请专利、商标或版权的保护。在每一个创建活动中，都有特定的法律和规定决定创业者能做什么和不能做什么。一名创业者必须熟悉相关法律法规。但是法律环境对创业的影响并没有到此为止。

当新企业创建起来并开始运营后，仍然有与经营相关的法律问题。例如：人力资源或劳动法规可能会影响员工的雇用、报酬以及工作评定的确定；安全法规可能会影响产品的设计和包装、工作场所和机器设备的设计和使用，环境污染的控制，以及物种的保护。尽管许多法规可能在某一企业达到一定规模时才适用，但事实是，新企业都追求发展，这意味着创业者很快就会面临这些法律问题。与创业者相关的法律主要有《合同法》《产品质量法》《劳动法》等。

此外，传统观念将物质资产如土地、房屋和设备等看作企业最重要的资产，而现在知识资产已逐渐成为企业中最具价值的资产。对于创业者来说，为了有效保护自己的知识产权，也为了避免无意中违法侵犯他人的知识产权，了解相关法律非常重要。

知识产权是人们对自己通过智力活动创造的成果所依法享有的权利。知识产权包括专利、商标、版权等，是企业的重要资产。知识产权可通过许可证经营或出售，带来许可经营收入。实际上，几乎所有的企业（包括新企业）都拥有一些对其成功起关键作用的知识、信息和创意。

1. 专利与专利法

专利是指某个政府机构根据申请颁发的文件。它被用来记述一项发明，并且创造一种法律状况，在这种情况下，专利发明通常只有经过专利权所有人的许可才可以被利用。

专利制度主要是为了解决发明创造的权利归属与发明创造的利用问题。专利法可以有效地保护专利拥有者的合法权益。创业者对其个人或企业的发明创造应及时申请专利，以寻求法律保护，使自己的利益不受侵犯，或者在受到侵犯时，有法律依据提出诉讼，要求侵害方予以赔偿。

我国于1984年3月12日颁布了《中华人民共和国专利法》，并于1992年9月4日进行了修订。2001年6月15日国务院颁布《中华人民共和国专利法实施细则》，自2001年7月1日起施行。

何某的发明专利

何某是"小型有刷发电机调压器"实用新型专利的专利权人。原告的专利提供了一种结构简单、能提高调压器的反应速度、稳压精度较高、发电机输出电压稳定、可靠性好的小型有刷发电机调压器。重庆某科技有限责任公司未经原告同意，生产并销售了包含有原告专利的全部必要技术特征的调压器。原告以被告侵害了其实用新型专利权为由诉至法院。

判决：

庭审中，法院确认涉案实物系被告生产的两种规格的发电机调压器。经过比对，认定被告生产并销售的发电机调压器的技术特征属于原告专利权要求1的保护范围。故法院判决重庆某科技有限责任公司停止侵权并赔偿何某经济损失及合理费用共5万元。

说法：

在专利侵权案件中，被告的产品或者方法虽然属于专利权的保护范围，但其可以以该技术是现有技术为由进行抗辩，从而免除侵权责任。在进行现有技术抗辩时，被告举证的现有技术应当是一个完整的技术方案。另外，法院在判断是否侵犯专利权时，是以权利要求书中所记载的全部技术特征为前提的。被诉侵权技术方案包含与权利要求书记载的全部技术特征相同或等同的技术特征的，人民法院认定侵权行为成立。

（资料来源：http://www.cqfzb.org/Details.asp?sid=18253）

2. 商标与商标法

商标，是指在商品或者服务项目上所使用的，由文字、图形、字母、数字、三维标志和颜色组合，以及上述要素的组合构成的显著标志。它用以识别不同经营者所生产、制造、加工、拣选、经销的商品或者提供的服务。商标是企业的一种无形资产，具有很高的价值：这种价值体现在独特性和所产生的经济利益上。保护和提高商标的价值，可以为企业带来巨大的收益。商标包括注册商标和未注册商标，目前我国只对人用药品和烟草制品实行强制注册，通常所讲商标均指注册商标。注册商标包括商品商标、服务商标、集体商标、证明商标。注册商标的有效期为十年，可以申请续展，每次续展注册的有效期也为十年：商标注册申请人必须是依法成立的企业、事业单位、社会团体、个体工商户、个人合伙以及符合《中华人民共和国商标法》第九条规定的外国人或者外国企业。

我国于1982年8月23日颁布了《中华人民共和国商标法》,并于1993年2月22日进行了一次修正,2001年10月27日进行了第二次修正。

米其林的商标

世界著名轮胎生产商和全球500强企业米其林集团总公司(以下简称米其林)是3个驰名商标的专用权人。2010年9月,米其林发现李某在其淘宝店“科海轮胎”网页中多处标注“米其林路航轮胎”等字样,同时在李某位于南岸区的实体店里发现相应产品目录和宣传资料使用了“森麒麟轮胎”等商标,还使用了“LANDSAIL”及等字图包装产品。

米其林还发现店内产品目录上注明生产商为青岛森麒麟轮胎有限公司及森泰达集团有限公司,两公司在其轮胎产品、宣传资料、网站及产区内均使用了上述商标和包装。米其林集团总公司认为李某及两家公司的行为侵犯了自己的商标专用权,遂起诉至法院。

判决:

李某未经米其林公司许可,在淘宝网站使用“米其林路航轮胎”等字样宣传其销售的轮胎产品,足以造成公众产生误认和混淆,侵犯了米其林集团总公司所拥有的商标专用权。青岛森麒麟轮胎有限公司及森泰达集团有限公司使用的“LANDSAIL”等字图组合使用时,与米其林集团总公司所有商标近似,对该驰名商标所承载的商誉造成损失,侵犯了米其林集团总公司的商标专用权。

分析:

本案涉及组合标识侵权行为的认定。两个标识分开使用均未侵犯商标专用权,但是当两个标识组合使用时,如果排列方式及整体结构相似,则可能使得驰名商标被淡化,进而对驰名商标所承载的商誉造成损失。

(资料来源:http://www.cqfzb.org/Details.asp? sid=18253)

3. 著作权与著作权法

著作权也称版权,是指作者对其创作的文学艺术和科学作品依法享有的权利。著作权包括发表权、署名权、修改权、保护作品完整权、复创权、发行权、出租权、展览权、表演权、放映权、广播权、信息网络传播权、摄制权、改编权、翻译权、汇编权以及应当由著作权人享有的其他权利等17项权利。对著作权的保护是对作者原始工作的保护。著作权的保护期限为作者有生之年加上去世后50年。我国实行作品自动保护原则和自愿登记原则,即作品一旦产生,作者便享有版权,登记与否都受法律保护;自愿登记后可以起证据作用。国家版权局认定中国版权保护中心为软件登记机构,其他作品的登记机构为所在省级版权局。

我国于1990年9月7日颁布了《中华人民共和国著作权法》(以下简称《著作权法》),2001年10月27日进行了修正。计算机软件属于版权保护的作品范畴。我国根据《著作权法》,制定了《计算机软件保护条例》,并于1991年6月4日发布。在该条例中计算机较件是指计算机程序及其有关文档。

韩寒的版权

韩寒为当代知名青年作家,其在百度文库中发现有多位网友将其代表作《像少年啦飞驰》(以下简称《像》书)上传至百度文库,供用户免费在线浏览和下载,其多次致函经营百度文库的北京百度网讯科技有限公司(简称百度公司)协商处理未果。韩寒认为,百度公司侵犯了其《像》书的信息网络传播权,遂向北京市海淀区人民法院提起诉讼,请求立即停止侵权、采取有效措施制止侵权,关闭百度文库中链接,赔礼道歉,赔偿经济损失 25.4 万元,并承担律师费、公证费等。百度公司强调百度文库属于信息存储空间,其中的文档由网友贡献,百度公司收到韩寒投诉后,及时删除了投诉链接和相关作品,并将投诉作品纳入文库反盗版系统正版资源库,采用技术措施预防侵权,不存在过错,不应承担侵权责任。北京市海淀区人民法院审理后认为,百度公司经营百度文库,一般不负有对网络用户上传的作品进行事先审查、监控的义务,但并不意味着百度公司对百度文库中的侵权行为可以不加任何干预和限制。考虑到涉案作品为知名作家的知名作品,韩寒曾于 2011 年 3 月作为作家代表之一,就百度文库侵权一事与百度公司协商谈判,百度公司理应知道韩寒不同意百度文库传播其作品,也应知道百度文库中存在侵犯韩寒著作权的文档,百度公司对韩寒作品负有较高的注意义务。对于负有较高注意义务的《像》书侵权文档,百度公司消极等待权利人提供正版作品或通知,未能确保其反盗版系统正常运行之功能,也未能采取其他必要措施制止该侵权文档在百度文库传播,主观上存在过错,故判决百度公司赔偿韩寒经济损失 3.98 万元及合理开支 4000 元。该判决一审生效。

分析:

本案是作家维权联盟与百度公司就文库模式发生冲突寻求司法解决的典型案件,广受各界关注。本案判决在论证信息存储空间网络服务商的过错时以"注意义务"为切入点,结合百度文库的客观现状、作者及作品的知名度、作者与百度公司就百度文库引发纠纷的协商情况等情节,审查百度公司是否采取了符合其身份、满足其预见水平和控制能力范围内的措施,并对百度公司所采取技术措施的妥当性进行了判断。

(资料来源:http://zzq.lawtime.cn/zzqalfenxi/20130531106972.html)

除了与知识产权相关的法律法规外,还有反不正当竞争法、合同法、产品质量法、劳动法等法律法规也是创业者及其新创企业所应当了解和关注的。

巩固与训练

1. 讨论如何寻找和组建创业团队。

2. 什么是企业的社会责任?谈谈你对企业承担社会责任的看法。

3. 有限责任公司的注册流程是什么?

4. A 先生与 B 有限责任公司协商后,决定设立一家合伙企业。合伙企业协议中规定:B 公司向合伙企业投资 30 万元,A 负责经营管理,但不投资,B 公司每年从合伙企业取得 60% 的收益,亏损时,责任及其他一切风险均由 A 负担。随后,双方共同向登记机关申请合伙登记,登记机关工作人员 C 在收取了 A 的贿赂后,作出登记决定,并颁发了合伙企业"营业执照"。之后,A 为了经营方便一直使用 B 有限责任公司的名义对外进行经营活动。

(1) 合伙企业设立必须具备的必要条件是什么?

(2) 本案中有哪些违法行为?应怎样处理?

第七章　创业初期的营销管理

学习目标……

知识目标：熟知与创业相关的基础营销理论和现代电子商务发展趋势。

技能目标：能够运用营销思维分析创业项目并制定发展策略。

态度目标：树立严谨、有逻辑性和计划性的创业意识。

第一节　产品和企业的生命周期

学习提示……

对于创业者来说，产品和企业的生命周期理论是必须掌握的理论。通过运用生命周期理论的知识来分析创业者的产品和所创企业所在的行业是属于哪一生命周期，从而有利于创业者对其产品和企业做出相应的营销策略和发展策略。

一、产品的生命周期

（一）产品生命周期理论

产品生命周期理论是美国哈佛大学教授雷蒙德·弗农（见图7-1）1966年在其《产品周期中的国际投资与国际贸易》一文中首次提出的。费农认为：产品生命是指市场上的营销生命，产品和人的生命一样，要经历形成、成长、成熟、衰退这样的周期。就产品而言，也就是要经历开发、引进、成长、成熟、衰退的阶段。而这个周期在不同的技术水平的国家里，发生的时间和过程是不一样的，期间存在一个较大的差距和时差，正是这一时差，表现为不同国家在技术上的差距，它反映了同一产品在不同国家市场上的竞争地位的差异，从而决定了国际贸易和国际投资的变化。

图7-1　雷蒙德·弗农教授

（二）产品生命周期概念

产品生命周期（product-life cycle），简称PLC，是产品的市场寿命，即一种新产品从开始进入市场到被市场淘汰的整个过程。典型的产品生命周期一般可以分成四个阶段，即介绍期（或引入期）、成长期、成熟期和衰退期（见图7-2）。

产品在生命周期时段的特点如下。

1. 开发阶段

本阶段产品还处于开发研究阶段，并没有形成新的产品，因此，该产品的需求为零，同

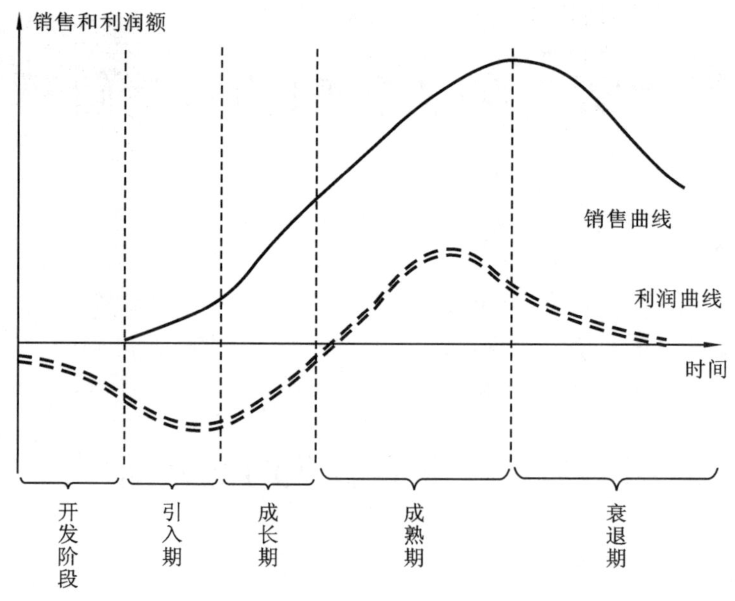

图 7-2 产品生命周期销售和利润曲线

时，企业要投入大量的研发成本。

2. 引入期

本阶段指新产品已经问世，并投入市场的阶段。此时产品的知名度较低，消费者对产品不太了解，消费者实际购买数量比较少。企业为了增加产品知名度，扩大销量，需要投入大量的宣传推广费用。在这个阶段，企业产品的销量低、生产成本高、营销费用高，企业的利润往往会达到最低点。

3. 成长期

当新产品通过宣传推广被市场所接受之后，便进入了成长期。产品进入了成长期证明了该产品经受了市场的考验，获得了在市场上生产的资格。在成长期，消费者的对于该产品的需求和产品的销量均迅速上涨，企业利润也显著增加。同时，竞争者看到有利可图，也纷纷进入市场参与竞争。

4. 成熟期

进入成长期之后，随着购买产品的人数增多，市场需求趋于饱和。此时，产品普及并日趋标准化，成本低而产量大。销售增长速度缓慢直至转而下降。由于市场竞争的加剧，导致同类产品生产企业之间不得不在产品质量、花色、规格、包装服务等方面加大投入，这在一定程度上增加了成本。因此，企业在成熟期内利润达到最高点后开始下滑。

5. 衰退期

指产品进入了淘汰阶段。随着科技的发展以及消费习惯的改变等原因，产品的销售量和利润持续下降，产品在市场上已经老化，不能适应市场需求，市场上已经有样式更新、性能更好、价格更低的替代产品，足以满足消费者的需求。此时成本较高的企业就会由于无利可图而陆续停止生产，该类产品的生命周期也就陆续结束，以至最后完全撤出市场。

二、企业的生命周期

伊查克·爱迪思(Ichak Adizes)是美国最有影响力的管理学家之一(见图 7-3)，加州大学洛杉矶分校终生教授，斯坦福大学、特拉维夫大学和位于耶路撒冷的希伯莱大学的客座教授。伊查克·爱迪思用20多年的时间研究企业如何发展、老化和衰亡。他著有《企业生命周期》一书，把企业生命周期分为十个阶段，即孕育期、婴儿期、学步期、青春期、壮年期（盛年期）、稳定期、贵族期、官僚化早期、官僚期、死亡期。爱迪思准确生动地概括了企业生命不同阶段的特征，并提出了相应的对策，指示了企业生命周期的基本规律，揭示了企业生存过程中基本发展与制约的关系。

图 7-3　伊查克·爱迪思教授

爱迪思构建了一条类似山峰轮廓的企业生命周期曲线，描述了一个企业完整的发展周期（见图7-4）。这条企业的生命曲线可以延续几十年甚至上百年，但实际上很多企业没有走完这条完美的曲线就消失了。有的仅仅几年，还在成长期就夭折了，原因是企业成长中会遇到许多的障碍和陷阱，企业没有跳过去便销声匿迹。很多企业面临的最大问题是"第二次或第三次创业"的陷阱，尤其是民营企业，这时企业已经初具规模，处在学步期或青春期，将要从创业型转为管理型进行较大的跳跃，这时遇到的问题和困难也是最多的。

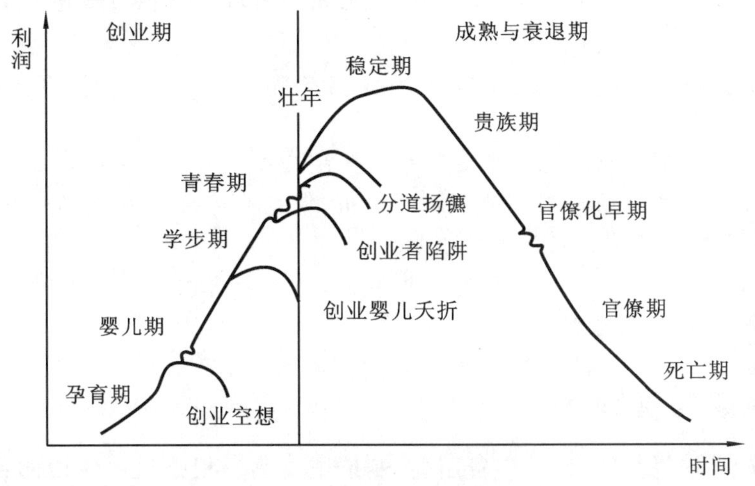

图 7-4　企业生命周期图示

还有一些规模已经发展得比较大，进入青春期的企业也遇到了成长的困惑。企业发展到一定程度，再也难以增长，似乎有一种力量制约和摆布着企业的命运，左冲右突，难以脱离这个怪圈。其原因是企业长期停滞在粗放经营和管理上，缺乏留住人才和培育人才的机制，落后的管理和组织机构制约了企业的发展。

根据爱迪思的理论，壮年期是企业生命周期曲线中最为理想的点，在这一点上企业的自控力和灵活性达到了平衡。壮年期的企业知道自己在做什么，该做什么，以及如何才能达到目的。壮年期并非生命周期的顶点，企业应该通过正确的决策和不断的创新变革，使企业业绩持续增长。但如果企业失去创新创业的劲头，就会丧失活力，停止增长，走向官僚化和衰退。

企业生命周期的理论和方法把企业看成一个机体，而不仅仅是一个组织，为企业的战略管理思考提供了新的视角。

蒙牛初创阶段“初生牛犊也怕虎”——蒙牛的比附营销策略

比附营销策略是指攀附更为知名的品牌的营销策略。2000 年 9 月蒙牛推出大型公益广告——《为蒙牛喝彩·中国乳都》,在其投放的箱体广告中写着“千里草原腾起伊利、兴发、蒙牛乳业,塞外明珠照耀宁城……我们为内蒙古喝彩”。在蒙牛的产品包装上,蒙牛直接打出“为民族工业争气,向伊利学习”的字样。蒙牛的比附营销策略有“一石三鸟”的效果:一是把强大的竞争对手放在自己之前,而且强调把行业做大,可以免遭竞争对手的攻击,为蒙牛发展壮大赢得宝贵时机;二是对于初创期的蒙牛来说,借助知名品牌的影响力可以提高自身品牌的知名度,使蒙牛品牌迅速被消费者知晓;三是体现了老庄哲学“知其雄,守其雌”的思想,确立了正确的企业定位。

(案例来源:蒙牛企业的生命周期分析,http://abc.wm23.com/huangchun/167040.html)

第二节　产品在不同生命周期的营销策略

学习提示 ……

创业者在产品不同生命周期阶段选择合适的营销策略对创业初期的企业尤为重要。作为创业者一定要认识到营销的重要性,产品、价格、促销和渠道作为非常重要的营销组合因素,共同决定了产品在市场上的生存和发展。

产品在不同生命周期呈现出不同的市场特征,创业者要依据产品在不同阶段的市场特点制定和实施相应的营销策略。

一、引入期的营销策略

在引入期产品销量少,宣传推广费用高,制造成本高。根据这一阶段的特点,创业者投入市场的产品要有针对性,找准产品的目标客户,设法把销售力量直接投向最有可能购买的客户,使市场尽快接受该产品,更快地进入成长期。

创业者在引入期的定价策略。

快速撇脂策略。以高价格、高营销费用推出新产品。实行高价策略可在销售中获取最大利润,尽快收回投资。高营销费用能够快速建立知名度,占领市场。实施这一策略须具备以下条件:产品有较大的需求潜力;目标顾客求新心理强,急于购买新产品。

缓慢撇脂策略。以高价格、低营销费用推出新产品。目的是以尽可能低的费用开支获得更多利润。实施这一策略的条件是:市场规模较小,产品已有一定的知名度,目标顾客愿意支付高价,潜在竞争对手的威胁不大。

快速渗透策略。以低价格、高营销费用推出新产品。目的在于先发制人,以最快的速度打入市场,取得尽可能大的市场占有率。然后再随着销量和产量的扩大,使单位成本降低,取得规模效益。实施这一策略的条件是:该产品市场容量大,潜在消费者对价格十分敏感,潜在竞争较为激烈，产品的单位制造成本可随生产规模和销售量的扩大迅速降低。

格兰仕微波炉打价格战确立霸主地位

纵观中国微波炉市场，其发展历程可划分为如下几个阶段：1990—1992 年为市场导入期；1993 年开始进入成长初期，增长速度非常快。1995 年以来，中国家电业开始出现微波炉合资热。跨国公司纷纷将目光瞄准中国的微波炉市场，意欲继空调、彩电之后，再次控制中国的微波炉市场。从需求方面看，20 世纪 90 年代以来，消费者处于购买力的积聚阶段。大家电日趋饱和，而购房购车又无望，消费者手中通常有一笔随时可以支出的资金。这笔资金在轻微的刺激下，有可能迅速用于消费。1996 年国家两次下调存款利率，国债投资无门，股市的大起大落，促成了一笔数额庞大的游资出现。这笔游资在一定刺激下，也可实现消费。“格兰仕”认识到，消灭竞争对手的最好的办法是在其成熟之前将它打垮，抢占市场份额成为竞争的焦点。自 1995 年以来，格兰仕不遗余力地推动有关微波炉知识的消费引导，起到了明显的作用。消费者对微波炉的了解日趋成熟、完善。扩大总需求成为格兰仕加快自身发展，加大市场发展的主要途径。要想扩大总需求，最佳方法是减少消费者的消费壁垒，即解决产品的定价问题。在上述背景下，格兰仕实行价格战是势在必行。

20 世纪九十年代初，中国市场的微波炉渗透率很低。1992 年，中国微波炉市场容量约为 20 万台，且主要集中在上海、广州和北京等大城市，其中仅上海一地就占了 70%。1993 年，中国市场微波炉平均价格超过 3000 元；而当时中国最富裕的广东省城镇居民人均收入 4277.23 元。据报道，1995 年，中国城市微波炉购买者的目标价位多集中在 1000～1600 元这一区间。

1992 年，格兰仕微波炉进入微波炉市场。1996 年 8 月，格兰仕微波炉第一次降价，平均降幅达 40%，当年实现产销 65 万台，市场占有率一举超过 35%。1997 年，格兰仕开展大幅降价和让利活动，形成了城市家庭购买微波炉的狂潮，一年之中，格兰仕微波炉由几十万台扶摇直上，产销量逼近 200 万台，占据国内半壁江山，以八成的市场占有率稳稳地坐上这一领域的王位。1996 年至 2003 年的 7 年间，格兰仕共进行了 9 次大规模降价，其降价的幅度大，每次降价最低降幅为 25%，一般都在 30%～40%。从 1992 年格兰仕进入微波炉行业至今，微波炉的价格由每台 3000 元以上降到每台 300 元左右。国内的诸多企业在这场短兵相接的厮杀中人仰马翻，而一些国际品牌也在这场被称为“世纪末的殊死之战”中溃不成军。

（案例来源：格兰仕微波炉价格分析报告，http://www.chinadmd.com/file/c6pzar6ocvvuitiee3vspt3c_1.html）

缓慢渗透策略。以低价格、低营销费用推出新产品。低价可扩大销售，低营销费用可降低营销成本，增加利润。这种策略的适用条件是：市场容量很大，市场上该产品的知名度较高，市场对价格十分敏感，存在某些潜在的竞争者，但威胁不大。

小米手机的渗透定价策略

2011 年 8 月 16 日，200 余家媒体以及 400 多名粉丝齐聚北京 798 D-PARK 艺术区，共同见证发烧友级手机——小米手机的发布。雷军极其详细地介绍了小米手机的各种参数，展示了其优点。临近发布会结束之时，他用一张极其庞大醒目的页面公布了它的价格：1999元。作为全球首款1.5G双核处理器，搭配1G内存，以及4G存储空间，最高支持32G存储卡的扩展，超强的配置，却仅售1999元，让消费者颇为震惊。小米手机的所有硬件成本加起来不低于1200元，再加上关税、增值税、专利费和运营费用，小米手机的利润非常的低。但正因为小米手机较低的定价、较高的性价比使其迅速占领中低端智能手机市场，扩大了品牌影响力。同时，低价渗透策略也一定程度上阻止更多竞争者进入该领域。2015年，小米手机的销量已达6490万部，占国内市场份额的15%，成为市场第一的小米仍然坚守着自己的渗透定价策略。

（案例来源：2012年十大营销案例，http://blog.sina.com.cn/s/blog_66df75e8010191vn.html）

二、成长期的营销策略

新产品经过市场引入期以后，消费者对该产品已经比较熟悉，消费习惯已形成，产品销量迅速增长，这时产品就进入了成长期。产品成本逐步降低，新的竞争者会加入竞争。随着竞争的加剧，新的产品特性开始出现，产品市场开始细分，分销渠道开始增加。企业为维持销量的持续成长需要保持或稍微增加营销费用。但由于销量增加，平均营销费用并没有显著增加，甚至有所下降。针对成长期的特点，企业为维持其市场增长率，延长获取最大利润的时间，可以采取以下几种策略：

（1）改善产品品质。如增加新的功能，改变产品款式，研发新的型号，开发新的用途等。对产品进行改进可以提高产品的竞争力，满足消费者更广泛及不断变化的需求。

（2）寻找并占领新的细分市场。通过市场细分和市场定位，找到新的尚未满足的细分市场或小众市场，根据消费者需求提供相应产品或服务，迅速进入新的市场，建立客户忠诚度。

（3）改变宣传的重点。把宣传的重心从介绍产品转到建立产品和企业形象上来，运用符合企业形象的公关手段逐步建立品牌知名度，让企业从“初创企业”向“知名企业”转变。

（4）适时促销。在适当的时机，可以采取形式多样的促销策略，以激发那些对价格敏感的消费者产生购买动机和采取购买行为。

不被看好的三星 Galaxy Note 手机大获成功

2011年，当三星刚刚推出5.3英寸智能手机Galaxy Note时，这款被视为“迷你平板电脑”的产品引起了科技行业人士的嘲笑。这是一款手机，还是一款平板电脑？这会是一个笑话吗？

美国科技博客Boy Genius Report将Galaxy Note称作“我所用过的最没用的手机”。该博客评价称：“拿着这款手机时你就像是傻子，人们都在嘲笑你。如果购买这款手机，那么你不会开心。”而另一家科技博客Gizmodo则直言，Galaxy Note“不仅设计差劲，甚至不是一款为人类设计的手机”。很多科技行业的记者也持同样看法。对于Galaxy Note甚至给出了讽刺的评论：“三星希望这款手机能吸引一些小伙子的羡慕，三星或许认为，当你从口袋里拿出像 Galaxy Note 这样的大家伙时，其他人会觉得你就是上帝。”

然而，真正闹笑话的却是自以为是的科技行业记者们。与预测完全不同，2012 年三星售出了 1000 万部 Galaxy Note，使其成为有史以来最成功的智能手机之一。2013 年秋季，三星发布了屏幕更大的升级版 Galaxy Note Ⅱ。这款手机很快就卖出了 500 万部，正在向年销量 2000 万部的目标迈进。Galaxy Note 的成功吸引了模仿者，而平板手机也成为最热门的一类智能手机。

（案例来源：三星是怎么成功的，http://m. mydrivers. com/newsview. aspx? id=252345&cid=1）

三、成熟期的营销策略

进入成熟期以后，产品的销售量增长缓慢，逐步达到最高峰，产品的销售利润也从最高点开始下降；此时，市场竞争已经非常激烈，各种品牌、各种款式的同类产品不断出现。在成熟期阶段，企业要进行产品调整来满足消费者的不同喜好和需要，以吸引有不同需求的顾客。另外，企业还需要增加营销费用和促销力度，在竞争激烈的情况下稳固产品的市场份额。

四、衰退期的营销策略

在衰退期阶段，市场对产品的需求急剧下降，消费者对于该产品的需求已被其他产品替代，企业从产品中获得的利润很低甚至为零，大量的竞争者退出市场。面对处于衰退期的产品，企业需要进行认真的研究分析消费者需求变化，及时转型，尽早止损。

第三节　创业初期的营销理念

学习提示 ……

创业者需要理性分析自己的创业方案和计划，通过准确地把握目标客户的需求，用高品质的产品和服务满足客户的需求，并且在技术和信息不断更新变化的大环境下，整合营销资源，运用营销手段，达到超越客户的期望，使客户忠诚的目的。

一、理性分析创业想法和营销方案

在很多失败的创业案例中，我们看到很多创业项目和营销方案是跟风的，或者是创业者一时兴起做出的决定，由此而制订的营销方案，是不可能达到所期望的市场效果的。

真正的营销方案应该源自于对于市场分析、产品分析、竞争对手分析和目标人群的综合认知基础上而制订的营销策略。对于市场全面的了解和洞察力是基于客观而准确的各项数据分析，客观的数据分析才能告诉企业当前的市场位置和将要达到的市场目标。

二、寻找企业和产品的最大优势

通过市场调研和分析，有了对市场和竞争对手的全面掌握，有了对行业及政策的宏观理解，对于创业团队来说，下一个问题则是找到企业或者产品的核心优势，并将这一核心优势通过营销手段放大，达到被广泛认知的程度。

在大量企业同质化的营销竞争环境里，企业既耗费了大量的资源进行营销，又没有收到期望中的市场效果。营销应该从消费者需求出发，企业和产品最大的优势应该来自于对于消费者需求的发现和满足。对于同质化竞争而言，一定要避免一味地站在企业的角度来分析市场和消费者，那样是难以找到企业和产品的优势。如果企业真正站在消费者角度来看，会更准确地找到企业或产品的优势。

三、把握目标客户的需求

作为创业初期的创业者必须搞清楚顾客真正的需求是什么。消费者的购买行为产生，必定是产品在某些方面满足了消费者的需求，使之产生值得的心理感受。不同行业或不同产品，消费者的需求是不一致的，购买的敏感点也是不同的。

长城汽车“哈弗 H6”SUV 的成功

2015 年 11 月 12 日，第一百万辆哈弗 H6 正式下线，这是中国汽车品牌第一个产量过百万的 SUV 车型，标志着国产 SUV 从此迈入了一个新时代。哈弗 H6 是一款极具性价比的 SUV，率先填补了国产城市型 SUV 市场的空白，上市至今持续热销，已成为全球最热销的 SUV 之一。哈弗 H6 成功有两方面重要原因。一是在于哈弗 H6 产品特性与消费者需求高度匹配，中国消费者对 SUV 车型的需求逐年增加。SUV 用户购车有五大重视因素，比重依次为安全性、外观造型、价格、品牌知名度、品牌口碑。哈弗 H6 在用户重视因素上的表现比其他品牌的产品领先，品牌溢价远超同类自主品牌。二是哈弗 H6 的成功还在于长城汽车长期专注于 SUV 的企业形象，是聚焦战略的成功。长城汽车在国内 SUV 市场爆发之前就已经耕耘数载，专注 SUV 彰显了长城汽车的专业水平，以及超越竞争对手的战略眼光，造就了今天哈弗 H6 的成功。

（案例来源：新华网，“中国品牌再出发哈弗 H6 第一百万辆车型下线”，http://news.xinhuanet.com/auto/2015-11/12/c_128421458.htm）

四、使产品或服务超越顾客的期望

虽然可以通过系统地调查和分析发现消费者的需求，但事实上，大部分消费者无法准确地描述自己的需要。正如福特汽车创始人亨利·福特曾经说过的那样“如果你问人们想要什么，他们会告诉你想要一辆更快的马车。”这便要求企业不仅要真正地洞察消费者的需求，还要找到需求的关键因素，从而超出消费者的期望。对于企业而言，找准消费者真正的需求之后，寻求企业产品的变革，去改造企业的服务体系，让目标客户获取更多价值，则是提升企业竞争力并突破同质化市场的根本。

迪士尼乐园——用心制造快乐

作为世界最大的传媒和娱乐巨头之一，迪士尼是一个魅力无穷的商业品牌。迪士尼在全球十大国际品牌排名第5，品牌价值超过600亿美元，它的形象涉及影视、旅游、网络、服装、玩具等众多领域。迪士尼大家庭已拥有六个世界顶级的家庭度假目的地：加州迪士尼乐园度假区，奥兰多华特迪士尼世界度假区，东京迪士尼度假区，巴黎迪士尼乐园度假区，香港迪士尼乐园度假区，上海迪士尼度假区。

迪士尼乐园创造出独特、丰富的体验项目，用心去描绘、激发每个人心里潜藏的梦想。在迪斯尼乐园，每一位员工都被称为"演员"，米老鼠、唐老鸭就是表演的道具，员工的任务就是利用这些道具"制造欢乐"，而管理阶层的任务就是"分配角色"。新员工到迪斯尼乐园上班的第一天，并不会被告知"你的工作是保持这条大道的清洁"，而是"你的工作就是创造欢乐"。迪斯尼乐园利用服务创造出了独特价值："制造梦想，激发快乐。"

（案例来源：从迪士尼乐园看主题公园的运营管理，http://mt.sohu.com/20150212/n408952114.shtml）

五、完善销售服务体系，让顾客有更好的消费体验

完善销售服务体系，提供更为人性化和个性化的购买体验，同样是营销成败的关键。现在消费者面前的产品选择更多，消费者也变得更为理性和挑剔，消费者在购买期间的体验和感受不再独立于产品，而是产品竞争力的一部分。人性化和个性化的营销体验不仅对企业的创新提出了更高的要求，更重要的是企业对消费者需求的深层发掘和深刻理解。

第四节　企业发展需要的经营理念

学习提示……

创立企业简单，企业的生存和发展才是最难的。创业者需要充分地了解能使企业长久经营发展的重要理念。

一、经营核心理念与核心价值

企业经营理念是指在特定的社会经济条件下，通过社会实践所形成的企业全体成员所恪守的企业使命、企业愿景、经营思想、行动准则等，是为了推动企业正常运营及可持续发展而构建的价值体系，是判读经营状况所要依据的准则，是企业员工融为一体的共识意念。对外，经营理念是一面旗帜，是企业特质的核心；对内，经营理念是一种纽带，是企业员工的信仰。

任何企业试图谋求成功，都必须遵循市场竞争的规律、经营环境和市场环境的变化趋势。竞争是经营理念不断变革的基础，因此，经营理念的不断创新是以经营环境和市场环境为导向的，是企业实现经营目标的思想灵魂。如果不及时转变经营观念，有效调整经营策略，就不可能在更大范围内和更大程度上参与经济全球化变革，就无法实现企业的高速发展。因此企业经营理念是企业的立业之本，是企业形象塑造的核心部分。企业经营理念的创新，对于提高企业核心竞争力具有极为重要的意义。

在日益开放和日趋激烈的市场竞争中，有的企业如昙花一现，悄然逝去；有的却硬如磐石，坚不可摧。出现这种现象的原因很多，但最关键的还是企业有没有核心竞争力。核心竞

争力是蕴涵于企业内质中的，支撑企业的竞争优势，是企业在竞争环境中能长时间内保持主动的核心能力。

核心竞争力(core competencies)是指企业获取、配置人力资源、核心技术、声誉，形成并能保护竞争优势的能力。它反映了企业以知识、技术为基础的综合能力，还应包括研究与开发能力，特别是自身不断创新的能力。企业的核心竞争力应该满足“他无我有，他有我强”的特点。企业只有有了核心竞争力，才能更好地发展。所以，核心竞争力在企业中的地位是非常重要的。

戴尔公司差异化创造核心竞争力

美国戴尔(Dell)公司是美国的一家著名计算机生产销售公司，是技术产品和服务的多元化提供商。戴尔公司不仅设计、生产、销售个人电脑、笔记本电脑及网络服务器，还销售外围设备和软件，并提供服务和支持程序。公司已经在全球30多个国家设立了销售办事处，产品和服务遍及170多个国家和地区，全球共有47,800名雇员。1998年《商业周刊》评选“IT百强”戴尔公司名列第一，它不仅战胜了IBM、康柏、惠普等巨型企业，就连号称软件之王的微软公司也屈居其后。戴尔公司经营着全球规模最大的互联网商务网站。戴尔公司创建后即实施差异化战略，真正按照顾客的要求来设计和制造产品，采用直销渠道，并在尽可能短的时间内，以低廉的价格，将产品直接送到客户手上，形成了震撼全球商界的“戴尔模式”，构建了强大的企业核心竞争力，公司迅速崛起成为“IT新霸主”。

(案例来源：戴尔差异化战略，http://www. wenku1. com/view/7BDEAA96AB6EC3B6. html)

二、完善改进与持续创新

持续改进(continuous improvement，CI)在日本被称为Kaizen，Kai意思是变化，Zen意思是好，因此，Kaizen就是连续地向更好的方向改进、永远没有停止。持续改进可以理解为一系列引起不断的创新潮流的操作和过程，从而促使整个组织走向卓越。也可以理解为一系列竞争能力，使组织自我学习、改革和更新。

管理学家彼特·德鲁克曾经说过：“不创新，就死亡。”微软创始人比尔·盖茨也曾说：“微软永远离破产只有18个月。”在市场竞争异常激烈的今天，可持续在市场中立足的唯一优势源自于超过竞争对手的创新能力。创新，说易行难，持续创新更是难上加难。长江后浪推前浪，正确的创新未必使前浪死在沙滩上；但是如果创新的方向、方式和方法不对，那么后浪还没到沙滩就已经销声匿迹。

从绝对意义上说，没有一种创新优于或劣于另一种创新，一切都取决于如何理解自身所处的市场环境，哪一类型的创新最有可能使企业获得持续差异化的竞争力。具体的创新思路有四种：一是颠覆性创新，或基于颠覆性技术，或基于颠覆性商业模式，对应产品生命周期中的“初级市场”阶段；二是应用性创新，主要通过新颖的方式对产品进行重新组合，以更好地满足客户的喜好和需求，对应产品生命周期中“逐步为市场接受”阶段；三是产品创新，创造真正的“明星级”的突破性产品，对应产品生命周期中“市场普遍认可”阶段；四是平台创新，以一个简化的平台来代替原有的复杂的平台，以产品普及换取平台盈利，对应产品生命周期中“市场较为成熟”阶段。

在企业的发展阶段，企业需要注意的核心是“亲近客户和卓越运营”。在亲近客户方面，企业需做到：一是进行产品线延伸创新，通过改变产品线结构，从已有产品中创造出有特色的子品类；二是优化式创新，不断优化产品的组成部分，为客户提供更优质的产品或服务；三是营销创新，注重顾客购买过程，通过营销手段创造声誉差距；四是体验式创新，在客户亲近的过程中提升产品和服务的体验，突显企业产品和服务的差异化程度。同样，在卓越运营方面企业需要做到：价值工程创新，不改变产品的功能和属性，通过价值工程创新降低材料和制造成本；流程创新，取消没有价值或高成本的流程，关注边际利润的提高；还有价值转移创新，重新定位商业模式，从原有的市场价值链单一商品化元素转向利润高的相关配套领域。

谷歌公司创新的九大原则

谷歌(Google)早期的成功源于其创办人——当时还是学生的拉里·佩奇(Larry Page)和谢尔盖·布林(Sergey Brin)非凡的想象力。如今，谷歌已然发展成为拥有2万多名员工、市值高达200亿美元的全球搜索引擎霸主，其成功的秘诀还在于其持续创新的企业文化。

1. 创新无所不在(INNOVATION COMES FROM ANYWHERE)

自上向下也好，自下向上也罢，创新可以来自于任何地方，甚至是你最想不到的地方。比方说，一位给谷歌员工看病的医生指出谷歌有责任帮助那些搜索“如何自杀”的人。这番话令谷歌调整了搜索结果显示，使得屏幕顶端显示出美国预防自杀热线的电话号码。此后不久，拨打热线的数量就增加了9个百分点。后来，又在许多国家进行了相应调整。

2. 聚焦用户(FOCUS ON THE USER)

钱的事情以后再担心，首先要聚焦用户，其他的东西自然水到渠成。当用户输入几个字母时就展示搜索建议，谷歌通过这样的预测性分析改进搜索速度。该即时搜索功能为每位用户的每次搜索都节省了若干毫秒。谷歌的销售人员担心此举会缩短客户浏览广告的时间，但公司仍继续并相信此举值得冒险。

最终结果如何？感谢即时搜索，谷歌测算该功能推出1年之后节省下来的时间相当于返还人类5000年。“打造出色的用户体验，收入会照顾好自己的”。此外，会有更多的客户被新产品带来的好处所吸引。

3. 以好十倍为目标(AIM TO BE TEN TIMES BETTER)

如果你只想着改进10%，那你只会看到增量式的变化。如果你希望激进的、革命性的创新，那就想想10倍的改进，这会迫使你跳出固有的思维模式。比方说2004年，谷歌开始Google Book项目，提出要将全球信息组织起来并对历史上所有印刷过的书本进行数字化，这是一个巨大挑战。

谷歌联合创始人开发了自己的书籍扫描仪。刚开始时还要人跟着扫描仪的节奏来翻页，可现在谷歌已经扫描了当初计划扫描的1.3亿本书中的3000万，全球几十家图书馆都在参与该项目。

4. 靠技术洞见放手一搏(BET ON TECHNICAL INSIGHTS)

每一个组织都有自己独特的洞察力，如果放手一搏，就能引发重大创新。想出无人驾驶汽车的是谷歌的工程师而非汽车业，因为他们没有对因为人为错误而导致的数百万交通死亡熟视无睹。Google Maps、Google Earth、街景汽车，开发无人汽车的一切组件均已准备就绪。加上与斯坦福大学的人工智能团队的协作，谷歌工程师已经生产出试验用的无人车，可以在太浩湖和湾区之间自由穿梭，让盲人可以独立地开车外出购物或办事。

5. 交付、迭代(SHIP AND ITERATE)

不要等到一切皆完美，要早交付，多交付。让用户帮助产品"升级"。2008年Chrome发布时，每6周谷歌就会推出一个改进版。"现在Chrome用这种办法已经在许多国家攀上了浏览器NO.1的位置"，你的产品也许并不完美，但请相信，用户会把完美还给你的。

6. 给员工20%的自由时间(GIVE EMPLOYEES 20 PERCENT TIME)

赋予员工20%的工作时间来从事自己热爱的项目，哪怕该项目并不在公司的核心任务或使命范围，他们会用自己的创意思考来愉悦你。在谷歌，工程师和项目经理每周有一天的自由时间去折腾自己喜欢的创意。这些创意里面有很多最后都转化成了产品或产品改进。一个很好的例子是一位计划去西班牙旅游的工程师发现自己无法获得入驻旅店的近景，因为所在街道太窄，街景车进不去。后来他改装了街景摄像机，装上特制的谷歌三轮车，用来到汽车进不去或不让汽车进入的旅游景点拍摄。

7. 默认开放流程(DEFAULT TO OPEN PROCESSES)

把流程向所有用户开放，集思广益，靠用户集体的力量去获取奇思妙想。谷歌创建安卓平台时知道，自己无法将地球上最好的开发者都招致麾下。因此，它"默认开放"，鼓励谷歌以外的开发者为使用安卓设备的10亿用户开发app，生态体系就是这样形成的。在营销上，谷歌也向用户请教如何推销其语音搜索app，有的孩子还发来一些聪明的视频，其水平之高足以与大广告公司的方案匹敌。

8. 好好地失败(FAIL WELL)

失败不应该背负污名。如果你不怎么失败，说明你的尝试还不够。在谷歌，只要产品无法发挥出最大潜力就会被"扫地出门"，但公司会从中择取最好的功能。实际上，失败是一种荣耀，失败是通往创新和成功之母。你可以自豪地失败。

9. 要有使命感(HAVE A MISSION THAT MATTERS)

这是最重要的原则，谷歌的每个人都有强烈的使命感和目标感。他们相信自己的工作能积极地影响千百万人，每个人都应该有自己的故事。

(资讯来源：谷歌九大创新原则，http://www.wtoutiao.com/p/1a81cau.html)

第五节　电子商务对企业经营的影响

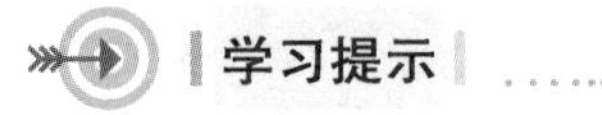

电子商务的兴起对企业经营和企业营销都产生了巨大的影响。创业者需要正确认识电子商务对于创业项目的助推作用，了解电子商务改变了传统经营和营销方式，能够借助电商平台和手段增强创业项目的竞争力。

一、迅速兴起的电子商务

传统的市场营销都是从自身产品的角度去考虑如何建立一支优秀的营销队伍，零售业也是由百货商店、大型超市、品牌连锁店和不计其数的实体店所组成的。企业的营销观念都集中在如何实现营销上。每一个企业在进行市场营销管理时，都必须根据商品的特征和质量建立起必要的配套服务措施，确定产品价格，决定分销渠道，选择广告和推广模式，建立分级销售团队。

但是，随着互联网的渗透，繁忙的消费者们也在改变着他们的生活方式，为了节省时间，很多消费者通过邮购、电话购物、网络购物来实现他们的购买行为。今天的消费者，已经可以在互联网上自由地寻找他们需要的商品，由于厂商的信息量集中，他们还可以进行竞价比较来选择最适合他们的产品。消费者可以用电话和网络进行股票和银行的业务交易，甚至可以通过网络订购，让厂商送货上门。

全球经济一体化深入发展的今天，电子商务凭借其不受地域和时间限制、运行成本低、效率高、交易快捷方便等特点，越来越受到企业和消费者的青睐。电子商务企业在日渐激烈的市场竞争中占据优势，通过分析并及时响应顾客的需求，影响顾客购买行为，维系与顾客的关系，进而培养顾客忠诚度。

二、电子商务的优势

对企业而言，电子商务能给企业带来巨大的商机，节约成本，增加收入，提升知名度，使企业平等参与市场竞争。

1. 电子商务减少了产品销售的中间环节，改变了市场的结构

传统的产品销售环节通常要经过厂商—批发商—零售商—顾客，电子商务的出现则省略了产品销售的中间环节，加强厂商与顾客的沟通交流，厂商能够根据顾客需求提供个性化定制服务，同时节省经营管理成本。

2. 电子商务扩展了企业的销售，提供了巨大的潜在顾客群

电子商务克服了时空的限制，通过网站和应用程序最大限度地向外介绍自己的产品和服务，营销的群体来自世界各地，为打开客源市场，吸引潜在客户，保障产品销售搭建了重要的平台。

3. 电子商务大大节省了企业的营销费用，提高了企业的营销效率

与传统的电视广告、广播、报刊、杂志、宣传单等营销方式相比，电子商务是通过网站宣传、网络交易、提供自助预定服务等方式营销，无需店铺租金成本，受众面广，价格低廉，营销效率高，商业机会大。

2008 年奥运会可口可乐在线火炬传递

2008 年被称为“中国奥运年”，在中国举办的奥运会成为全体中国人共同关注的重大事件。当时，每一个中国人都怀着对奥运会深深的憧憬、浓厚的兴趣，自然而然地成为奥运会的粉丝。可口可乐借助奥运会这个热门话题，开展了在线火炬传递的营销活动。可口可乐选取了有超过 2 亿用户的 QQ 聊天软件作为传播平台，只要是 QQ 好友都可以进行在线奥运火炬的传递，通过好友传好友的方式参与活动、点亮火炬图标。仅仅几个月时间，就有超过 6 千万的用户参与了该项活动。根据调研显示，该活动在受访者中的知名度达到 97%，参与度达到 78%。可口可乐利用网络新媒体进一步提高了知名度，创造了好口碑，用网络平台的互动拉近了品牌与消费者的距离,这次活动成为2008年最成功的网络营销案例之一。

(案例来源:可口可乐在线火炬传递活动的营销2.0解读,https://www.aliyun.com/zixun/content/4_19_497017.html)

4. 电子商务有利于塑造企业形象,提升企业的知名度

企业利用网络手段和平台来经营更有利于提升企业的知名度,电子商务为中小企业跻身国际市场创造了一个自由平等的竞争环境和更为广阔的合作空间。企业通过网络营销,将企业的优质产品和服务介绍给消费者,形成良好的口碑,积累知名度。同时打破了国际市场的准入壁垒,使得中小企业都能够共享国际、国内两个市场,并根据企业情况实现战略联合,共同推进网络营销,增强竞争力。

加多宝对不起系列广告——利用网络大打悲情牌

2012年,加多宝在与广州王老吉药业股份有限公司(以下简称"广药集团")的商标争夺战中输掉了官司,广药集团收回鸿道(集团)有限公司的红色罐装及红色瓶装王老吉凉茶的生产经营权,从那以后两家企业的战争便越演越烈。2013年2月4日,加多宝在微博上发布了一组兼具视觉力与传播力的"对不起"系列图片(见图7-5),这组图片选取了四个哭泣的宝宝,并配以一句话文案诉说自己的弱势,图片表面悲情,实则如利剑一般,剑剑刺在竞争对手的痛处,给予对手致命的打击。

加多宝的悲情牌一经打出,立刻博取大量网民的同情,其官方微博上的四张图片获得了超过4万的转发量,加多宝也一举将输掉官司的负面新闻扭转为成功的公关营销事件。广药集团在这次事件中则像是哑巴吃黄连——有口难言,被加多宝打得一败涂地。

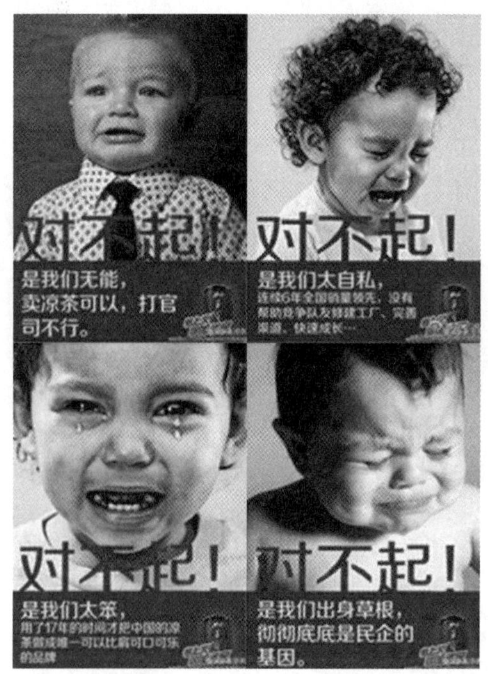

图7-5 加多宝"对不起"系列广告

从加多宝对抗广药集团的策略来看，通过网络平台发布广告是因其成本低、受众多、影响大。大打“悲情牌”的目的就是在宣传中通过不断强化对比自己与广药的地位差别（民企与国企）来博得民众对民企的同情。

（案例来源：自媒体的十个社会化营销案例，http://3y.uu456.com/bp_4ddvm1nwxa3gzjv6v8ki_1.html）

对消费者而言，电子商务的应用使人们对商品的选择范围扩大，能够根据自身的需求定制产品，交易便捷，足不出户就可以买到物美价廉的产品。

1. 电子商务为消费者提供大量产品信息

电子商务突破时空限制为消费者提供大量的产品信息，方便顾客收集、比较、购买。淘宝网、当当网、携程网等电子商务网站为消费者提供各类产品信息，通过品种、价格等因素的筛选，消费者可以从中购买自己满意的产品，并通过网上银行付款。

2. 电子商务为消费者提供按需定制产品

消费者可以根据自身的需求定制产品，最大限度地满足自身的需要。现在一些企业的网站能够根据消费者的需求为消费者量身打造产品。如戴尔电脑公司的网站，客户可自主选择电脑配置，公司根据客户的网络订单定制产品。

3. 电子商务为消费者提供从购买到配送的全程服务

电子商务可以实现购买、付款、配送的全程服务，消费者足不出户就可以买到物美价廉的产品。消费者在电脑前挑选自己需要的产品，点击购买，通过网上银行支付，商家就会送货上门，节约了消费者的精力和购物时间。同时，由于网络营销的成本大大降低，商家会给出优惠或折扣。

电商创业的几个误区

电子商务领域是近年创业的集中区域，操作过程中存在多个误区。1号店董事长于刚总结了电商创业四大误区，希望帮助创业者们少走弯路。

1. 误区一：只要有流量，就会有销售

不少人误认为有流量就会带来销售。不错，电商有句名言称“流量为王”，流量是电商的基础，但千万不要忽视流量质量的重要性。销售额＝流量×转换率×客单价，流量只是其中的一个因素。转换率为顾客到网站上来到最后下单完成购买的比例，客单价是顾客从该网站一次购物的平均消费。低质量的流量转换率低，且即使顾客下单也只是领取赠品或只购买大折扣的商品，对利润和价值的贡献为零甚至是负的，这种流量应该果断的过滤掉，不要让其占用服务器、物流和客服资源。1号店曾和一些游戏和视频网站合作，但效果都不理想，因为这些网站的用户目的性很强，就是玩游戏和观看视频，没兴趣做其他事情。

在获取有质量的流量在这一点上，1号店的做法是将各个不同渠道的流量细化管理，制订不同的流量策略和转换率目标值，详细分析各渠道的流量特征并用不同的营销方法来应对，例如：门户、游戏、视频网站大多用来品牌宣传；返利类的网站联盟来的流量则用促销信息促成购买，并对网盟的量加以一定的控制以降低对其的依赖，搜索引擎或导航网站的流量则用精准的搜索内容、关联推荐、丰富的品类促使其转换；社交网站用热门话题和相关联的商品利用口碑营销来传播。

2. 误区二:好的线下零售商线上也一定能做好

不少人认为,线上线下都是零售,只是渠道不同,只要商品好,在哪里都好卖。这里轻视了这两者的巨大差别。线下和线上的零售各有各的优劣势,若不能扬长避短则可能一事无成。线下零售具有实体商品体验性,商品立即可得性,通过场景刺激临时冲动性购买,店员近距离服务等特征。线上零售具有无店面虚拟购物,拥有大量顾客信息精准营销,口碑营销传播的速度和广度不受地域、时间和货架空间的限制等特征。

这里以营销举例。线下零售多数靠海报和平面广告推广,利用店铺场所的环境及声、光、味等效果刺激购买,也有通过销售人员与顾客面对面交流来推介商品。而线上零售通过SEO/SEM、EDM、网盟、门户网站广告、SNS合作来获取流量;同时拥有大量的顾客搜索、收藏、购买、关联商品的数据和信息,可进行精准营销。并用 landing page、链接、用户评论、打分系统等方式为顾客提供知识性、经验性、权威性的推荐。我们曾经尝试过发放目录和海报的方法来推广,发现效果奇差。首先由于需要先让顾客上网,多一个环节导致顾客流失和转换率低,再则顾客多数仅通过电话购买海报和目录上展示的数百个商品,不上网去浏览商品,导致价值贡献低,加上海报和目录上商品的库存和价格不能进行实时调整,导致其更新速度慢而无法适应电商的动态运营。

3. 误区三:抓好某一个关键点顾客体验就好了

不少电商创业者问我是做了哪件事把顾客体验做好的?一般人都认为,把和顾客有直接接触的配送和售后客服做好就把顾客体验做好了,这是一个很大的误区,顾客体验是一个综合考量指标,涉及商品的丰富程度、销售价格,送货的及时性,售后服务的情况,系统和用户界面的简单、方便、易用等。顾客体验的改善是一个从一点一滴做起的长期的过程,没有一蹴而就的方法。

首先,1号店从上线的第一周就开始每天有客服经理发出一个日报(daily report),内容是顾客通过各个渠道(电话、邮件、论坛、网上调研等)给我们的反馈,这份日报将这些反馈意见系统化地归纳分类,指定责任人和解决时间。每周我们都要把这个问题清单给清掉。这种繁琐的事情做几天几周不难,可一年365天每天坚持却是不容易的。

其次,1号店将每个部门的KPI都和顾客体验关联起来,例如:我们产品部和顾客体验相关的KPI有商品丰富度、缺货率、动销率等;配送部有送货及时率、配送成功率、错货少货破损率等;客服部有一次问题解决率、24小时问题解决率、顾客满意度等。通过这些KPI,我们让每一个岗位员工都明确他们的工作是如何影响到顾客体验的。

最后,1号店把第三方机构每周通过问卷调查所得到的顾客满意度指标和企业所有员工的奖金、薪资和提升挂钩,让顾客体验的改善成为每个员工必须关注的点。每周1号店用Pareto分析将影响顾客体验的主要问题找出来,并逐一解决。通过这一系列举动,1号店才将顾客体验持续提升。

4. 误区四:只要规模做大了成本自然就降下去了

电商是一个规模游戏。由于电商早期需要在人才、IT技术及硬件和物流设施上有可观的投入,需要一定的规模才能摊薄这些成本。从而容易形成一个误区,认为有了规模,成本就会自然降下去。不错,有了规模就有了谈判的砝码,增加的量可以帮助降低采购、物流及营销成本。但容易忽略的是对商务模式的可扩性(scalability)的重视。当一个商务模式不可扩时,规模越大,成本越高或者成本的降低远远达不到预期。例如,有网友提议在小区里通过物业和保安建提货点,管提货点的兼职人员也可以做小区推广和区内送货。这种模式完全不可扩，它增加了一个中间层和其相应的时间和成本，如何招聘和管理这么多小区的兼职人员将是一场噩梦。

（资讯来源：创见网，1号店于刚：电商创业中的几大误区，http://tech2ipo.com/56756）

三、电子商务对市场营销模式的影响

（一）电子商务对市场及交易方式的影响

电子商务将会大大淡化市场作为商品交换场所的原始概念和功能。市场在商品交换过程中所起到的场所作用仍然是最为重要的，建店选址和商圈研究仍是影响商业企业生存和发展的重要因素。然而，电子商务的出现和发展将改变人们千百年来对市场的理解和认识，网络营销方式无疑会淡化有形市场在商品交换中的作用和地位，取而代之的是更加广泛、频繁、多样化和及时性的商品网络交换关系。

（二）电子商务对消费者购买行为方式的影响

一是借助于网络，有助于消费者在短时间内查询、检索到其需要的各种相关信息。这既能使消费者的购买决策更加迅速、果断和理性，同时也可减轻因收集这些信息而产生的不便和劳累。

二是消费者在购买选择上有更大的灵活性。网络购物方式的出现和普及，将使消费者可以一年365天、一天24小时无限制地即时浏览全世界任何一个你想去的"商店"或"购物中心"，并在成百上千家商店内的成千上万个商品中直截了当地选择、购买所需要的商品。

三是在付款方式上，由于电子支付是实施电子商务的重要条件，它使生产企业、商品流通企业和消费者个人之间能够随时随地使用电子方式支付货款，完成电子交易。

（三）电子商务对企业营销方式的影响

市场营销观念与方式的变革和改进是随着生产力发展而同步进行的，信息技术的发展也必将导致市场营销观念和营销方式上的革命。

首先，以现代计算机信息技术为主的电子商务将使企业面对的市场发生巨大变化。从狭小、传统、有形的小市场逐步走向广阔、现代和无形的大市场是一种客观必然，电子商务的开放性和全球性特点将为企业创造更多的商业机会。

其次，电子商务具有方便、低成本进入市场的特性。为此，大小企业均可能以相近的成本、相同的渠道和相近的推广方式进入目标市场，中小企业与大企业进行抗衡将成为可能。市场中同业竞争者数量激增、竞争势态愈发激烈将是不可避免的趋势。

最后，电子商务给企业市场营销策略组合带来新的内涵和方法。科技的进步、市场环境的变化、交易方式的改变以及新的信息传播媒体的出现和发展势必对企业市场营销策略组合产生重大的影响。

从产品策略方面看，市场全球化和信息社会化以及激烈的市场竞争态势，将导致各类产品市场寿命周期的普遍缩短，产品更新换代速度加快，企业在产品开发速度和开发水平方面将面临更大的压力和考验。在价格方面，电子商务为企业低成本进入市场和营运，为低价格营销奠定了基础和提供了保证。同时，随着电子商品目录、网络广告、网上交易谈判等商品电子展示方式和沟通方式的采用，将大大增加企业产品价格的透明度，并有利于实现价格策略的一致性和变更的及时性。在销售渠道方面，由于网络销售方式的引入和广泛运用，加之网络销售所具有的特殊性，网络销售这种全新的产品分销渠道会被许多企业所采用。同时，比起传统渠道网络销售渠道结构具有明显的宽口径、少环节的优点，它将成为未来企业销售渠道的一种重要补充，甚至可能成为一些企业的主流渠道。电子商务对企业营销策略的影响主要表现在对企业促销策略的影响。由于现代计算机信息网络的介入，在网络媒体面前，传统的广告、推广活动将逐步失去原有的风采，取而代之的将是成本低廉、影响广泛和目标准确的网络广告。网络广告是继报纸广告、广播广告和电视广告之后的第四大广告媒体，有着巨大的发展潜力。

大数据下的精准营销

很多人有这样的体验。有一天在一个 B2C 商城选剃须刀，发现没有合适的。第二天上其他网站的时候，看到了很多这类产品的推荐广告，或者又收到了同类产品促销的邮件，又忍不住去点击浏览，并且购买。

这项反复跟踪推荐的技术，就是营销公司开发的所谓“到访定位”技术，针对目标用户进行再次营销，其精准的效果要大大好于其他定向技术。而这背后则是数据分析在起作用，将数据运用于营销正改变着传统传播方式和消费者洞察方式。

2013 年是大数据爆发年，作为以数据和技术为驱动力的互联网营销，大数据将为其带来巨大的应用价值，也会在广告营销层面上帮助企业做得更好。

无论是百度、腾讯还是淘宝、新浪，每个平台上都有海量的数据，即便是一个单一的媒体平台，其数据也反映着网民的各种行为，例如百度的平台上呈现的是网民的各种与搜索有关的行为，而淘宝上则显示着网民的购买行为，新浪的平台上则可以看到网民的阅读行为。

从商业本质上说，营销的过程就是满足需求、提供价值、完成交易实现利润的过程，互联网的迅速发展，改变了消费者的消费模式和行为习惯，也飞速改变着传统的商业模式。

在“大数据”时代之前，企业多从哪些平台提取数据、提取哪些营销数据呢？一般是 CRM 或 BI 系统中的顾客信息、市场促销、广告活动、展览等结构化数据以及企业官网的一些数据。但这些数据信息只能达到企业正常营销管理需求数据的 15%，并不足以得出重要结论和发现规律。

而其他 85% 的数据，诸如社交媒体数据、邮件数据、地理位置、音视频等这类不断增加的信息数据和包括数据量更大、以传感器为主的物联网信息，以及风起云涌的移动 4G 互联网信息等，这些就是大数据所指的非结构性或者叫作多元结构性所需的数据。几年前这些数据几乎不会被运用，而今大数据能进一步提高算法和机器分析的作用，这类数据在竞争激烈的市场日显宝贵、作用突出，并能被大数据技术所充分挖掘、运用。

目前，虽然大数据营销展示了非凡的前景和巨大作用，不过，大数据营销仍面临不少问题与挑战。首先面临的是技术难题，毕竟大数据技术尚处于活跃前期，各方面技术并不扎实，各项工具需要进一步完善。但实际情况是，真正启动大数据营销，面临的不仅仅是技术和工具问题，更重要的是要转变经营思维和组织架构，来真正地挖掘这座数据的金矿。

（资讯来源：大数据时代：看淘宝大数据的精准营销，http://www.raincent.com/content-10-1150-1.html）

巩固与训练

新加坡航空——创新造就品牌成功

新加坡航空一直是全球盈利能力最强的航空公司之一，以流行趋势引导者及行业挑战者的形象享誉业内。一说到亚洲的强势品牌，人们都会想到新航，“新加坡空姐”的形象也会浮现在脑海。

这很大程度上归功于新航董事会及高层领导所推行的品牌管理工作，他们对品牌战略始终执着倡导的奉献精神也是与其他亚洲品牌最大的不同之处。新航的品牌战略对公司的早期发展助益良多，战略的成功实施造就了健康的品牌资产，使其成为亚洲市场一个经典的品牌案例。

新航(SIA)前身是马来西亚政府与新加坡政府设立的合资公司——马来亚航空公司，始建于1947年，主要在东南亚地区运营。1965年，两国政府同意分别设立各自的航空公司。新航于1972年正式成立。

当时新航面临着其他航空公司从未碰到过的境况：由于没有国内航线，新航注定与国际航空公司展开竞争，争取国际航线、取得各机场的进入许可、飞机起降权及争取新的客源；新航从一开始就面临严峻的竞争形势，而正是这种艰难的开端造就了新航内部尤其是董事会面对竞争的进取精神及致力于品牌建设的决心。

从那时开始，新航就坚持发扬这种精神，而这种精神也使得新航在以下几方面的发展中成效卓著。

1. 打造品牌

新航从一开始就决定实施全面品牌导向的差异化战略。创新、高新科技、高品质和出色的客户服务成为品牌最主要的驱动力。

新航在发展过程中始终坚持自身的品牌特性。率先引进了许多飞行体验服务及娱乐创新，并且努力做到行业最佳。新航是第一家推出热餐、免费酒类及非酒类饮料、拥有独特香味的热毛巾、个人娱乐系统以及根据顾客需求提供影视服务的航空公司。新航一直将创新作为其品牌的重要组成部分。创新、舒适的客舱氛围及一流的飞乘体验是新航成功的关键因素。

从技术层面来看，新航在所有航空公司中始终保持最新的机型，并且严格执行替换陈旧机型的制度。新航通常都是第一批使用最新机型的航空公司，如大型喷气式客机波音747和波音777，而且成为第一家在2006年使用空客A380的航空公司。20世纪70年代末，新航与英航进行合作，在新加坡至伦敦的航线上使用协和式飞机，并在这种飞机的机身一侧涂上新航的品牌标志，另一侧则涂上英航的品牌标志。

这种做法背后的策略是显而易见的：使用最新的机型提高了成本、控制效率，而且新航还充分利用这些事件来开展营销活动。新航认为每一次创新的有效期都是较短的。一旦其他的航空公司采用了同样的策略，它就不再是“创新”。因此，新航坚持在研发、创新和技术方面进行大量投入，这些都是新航差异化品牌战略的一部分。

2. 新加坡空姐

新航的空中乘务员，即人们常说的新加坡空姐闻名遐迩。1972年公司成立时，新航就聘请了法国高级时装设计师为空中小姐设计了一款独特的马来沙笼可芭雅服装(注：马来沙笼可芭雅服装是南洋特色的本土服装)作为空姐制服，这款服装后来也成为新航最著名的公司标志，也是新航品牌体验中一次独特的视觉体验。

"新加坡空姐"策略是个非常聪明的想法，近乎神话光环围绕着的她已经成为新航一个非常成功的品牌象征。"新加坡空姐"代表亚洲价值观和盛情，她是亲切的、热情的、温和的及优雅的。它是新航服务承诺及优异质量的完美的人性化表现。"新加坡空姐"的形象非常成功，以至于成为第一个陈列在伦敦的杜莎夫人蜡像馆的商业人物。

为确保新航的品牌体验能够得到充分及持续的贯彻，新加坡航空公司对其机组及空乘人员进行全面和严格的培训。另外，新航招聘新员工的甄选程序极其严格，而这又进一步强化了"新加坡空姐"这个品牌象征及围绕着她的神秘光环。

3. 信息沟通

新加坡航空公司在其品牌信息的沟通中始终保持一致。最初的广告语"Singapore Airlines——A Great Way to Fly"不论是在单一的印刷媒体还是多家电视媒体上进行宣传时，始终保持一致以强调品牌期望。在不同场合及主题下的沟通信息也都保持突出"新加坡空姐"的特色。有趣的是，新航将信息沟通有选择地强调其品牌体验的一个方面——飞行途中新加坡空姐的好客及温馨感觉，而不是试图通过沟通传递所有的品牌利益。相反的，许多品牌通常容易掉入这样的陷阱——试图沟通所有的信息。新航能够在四十多年的发展中始终保持品牌信息沟通集中一致，这本身就是一个巨大的成就。

思考并回答：

(1) 新加坡航空通过哪些做法使得其获得鲜明的品牌形象？

(2) 新加坡航空品牌形象的成功源于哪些创新？

课后训练

1. 全面分析你的创业想法或创业项目，写出你的创业目的、创业行业环境、创业项目的目标客户、创业项目的优势和不足。

2. 找到你的创业项目的最大亮点或优势，根据该亮点或优势确定主题，写一份营销活动策划书。

第八章　创业初期的财务管理

学习目标 ……

知识目标：了解创业初期和成熟期的区别；掌握创业初期的几个财务知识；掌握创业初期的财务风险；掌握中小企业上市的相关规定。

技能目标：通过本章的学习，了解财务管理对创业的影响；能将所学的财务知识运用到企业管理中去；掌握创业初期的财务风险及应对措施；运用中小企业上市的相关知识发展企业。

态度目标：严谨、敬业、协作的精神；客观、科学的素养。

第一节　财务管理对创业的影响

学习提示 ……

创业初期的财务管理是创业活动的前提和基础，贯串于创业的全过程，是创业活动的重要保障，所以要掌握财务管理知识。

一、财务管理是创业活动的前提和基础

财务管理工作包括融资、财务预测、财务决策、与外部（银行、政府）的业务往来等。在财务管理工作中，融资活动是重要的一环，也是创业的前提和基础。大学生在创业开始时往往缺乏资金，并且受到融资金额、时间长短、还款方式的限制，只有做好财务管理工作，才能为企业的创建筹集资金，才能发展企业。

二、财务管理贯串于创业的全过程

从启动资金的筹集到会计账目的设立，从成本核算到流动资金的风险控制，从财务报表分析到企业的经营决策，都离不开财务管理。没有财务管理工作，大学生创业过程中的融资就会受到限制；没有财务管理工作，产品生产的预测和决策就会偏离方向；没有财务管理工作，企业的日常经营活动就会受到影响。财务管理工作涉及企业运营的各个方面和各个部门，贯串于创业的全过程。

三、财务管理是创业活动的重要保障

创业活动效果的好坏，最终都会反映到各项财务报表上来，通过分析财务报表，运用财务分析可以看出企业经营决策的执行情况、成本控制的程度、创业决策正确与否、产品的销售情况，并根据相应指标找到解决问题的方法。只有做好财务管理工作，才能保障创业活动的顺利进行。

酷 6 财务管理:CFO 的“两把刀”

自从 2009 年成为国内第一家在纳斯达克上市的视频网站之后,酷 6 的发展可谓一波三折。外部有优酷土豆、爱奇艺等强势竞争对手,内部还经历了股权调整。2015 年 5 月新任 CEO 高峰和 CFO 马振松的走马上任,让这一系列波折告一段落,逐步理清的战略思路让沉寂已久的酷 6 焕发出新的活力。

“2011 年酷 6 开始转型,从高成本的长视频业务转向于 UGC 业务。酷 6 现在的战略方向很清晰:在基本业务稳定增长的基础上,将‘频道社区化+O2O’的新商业模式继续推进。”酷 6 传媒 CFO 马振松向记者表示。所谓 UGC(User Generated Content)是指用户原创内容,是伴随着以提倡个性化为主要特点的 Web2.0 的概念而兴起的。即由原来的以单向下载为主变成下载和上传并重。随着互联网的发展,网络与用户的交互作用得以体现,用户既是网络内容的浏览者,也是网络内容的创造者。

“所谓频道社区化,指的是将我们现有的用户沉淀到一个一个的频道中去,最大限度地增强用户粘性,从而提高我们的变现能力。2016 年我们会和更多的内容提供商以及工作室进行更广泛的合作。”马振松表示酷 6 会继续在内容运营上深耕 UGC 模式并且着力突破频道社区化。已发布的 2015 年的季度财报显示,公司业绩已大幅提升。

酷 6 基于 UGC 模式下的频道社区化在 2015 年年中有了长足的进展,模特互动社区在 8 月份一经推出就备受关注。在模特互动社区中,不仅展示模特的好身材和高颜值,更是挖掘出模特的独特才艺。测试期内,模特们已经展示了她们在化妆、服饰搭配、厨艺、健身、舞蹈、唱歌等日常模特演出中无法展示的特长,并获得了粉丝的追捧。粉丝可以通过直播了解模特的日常生活,模特也将借此壮大粉丝群。

马振松认为:“我们充分挖掘模特对粉丝的号召力,利用视频互动这一直观、便捷的展现形式,实现商品展示、销售的功能,让用户获得崭新的购物体验。‘频道社区化+O2O’这一商业模式的开启,也使模特互动社区的商业模式更加多元化,比传统秀场更具优势。”经过模特互动社区的运营,酷 6 摸索出一套社区化的可行之道,未来还将在教育、音乐等多方面开拓社区化业务,目前正在多方拓展合作伙伴,为尽快实现频道全面社区化而努力。

无论是以高价购买长视频的方式,还是 UGC 模式,事实上对于视频网站来说,到目前为止还没有任何一种商业模式被证明是持续有效的,外界也都在关注视频网站的各种转型,而酷 6 一直在不断地尝试创新。面对竞争,马振松认为,酷 6 的战略导向始终以 UGC 为根本,这也是公司的核心策略。现在越来越多的原来依靠购买影视剧版权来吸引用户的视频网站,逐步增加了对 UGC 业务的关注,并加大了在这方面的投入。UGC 这块市场越来越受到大家的关注,这也验证了酷 6 的前瞻性。

(案例来源:http://www.ceconline.com/financial/ma/8800079773/01/)

尽管不同行业的 CFO 的职责是大致相似或者相通的,但不同性质的企业,有侧重点不同的 CFO 准入标准。

一、科班出身，数字感敏锐

参与创新研究中心访谈的外企 CFO 所任职的企业一般是外企在华的分公司或子公司；国企 CFO 任职的企业中 87%是上市企业；民企 CFO 中 65%的任职于上市企业，其中 19%是在境外上市企业，他们的平均工作年限为 17 年。在国企与民企中，超过 80%的 CFO 是财经类专业科班出身，64%左右的外企 CFO 也是财经类专业科班出身，剩余 30%左右的外企 CFO 是由理工科专业转型而来。

在很多 CFO 眼中，财务工作入门的门槛并不高，并非一定要求从业者是财经类专业出身，学应用数学、应用物理、化学等专业出身的大有人在，但要成为财务高手，就必须对数字感兴趣，有敏锐的数字感。各种数据、各类报表是 CFO 行使职责的基本媒介，所以 CFO 必须具备灵敏的数字判断能力和很强的分析能力，擅于分析财务数字背后的含义，用数据说话，为公司的关键决策和长期发展战略提供建议。

二、提升专业度，目标明确

财务人员与人力资源、行政、市场等人员在执业发展上的差异点主要体现在不同级别、不同类别的财务人员在执业规划上都有与之配套的执业资格证书供其提升专业度。国内外权威的财务执业资格证书有数十种之多，它们的分类体系清晰、知识结构明确。因此，对于财务人员而言，他们的职业发展方向与取得的执业资格证书的类别有很大的关联性。

不同性质企业的 CFO 取得的执业资格证书或职称数量的差异：外企普遍认可国外的执业资格证书，而国企与民企 CFO 更愿意获取国内的职称，体现了不同性质的企业对 CFO 的从业要求。有些 CFO 在访谈时提到，在取得某些资格证书的过程中，重新理解了每个工作层面承担的职能，以及每项职能发挥的作用，可以从一个组织者的角度看问题，寻找最佳的解决方案。这些从侧面折射出了 CFO 优秀的分析判断能力，他们把自身的问题与外界提供的信息进行整合，挖掘出问题的本质，这种特质在他们的日常工作中发挥得淋漓尽致。

三、职业角色问题，专业知识扎实

50%以上参与访谈的 CFO 从第一份工作起就没有离开过财务领域，始终任职于公司的财务部门；20%左右的 CFO 即使第一份工作不是在公司的财务部门任职，也未离开过相关领域，他们或是从高校财经专业老师转型而来，或是从审计转型而来。

专业素质是 CFO 的核心价值体现，CFO 不仅总揽所有财务职能，包括财务战略、财务报告、成本管理、风险管理、并购与重组、税收筹划、价值管理与全面预算、审计与内部控制、财务分析与预测、经管责任与资产管理等，并且精通各领域的概念、实务和流程，对公司财务的运作环境也有深入的了解。这些作为 CFO 的基本功，并非一朝一夕可以练就，需要有扎实的专业知识作为支撑。因此，CFO 首先应该是财务专家，具备较高的专业水准，然后作为管理者参与公司的重大决策。

（来源：http://www.ceconline.com/financial/ma/8800051186/01/）

创业语录

有能力的人很多，有智慧的人不多。在企业当中也是这样，你可以挣到钱，那是你具有企业家的能力。但是你把它分匀了，分得大家还有干劲，这就是企业家的智慧了。

——郭梓林

第二节　创业初期应掌握的财务知识

学习提示 ……

在创业初期，要掌握创业初期和成熟期的区别，掌握货币的时间价值、机会成本、沉没成本、存款准备金率等财务概念，掌握现金账、销售账、费用账、库存账等账目，制订并遵循创业初期的规章制度。

一、创业初期和成熟期的区别

对于创业初期的公司来说，企业员工比较少，几乎都是企业的股东，一人分担几个角色，资金较少，主要是通过个人储蓄、亲戚朋友之间的融资来筹集的，初建的管理制度不完善。

对于成熟期的企业来说，生产慢慢步入正轨，人员分工逐步细化，在融资方面可以通过担保公司、银行等进行融资，还可以利用资本市场（即股票和债券）融资，管理制度逐步建立并完善。

二、创业初期应了解的几个财务概念

1. 货币的时间价值

货币的时间价值是指货币随着时间的推移而发生的增值，是资金周转使用后的增值额。从经济学的角度来看，现在的一单位货币与未来的一单位货币的购买力是不同的。货币的时间价值可用绝对数来表示，也可以用相对数来表示。在绝对数的形式下，可能表现为存货的利息、债券的利息或股票的股利。在相对数的形式下，货币的时间价值表示为不同时间段货币的增值幅度，它可能表现为存款利率、证券的投资回报率、企业的某个项目的投资回报等。

对于创业初期的创业者来说，因为考虑货币的时间价值，所以在诚实守信、遵纪守法的基础上，要尽量缩短资金的回收期，提高资金的使用效率，充分利用其时间价值。

2. 机会成本

机会成本是指当把一定的经济资源用于生产某种产品时放弃的另一些产品生产上最大的收益。比如，当企业决定利用所拥有的经济资源生产一台电视机时，就意味着该企业不可能再利用相同的资源来生产一台电冰箱，且假定一台电冰箱的价值为3000元，那么，一台电视机的机会成本是价值为3000元的任何一件商品。决策时，机会成本越低，风险系数越小，在创业初期，创业者可以选择机会成本较小的方案。

3. 沉没成本

沉没成本是指由于过去的已经发生了的决策，而不能由现在或将来的任何决策改变的成本。比如，企业花了1000元买了一台机器，但是生产的产品不合格，为了生产，企业还是用这台设备，这样，企业不但损失了1000元，而且还生产出了废品，这1000元就是沉没成本，就是企业无论怎么做都收不回来的成本。对于初创者来说，因为可利用的资金有限，容易犯的错误是对“沉没成本”过分眷恋，继续原来的错误，从而造成更大的亏损。

4. 存款准备金率

存款准备金率是指金融机构为满足用户提取存款和清算资金的需要而准备的，是缴存

在中央银行的存款，中央银行要求的存款准备金占其存款总额的比例就是存款准备金率。央行利用存款准备金来控制风险，同时控制流动性资金的规模。比如，如果存款准备金率上涨，收紧了资金的流动性，会导致部分企业资金短缺或断流，出现通货紧缩，创业者要时刻关注存款准备金率的变化，知晓国家经济动态，以保证企业的资金良性周转。

访谈短融网 CEO 王坤——初创平台融资背后的故事

《融资中国》记者独家采访了短融网 CEO 王坤，听他讲初创平台融资背后的故事。

一、央行降息，融资难上加难

2014 年 11 月 22 日，央行宣布下调金融机构人民币贷款和存款基准利率。一时间，央行降息再次引爆了关于融资难的话题，在经济增长下行的压力下，微小企业背负着融资成本难以承受之重。央行降息意在有针对性地引导市场利率和社会融资成本下行，解决企业融资成本高等问题，成为当前改善金融环境的有力举措。一直以来，国内传统金融市场的自身属性使得大量民间资本亟待寻找出口，而新兴金融的蓬勃发展，尤其是以 P2P 模式为代表的互联网金融自 2013 年开始在中国呈现出爆发式增长的态势，成了解决融资难题的法宝。

业内人士普遍认为，P2P 对银行的革命才刚刚开始，普惠金融的理念已经以一种不可抵挡的态势走入普通人的生活，互联网的快速发展也给金融服务提供了有力的技术支持。而随着互联网金融的不断升温，P2P 行业交易量的持续增长，未来风险投资者会对现有 P2P 网贷行业中综合实力前十名及前二十名的企业进行大举投资。此外，P2P 行业的某些细分领域也是风险投资者亟待挖掘的下一桶金。金融，被认为将是下一个被互联网改造的传统领域。

二、拿到风投只需三步走

只用了半个小时，王坤就拿到了短融网的第一笔千万美元的融资，而且那是王坤第一次见启赋资本的创始人，距离短融网上线运营仅仅 2 个月。对于很多创业者来说，怎么说服精明的投资人，是个伤脑筋的问题。他们往往西装革履且正襟危坐，从团队建设到商业模式，如何阐述早已打了无数遍的腹稿，一旦遭遇质疑，便阵脚全乱，一个字都说不出来。事实上，投资人从成百上千个团队中挑选投资目标也是有章可循的。作为曾经的红杉资本投资人，现在的创业者，短融网 CEO 王坤总结了快速融资的三大诀窍，做到这些，也许你就离拿到融资不远了。

首先，简单的产品和清晰的商业模式。面对投资人，如果你 5 分钟内没能把产品和商业模式说清楚，那投资人很可能对你的产品就没有什么兴趣了。王坤定义的好的产品有以下几个要素：第一，一个好的产品要符合行业发展大趋势，并且有广阔的市场；第二，一个好的产品要有独特的创意，能直击客户需求；第三，一个好的产品应该是营销成本低的产品。

其次，稳定互补的团队组合很重要。单干的创业者并不受青睐，不如试着找几个靠谱的帮手。金融专业出身的王坤，在创办短融网时还是找来了曾任职诺亚财富，具有多年资产管理经验的张凯。为了增强风险控制能力，王坤力邀佘世相加盟。

最后，创业者本身的性格禀赋，最重要的是自信，其次是人格魅力和沟通能力。在跟投资人交流时，除了表现出自信和沟通能力外，还要用数据向投资人展示你规划的商业模式和前景。

可以预见，不久的将来会有更多资本涌入 P2P 行业，未来网贷行业必将呈现出精细化、细分化的发展趋势。

（案例来源：http://cy.ncss.org.cn/CYDS_BUSINESS_DYNAMIC/information/，有修改）

三、创业初期应记好的四本账目

1. 现金账

（1）建立银行存款日记账和库存现金日记账，及时收集原始凭证，及时登账。

（2）库存现金日记账要做到日清月结。严格管理现金，避免资金闲置、浪费，资金使用合理规划。

（3）银行存款日记账至少每月和银行核对一次，有未达账项及时编制银行存款余额调节表。

2. 销售账

（1）建立销售账，及时逐笔登记，做好明细。

（2）做好新老客户的分类，充分了解客户的信用等级。

（3）缩短应收款的收款周期，充分利用应付款和现金折扣等政策。

3. 费用账

（1）建立费用账，逐笔登记每笔费用。

（2）金额较大的费用单独列项，给予特别关注。

（3）掌握保本点，确保每个月售出产品不亏本。

4. 库存账

（1）及时建立库存账，设专人负责，防止发生库存短缺或溢余。

（2）建立库存管理的规章制度，定期或不定期盘点。

（3）及时分析、核对库存账和销售账、现金账。

四、创业初期应制订的规章制度

财务规章制度的建立和遵循是企业的命脉，在设计规章制度时要全面考虑可能遇到的问题，把握好以下几个问题。

1. 现金管理制度

在企业建立初期，受成本、效益的限制，企业人员的职责往往不明确，对互不相容岗位没有做到职责分离，容易出现一名财务人员身兼数职的情况，为了避免造成资金管理的巨大风险，要确保不相容岗位的职责相互分离。

2. 支票管理制度

财务人员按照要求签发支票，不得签发空白支票、空头支票、远期支票；不准签发印鉴不全、印鉴不符的支票；不准签发与付款凭证实际内容不一致的支票。建立严格的支票领用、注销手续，设立“支票领用登记簿”，对支票逐本、逐号进行登记。支票的使用必须做到随签发、随盖章，不得事先盖章备用。

3. 费用的申请及报销

财务人员处理费用申请及报销时，认真进行费用的核算，拒绝接收与业务无关的票据、内容填写错误的票据，要求相关人员及时申请和报销费用。制订各项费用报销标准，要求相关人员收集好完整的单据，按顺序黏贴，由各级主管签字后，才可到财务部报销。申请报销时必须核清旧账，否则不予办理。财务人员要做到本期的费用及时入账。

4. 内控制度

制度的制订要符合法律、行政法规的规定和相关单位的监管要求，覆盖公司的各种业务和事项。在兼顾全面的基础上突出重点，针对重要业务与事项、高风险领域与环节采取更为严格的控制措施。在保证内部控制有效的前提下，权衡成本与效益的关系，争取以合理的成本实现更为有效的控制。

李蓓：如何建立起行之有效的企业内控体系

“保持独立性但又要善于沟通，是监督更是服务。”李蓓这样评价审计和内控在企业中应有的态度。从知名咨询机构的内审专家顾问到集团公司的审计总监，她对自己的职业价值有着明晰定位。中国企业的内控经历了从引入概念到慢慢落地的过程，李蓓的职业成长则与之同步。“我目前所在公司的审计内控体系是我带领团队从无到有建立起来的，而在选择工作平台的时候，我也非常看重在平台的架构设计中内审部门是否拥有足够的独立性。”她再一次强调自己对这一角色的定义。

她认为，变化的宏观环境，必然要求企业内控是“以风险控制为导向的企业动态全流程控制”。首先是宏观的政策、法律环境的变化。与行业相关的法律法规的建设步伐正在加快，这让她感受颇深。“只顾盈利却不合规矩肯定是不行的。”而与不断推出的新政相对应的，是新行业、新业务的更新速度也超过以往任何时期。新业态的出现和政策落地过程的时间差也给企业内控带来挑战。其次是文化传媒环境的变化。她开玩笑道：“在自媒体时代，用裂变都不足以形容信息传播的速度。企业的每一个员工都可以成为监督企业的一只眼睛。”这种透明度有利于企业内控体系的建设，同时也对企业内部职责划分提出了更严苛的要求。再次是行业和技术环境的变化。“比如随着技术进步，企业内控管理也已经由人工控制转向了信息化控制。”李蓓所强调的信息化建设也正是当前最热门的企业提升内部价值的手段之一。

在加入目前的公司担任审计总监之前，李蓓和猎头沟通的第一个问题是——这个岗位的工作汇报对象是谁？这也是回到她最初对内控角色的定位，对独立性的坚持。她的态度很鲜明：在一个好的企业架构中，内控体系的建设应该提到企业战略高度。对于将内控部门放在CFO架构之下的做法，她认为“审计范围会受限”。这也体现了外企和本土企业的一些差别，外企的内控执行更加有效。如她所言，企业要想“将内控进行到底”，高层必须从战略上重视，将之作为一个全面系统工程贯彻到企业的每个角落和细节。

消除其他部门的抗拒感，除了高层意志，是内控部门要作为利益统一体融入部门协作。“要帮助大家真正地解决问题。内控部门应该有服务意识，而不是指手画脚。”这是李蓓的另一明确观点。“大家的目的是统一的，即维护公司和董事会利益。”关于如何覆盖到各个业务模块，建立起行之有效的企业内控体系，李蓓认为有三种思路。

第一，内控建设必须自上而下地从公司高管到基层的每一位员工进行贯彻。“可以寻求外部专业机构的帮助，同时也需要所有员工的配合推动。”

第二，企业内部要有持续的培训和宣传，让内控部门员工建立服务意识、各职能部门员工了解内控的重要性。

第三，借助工具，比如审计软件。

在各部门协作中，内审部门和财务部门无疑是关联最密切同时又很敏感的部门。李蓓表示，在我国的《企业内部控制基本规范》中，资金管理是作为内控重点以独立章节的形式进行强调的。而CFO作为企业高层，对内控的积极推进和配合本身便具有战略层面的意义。

（案例来源：http://www.ceconline.com/financial/ma/8800072753/01/）

2016年4月12日，劳动科学研究所联合宜信公司发布了《中国青年创业现状报告》（以下简称《报告》），《报告》显示当前我国青年创业势头总体向好，平均每个创业项目吸纳就业人数约8.4人，44.5%的创业项目处于盈利状态，42.1%的项目盈亏平衡。

该《报告》选取较有代表性的安徽、江西、山东、河南、湖南、广东、四川7个省的20个市发放问卷，共回收有效问卷4012份，以创业过程为主线，对青年创业的现状进行摸底，并对当前青年创业面临的困难以及未来发展进行了分析。

《报告》数据显示，当前我国创业带动就业倍增效应明显，创业项目的人员规模总体稳定。由于青年创业多处于初创期，10人以下规模的企业占80.7%，平均每个创业项目吸纳就业人数约8.4人。从成立时间来看，总体上人员数量随着创业时间的增加而增加，成立10年以上的项目平均每人带动就业人数为13.6人。从创业前的身份来看，农村进城务工人员、留学归国人员以及在职人员创业带动的就业人数较多。从注册类型来看，企业（特别是股份有限责任公司）和农业合作社带动的就业人数较多。

从创业项目中人员变化的情况来看，人员数量比较稳定的占60.7%，人员数量呈增长趋势的占12.3%，人员数量呈下降趋势的仅占2.0%。从成立时间和人员规模不同的项目来看，数量比较稳定的比重都在75%左右，且增长比重高于下降比重，表明创业吸纳就业的势头总体向好。

专业人才、技术的匮乏是不少创业者面临的难题。调查显示，超过40%的创业者认为当前人员不能满足或不确定是否满足发展的需要，主要缺少市场营销人才、专业技术人才和经营管理人才。从创业企业的技术方面来看，仅37.4%的创业者认为自身拥有核心技术。在认为自身拥有核心技术的企业中，59.1%的创业者未申请专利。

调研过程中还发现，青年创业的领域比较集中，同行竞争过度。如大学生群体更倾向于电商、计算机技术支持等方面的创业，青年农民更愿意从事自己比较熟悉的种植、养殖业，同质化创业在形成规模效应的同时，也难免会带来过度竞争。此外，雇工困难或劳动力成本过高，也是创业者面临的一个主要困难。

《报告》显示，由于就业困难被动创业的只占18.8%，受政策鼓励开始创业的占21%，主动型创业占多数，政策鼓励效应明显。同时，对创业政策非常了解的创业者占6.0%，了解一些的占62.7%，不太了解的占26.4%。被调查者大都享受了创业政策的扶持，只有15.4%的人未获得任何政策扶持。从青年创业者角度，还希望从扶持力度、覆盖面、服务的精细化程度等方面再进一步提升。

（来源：http://www.cye.com.cn/chuangyezixun/chuangyexinwen，有修改）

任何时候做任何事，订最好的计划，尽最大的努力，作最坏的准备。

——李想

第三节　创业初期的财务风险及应对措施

学习提示……

在创业初期，要注意防范现金流的短缺或断裂、应收款的延期收回或呆账、存货的积压或损毁、固定资产的盲目投入、未建立规章制度或没有认真执行等财务风险，实施控制资金使用、控制成本等措施，掌握财务知识、了解国家政策，充分利用创业中的税收筹划。

一、创业初期面临的财务风险

1. 现金流的短缺或断裂

对于企业来讲，在创业初期很容易出现资金紧张的情况。

(1) 多数情况下创业资本来自个人投资，而个人资金又是有限的。

(2) 从政府贴息的贷款和资金支持等方面获得的资金因为受审查条件、过程的制约，获取资金的时间较长。

(3) 因为银行无法对创业者的能力认证，导致银行无法准确判断企业的发展前景。出于安全考虑，银行会拒绝向刚成立的创业者提供贷款。

(4) 想要取得社会上的担保机构的担保，也要受制于贷款本人的工作年限、还款能力。

即使在创业初期筹集到了资金，在企业发展阶段由于创业者财务管理知识、经验等的不足可能导致资金管理不严、闲置、浪费的现象出现，导致现金流不足；也可能由于没有相应的财务管控制度，资金使用规划不合理，导致现金流不足。

2. 应收款的延期收回或呆账

大学生在创业初期为了扩大市场占有率，往往会给顾客许多优惠，现金折扣、赊销方式增多，在创业企业发展到一定规模之后经常出现应收账款回收困难的情况，如果没有较强的催款措施，就容易形成坏账、死账。一方面应收款收不回来，导致资金周转缓慢；另一方面，应收款的催收也导致企业的运营成本增加，财务风险加大。

3. 存货的积压或账实不符

在创业初期，企业所生产的产品能否销售出去关系着企业的资金收入，没有销售预测就盲目进行生产，生产的产品没有销路，就会造成积压；生产部门没有按照销售部门下发的销售订单安排生产，生产通知单与销售订单偏差较大，就会造成存货积压；存货盘点不及时、不合规定，在盘点过程中出现的短缺或溢余没有及时申报，就会造成存货的账实不符。

4. 固定资产的盲目投入

在创业初期，创业者可能为了扩大销售，在生产上投入大量的固定资产，固定资产的投入没有计划。一旦投入过多的固定资产，一方面，固定资产本身就会占用大量资金，不能最大限度地提高资金的使用效益；另一方面，如果在办公楼、仓库等方面投入过度，与之相对应的机器设备等固定资产的投入则相对减少，就会导致资金的浪费。另外，如果后期需要将固定资产变现，其过程缓慢且价值降低。

营改增收官，谁最获益？

2016年3月24日下午，财政部和国税总局网站都公布了关于全面推开营业税改征增值税试点的通知，和通知一同下发的还有《营业税改征增值税试点实施办法》《营业税改征增值税试点有关事项的规定》《营业税改征增值税试点过渡政策的规定》和《跨境应税行为适用增值税零税率和免税政策的规定》四份文件。这四份文件的发布也标志着营改增细则已经正式落地，到5月1日，营改增试点正式扩大到建筑业、房地产业、金融业和生活服务业。

在税率上，金融行业营改增后的税率变化不大，之前营业税下的优惠政策在增值税下基本保留下来，整体税负略有下降。而包括餐饮业、旅游业、酒店业、娱乐业等在内的生活性服务业的税率明显降低，比如以前娱乐业的营业税税率就高达20%，而营改增后的增值税征收中，一般纳税人的税率定在了较低的6%。不过总体而言，这次营改增收官最大的赢家还是建筑业和房地产业。营改增后，建筑业和房地产业的增值税税率定在11%，从数字上看比之前征收的营业税要高出不少，比如建筑业此前的营业税税率只有3%。不过，这3%是企业整个营业额的3%，而现在的11%只是增值部分的11%，税基不同。

简而言之，营改增之后，建筑业和房地产业的实际税负并没有增加，考虑到增值税价税分离等技术性因素，这两个行业实际税负是有所下降的。而税负的下降必然会带来利润的提高，这对于目前楼市调整时期很多利润持续下降的房企来说无异于救命稻草。

另外，就是不动产抵扣最终被落实，即所有企业的新增不动产所含的增值税纳入抵扣范围，这对于所有企业而言都是好消息，因为这会在一定程度上降低企业的运营成本。而这对于房企而言更是利好。可以预见，这项规定实施后，企业购买不动产的热情会被激发出来。毕竟对于那些手里不差钱的企业来说，将一部分资金用来购买不动产，不仅能够保值增值，还能抵税，可谓两全其美，何乐而不为？对于房企而言，手里的房子，尤其是商业地产，无疑会更好卖了。

营改增不仅仅是企业的事，也关乎个人。根据实施细则的规定，个人将购买不足2年的住房对外销售的，按照5%的征收率全额缴纳增值税；个人将购买2年以上(含2年)的非普通住房对外销售的，以销售收入减去购买住房价款后的差额按照5%的征收率缴纳增值税；个人将购买2年以上(含2年)的普通住房对外销售的，免征增值税。上述政策仅适用于北京市、上海市、广州市和深圳市。这意味着，过渡期二手房交易“营改增”完全平移了现行二手房交易的营业税政策。简单来说，营改增之后，自2015年3月30日楼市新政实施以来的优惠措施基本得以保留，算是给购房者喂了一颗“定心丸”。

(来源：http://www.ceconline.com/financial/ma/8800080556/01/)

5. 规章制度没有建立或没有认真执行

大学生在创业初期，业务发展刚刚起步，收入有限，创业者会因为账目简单而怠于记录，或是草草了事，财务部门设置简单，没有专门的财务人员，没有建立完整的规章制度或没有认真执行规章制度。企业的财务工作缺乏规范的基本程序，原始凭证缺失、记账凭证填制不完整、财务报表不完善，财务信息难以有效地反映企业财务状况，最终会导致企业财务工作混乱，引起财务风险。

中国初创企业“映趣”欲挑战三星和 LG

王小彬，映趣的 CEO 与创始人。

在智能手表这类可穿戴设备的开发上，虽然三星和索尼这些大品牌处在前沿和中心位置，但是深圳市的一家制造企业的老板认为他的公司为这个行业提供了一个独特的观点。

“我们认为可穿戴设备将在三到五年内部分取代智能手机”，王小彬说道。他是深圳映趣科技公司的创始人与 CEO，该公司生产 inWatch 系列智能手表。“我们实际上把三星和 LG 这些大品牌作为我们的主要对手。”

在一次独家采访中，王小彬讨论了他的公司的全球战略、竞争优势与产品开发计划。他的公司已正式定名为映趣(Yingqu)，但是在英语中他总是将其称为 inWatch，这是公司全部产品所使用的品牌。“中国可穿戴设备制造商在行业中扮演着重要角色”，王小彬说道，而他对于全球可穿戴设备市场的发展前景总体上是持乐观态度的。

2015 年大体上可以被称为可穿戴设备时代的元年。可穿戴技术并非什么新事物，但是该行业一直未出现一种有突破性的、人们必不可少的产品。2012 年一款叫作 Pebble 的设备在众筹平台 Kickstarter 上成功募集到了资金并于次年通过零售渠道销售产品，智能手表才引起注意。然而在 2014 年，这个行业中的竞争者的数量似乎到了一个临界点。谷歌发布了安卓可穿戴系统(AndroidWear)，并有三星、LG、摩托罗拉这些合作伙伴将这一开源软件应用在它们的设备中。另外苹果公司也在 2015 年底之前发布了自己的智能手表，令大家对其下一个改变智能手机市场的创新充满期待。

像其他科技产品一样，中国的可穿戴设备生产企业的产品性价比很有竞争力，这是它们的一个优势。这一策略对于映趣这样的公司是否像对于小米公司那样有效还有待观察，小米在中国智能手机市场所占的份额已经超过了三星。

成立于 2012 年的映趣只生产可穿戴产品而成为第一批进入这一市场的企业。王小彬表示，对于智能手表角色的看法，映趣有别于其他可穿戴设备生产商。如今，智能可穿戴设备倾向于作为智能手机的外设，没有更大、更多功能的设备配合时用处不大。然而映趣却把智能手表看作是一个独立产品。

“这些世界知名品牌把可穿戴设备看作是智能手机的附属设备或者所谓的第二屏幕，”王小彬说，“而映趣正在设计开发以智能手表为核心的准备。我们让它成为一个独立的智能终端设备。”

智能手表能够拥有智能手机的全部功能，他认为这就是映趣设备支持 SIM 卡的原因。把这些功能在手腕上轻松实现对有些人来说是个优点，但是对于用惯了智能手机的人来说尺寸太小也会觉得不舒服。

(案例来源：http://www.ceconline.com/strategy/ma/8800072456/01/)

二、创业初期降低风险的应对措施

1. 控制资金使用

在创业初期，很多创业者会轻视对资金的合理使用。而资金不足、现金流入很少，常常会导致资金链断裂，因此，在创业初期必须合理安排资金使用，首先，要做好资金使用规划，保持一定量的浮动资金；其次，合理分配长期资金和短期资金；再次，融资方式多种多样，考虑长短贷款使用的衔接。

2. 控制成本

如果在创业初期对成本的考虑不全面，就会导致入不敷出。成本可以分为可控成本和不可控成本，其中可控成本又分为可控变动成本和固定成本。创业初期的成本主要包括房屋租赁、设备采购、人员招聘、办理营业执照和税务登记等费用，其中人员招聘和设备采购费用又占用较大比重，如果没有考虑到成本就很容易出现工人怠工和库存积压的现象。大学生自主创业必须有成本控制的意识，以便在企业正常运营阶段提升企业盈利能力。

3. 掌握财务知识

要学习会计的基本理论知识，掌握会计中的基本概念、会计法规，要掌握企业经营过程的基本核算和资产负债表、利润表、现金流量表等的编报知识，要关注企业的资产、负债和股东权益的增减变化，要了解与企业经营相关的经济法、税法、合同法等法律知识和其他企业管理知识。

4. 了解国家创业政策

目前，国家出台了相关政策鼓励大学生创业，各地方政府也依当地情况给予了创业的大学生各种优惠政策。充分了解国家政策、利用优惠政策是大学生创办企业所必须掌握的。有关国家优惠政策主要包括注册资金允许分期到位；毕业生创办国家指定行业企业可以享受减免税优惠；各银行、信用机构针对大学生创业申请小额贷款简化程序；毕业生人事档案保管不收费等。与此同时，各地区也有一些优惠政策，比如上海市专门设立了大学生创业"天使基金"，宁波市发布的关于使用失业保险基金预防失业促进就业有关问题的通知，西安市高校毕业生在西安市创业最高可获 50 万元的创业贴息贷款。

瑞智石油的财务减法

自 2014 年 7 月以来，国际原油油价已接连跌破 80 美元每桶和 70 美元每桶两个重要关口。尽管进入 2015 年 2 月份，原油价格出现上涨趋势，但油价平稳与否仍然未知。对于石油行业而言，每天的大起大落确实是"来得太快太刺激"。哪些要素可以构成这一高危行业的安全生存法则？瑞智石油建井服务有限公司的 CFO 叶军分享了油服环节的企业财务价值。

作为一家油服公司，瑞智石油主要服务于非常规能源，并在中国、加拿大、澳大利亚设有三个子公司，为非常规油气井项目提供钻探、建井、修井、压裂等服务，涉及物资贸易、技术咨询与研发等领域。2012 年，壳牌公司与中石油双方共同出资成立瑞智石油。然而仅仅两年之后，国际油价开始节节走低，公司举步维艰。

"强强合作的磨合反而会更困难。如何扬长避短，最大限度地发挥两家母公司的优势是一种考验。"在这段"联姻"中，文化的差异与冲突不可避免，中石油崇尚的是王进喜式的铁人精神和奉献精神，而壳牌公司的文化更多地追求民主和自由讨论。双方派遣人员在领导风格和管理理念方面存在明显不同，公司首席执行官是中方派来的，管理方式倾向于中式，而壳牌派来的领导团队更有"洋范儿"。

为了给双方融合注入润滑剂，作为壳牌公司派遣到瑞智石油唯一的中国籍高管，叶军首先在沟通上下功夫，积极发挥沟通桥梁的作用，通过和股东、董事耐心细致的沟通，为管理层制定的企业调整战略和新的路线发展蓝图争取董事会的支持。同时，及时与公司所有员工进行充分沟通，力求公司上下目标一致，以尽快达到减亏及持平的目标。

叶军说，他2014年全年的工作重点就是在做减法：一方面梳理公司现有的规则及流程；另一方面重新审视公司组织架构和管理模式，努力做到高效瘦身、积极控制成本。

叶军积极深入各个子公司开展调研，运用大量一手材料重新梳理并简化企业业务流程和财务流程，实现财务部门“端到端”的“一条龙”服务，与业务部门无缝衔接。为了让企业的业务人员充满激情与士气高昂，叶军带领财务团队集思广益，制订具体的开源节流方案和全面预算，做到所有目标切实落地，关键指标落实到具体的项目及负责人，积极地参与公司发展战略的讨论与制订。以澳大利亚子公司为例，之前的采购、库存与财务部门在流程上基本脱节，各个子流程手续繁琐，每一个环节都需要总经理、副总经理、财务经理签字。通过梳理和简化，瑞智石油取消了副总经理的岗位，合并总经理和副总经理，授权及签字下放到业务部门经理，做到预算与费用支出一致。这样，既明确了分工与责任，又提高了效率与执行力。同时，又明确了“端到端”的具体负责人，做到了所有流程有具体人员全面跟踪。从预算到采购，从采购到入库，从出入库到成本核算再到付款，完整掌握成本及费用支出明细，及时形成各种报告供管理层分析决策。通过调研，瑞智石油以往工作中的许多不足与漏洞开始浮出水面并得到纠正和整改。

（案例来源：http://www.ceconline.com/financial/ma/8800073703/01/）

三、创业中的税收筹划

税收筹划是指纳税人在遵守国家法律、法规的前提下，以相关税收政策为导向，事前选择税收利益最大化的纳税方案处理自己的生产、经营和投资的一种企业筹划行为。税收利益最大化包括税负最轻、税后利润最大化、企业价值最大化等内涵，而不仅仅是指税负最轻。税收筹划是在法律法规的许可范围内进行的，是纳税人在遵守国家法律、法规的前提下，在多种纳税方案中，做出选择税收利益最大化方案的决策，具有合法性。大学生在创业时要依法缴纳各项税费，按照税收政策接受税收优惠。

一、独资企业

在独资企业中，拥有人持有企业财产所有权，进行以盈利为目的的商业活动，并且直接以个人身份承担企业全部责任，是最简单的企业组织形式。

（一）独资企业的优点

（1）容易成立（比如，较少的申请、选举和注册程序）。

（2）操作简单（比如，因为只有一个企业主，无需对其他人报告）。

（3）易于出售资产清算业务（比如，出售和清算没有双重征税）。

（4）行政负担轻。

（5）就税务而言，收入直接由企业主获得，因此税收是个人层面上的。

(二) 独资企业的缺点

(1) 有限的资金来源。

(2) 不是有限责任公司,因此公司承担无限责任。

(3) 对于企业主来说,企业结构没有可持续性。

(4) 管理资源有限。

二、普通合伙企业

是两人或两人以上共同拥有,以盈利为目的开展业务的企业。共同拥有人在企业运营的各个阶段共担风险、共享回报。每个合作伙伴承担的相对应部分的义务。

(一) 普通合伙企业的优点

(1) 更多的初始资金来源。

(2) 相对于独资企业,有更多的管理资源。

(3) 相对于公司形式企业,行政负担更少。

(4) 就税务而言,收入由合伙人直接获得,并在个人层面上征税。

(5) 对以合作伙伴名义进行的有关收入、支出和损失的特别拨款,可以通过灵活的合作协议来实现。

(6) 出售和清算资产时可以避免双重征税。

(二) 普通合伙企业的缺点

(1) 利益转让存在困难。

(2) 每一个合作伙伴以个人名义承担合作企业的责任。

(3) 一般合伙企业所有业务收入净额一般受自雇税调整的影响。

(4) 伙伴关系的基础和资本账户的规则较为复杂。

(5) 从合作伙伴关系派发红利时,确认收益可能涉及特殊规则。

(6) 一般情况下,以合作伙伴名义支付的额外福利在税收中不能被抵扣。

三、有限责任合伙企业

有限责任合伙企业与普通合伙企业类似,但其中一个或多个合伙人承担有限责任。这种形式的实体是一个合法的机构,使承担有限责任的合伙人成为合伙企业中的被动投资者,通常会将其责任限定在其投资范围内,而负无限责任的合伙人负责管理和控制日常运作。

(来源:http://www.ceconline.com/operation/ma/8800065523/01/)

如果10%的利润是合理的,11%的利润是可以的,那我只拿9%。

——李嘉诚

第四节　中小企业的上市

学习提示 ……

要掌握中小企业改制、上市中股份有限公司的设立、上市辅导、发行申报与审核、股票发行与挂牌上市等流程,掌握主板、创业板、新三板上市的条件,掌握上市公司需要承担的费用。

一、中小企业需要壮大和发展

随着国内经济形势的变化,国家采取了紧缩性货币政策,中小企业面临难以获取银行贷款、流动资金紧缺的尴尬局面。为了避免这种情况,很多企业在经营稳定之后开始考虑推动企业上市,以募集大量社会资金,获得快速发展契机,获得持续、稳定的融资渠道,同时借此改善财务结构,降低资产负债率,提高抗风险能力。

二、中小企业改制上市的流程

中小企业改制上市的基本业务流程有:股份有限公司设立、上市辅导、发行申报与审核、股票发行与挂牌上市等。

1. 改制与设立股份有限公司

对于想要上市的中小企业来说,必须改制,设立股份公司才能申请IPO(即首次公开发行股票)。改制设立的基本程序有:拟定改制设立方案;聘请具有处理证券业务资格的有关中介机构进行审计和国有资产评估;签署发起人协议并拟定公司章程草案;拟定国有土地处置方案并取得土地管理部门的批复;拟定国有股权管理方案并取得财政部门的批复;发起人认购股份和缴纳股款、办理财产转移手续;聘请具有处理证券业务资格的会计师事务所验资;召开公司创立大会并建立公司组织机构;向公司登记机关申请设立登记。

2. 上市辅导

股份公司在提出IPO申请前,应聘请辅导机构进行辅导。其中,辅导机构应是具有保荐资格的证券经营机构以及其他经有关部门认定的机构,且辅导期至少为一年。

3. 发行申报与审核

主要包含初步验收、为股票发行申请文件的制作做好准备工作、制作股票发行申请文件、进行股票发行审核。

4. 股票发行与挂牌上市

这一过程包括股票发行和股票的上市。

百花蜂业申请挂牌新三板,电商销量第一、毛利高

北京百花蜂业科技发展股份公司申请挂牌新三板。百花蜂业成立于1981年,前身为养蜂学家黄子固在北京创建的李林园养蜂场,是商务部认定的"中华老字号"企业,曾在2008年被选为北京奥运会独家蜂蜜供应商。

据了解,该公司已进驻天猫、京东等电子商务平台,2015年在蜂产品品类中,全网销售排名第一。公开转让说明书显示,2015年度和2014年度,该公司营业收入分别为2.09亿和2.21亿,净利润分别为1841万和1844万,毛利率分别为41.34%和41.16%。

据悉,百花蜂业的控股股东为北京供销社投资管理中心,持股比例为82.32%,实际控制人为北京市供销合作总社。该公司的主营业务收入来自于生产销售蜂蜜、蜂胶、蜂王浆、蜂花粉、保健食品和日化用品等七大系列191个品种的产品。如表8-1所示。

表 8-1 公司 2014 年、2015 年主要产品销售收入占本期营业收入比例 单位:元

	2014 年度		2015 年度	
	收入	收入占比	收入	收入占比
蜜蜂制品	198000295.58	89.50%	188371875.00	90.20%
荆花	47482641.60	21.46%	43535334.29	20.85%
洋槐	48432916.85	21.89%	48415860.41	23.18%
油菜	65459079.96	29.59%	64349083.70	30.81%
枣花	31636391.80	14.30%	27372452.39	13.33%
其他蜂蜜制品	4989265.37	2.26%	4699144.21	2.25%
花粉类	1919214.88	0.87%	1286801.79	0.62%
王浆类	5215403.59	2.36%	6308000.45	3.02%
蜂胶类	12463271.84	5.63%	11488084.49	5.50%
其他类	3629202.53	1.64%	1377365.64	0.66%
合计	221227388.42	100.00%	208832127.37	100.00%

2012 年百花蜂业开始与北京绿京福商贸有限公司合作,绿京福商贸有限公司是百花蜂业在淘宝渠道的唯一代理商。2014 年该渠道的销售收入在全部营业收入中占比 8.57%,到 2015 年销售占比上升到 15.31%,成为当年最大销售客户。如表 8-2 所示。

表 8-2 2015 年公司前五名客户销售客户收入占本期营业收入比例 单位:元

客户名称	营业收入	占公司全部营业收入的比例/(%)
北京绿京福商贸有限公司	31980357.18	15.31
北京物美商业集团股份有限公司	26851309.91	12.85
北京京客隆商业集团股份有限公司	5575417.00	2.67
北京林氏恒升贸易有限公司	5490507.86	2.63
沃尔玛(中国)投资有限公司	4105027.43	1.96
小计	74002619.37	35.42

说明书显示,在报告期内,电商渠道在公司各销售渠道中毛利率最高。其相关负责人表示,公司在未来两年将持续提高电子商务渠道投入比重,在提高毛利率的同时,借助电商渠道,更快速地推广公司新产品。

(案例来源:http://m.rongnuo.com/news/detail/2161)

三、主板、创业板、新三板上市的条件

(一)主体资格要求

经国务院特批或有限责任公司按原账面净资产值折股整体变更为股份有限公司可连续计算业绩;公司的股本必须缴足,资产权属不存在纠纷;公司在最近三年内实际控制权没有发生转移,主营业务没有重大变化,包括董事、高管在内的公司高层人员构成稳定;发行人股权清晰,控股股东和受控股股东、实际控制人支配的股东持有的发行人股份不存在重大权属

纠纷;公司的市场化运作与生产经营没有违反国家相关法律法规和公司章程,没有违背国家产业政策要求。股份公司设立必须满三年。

(二) 规范运行要求

依照《中华人民共和国公司法》建立相关制度,健全和完善股东大会、董事会、监事会、独立董事、董事会秘书等制度,相关机构和人员职责明确并能依法履职;对于公司上市和股票发行的相关法律法规,公司高层管理人员如董事、监事、总经理等必须做到认真学习和理解,并能明确认识各自职位所担负的法定责任和义务;上市公司要对自身内部的生产经营状况进行严格把控,确保经营业绩和效率。通过健全内部控制机制,确保公司财务信息的真实可靠。

(三) 财务指标要求

1. 主板

(1) 最近 3 个会计年度的净利润均为正数且累计超过人民币 3000 万元,净利润以扣除非经常性损益前后较低者为计算依据。

(2) 最近 3 个会计年度经营活动产生的现金流量净额累计超过人民币 5000 万元;或者最近 3 个会计年度营业收入累计超过人民币 3 亿元。

(3) 最近一期不存在未弥补亏损。

(4) 无形资产占净资产的比例不超过 20%,过去三年财务报告中无虚假记载。

其中,中小板:

(1) 最近 3 个会计年度净利润均为正且累计超过人民币 3000 万元。

(2) 最近 3 个会计年度经营活动产生的现金流量净额累计超过人民币 5000 万元;或者最近 3 个会计年度营业收入累计超过人民币 3 亿元。

(3) 最近一期期末无形资产占净资产的比例不高于 20%。

(4) 最近一期期末不存在未弥补亏损。

2. 创业板

(1) 盈利要求:最近两年连续盈利,最近两年净利润累计不少于 1000 万元,且持续增长;或者最近一年盈利,且净利润不少于 500 万元,最近一年营业收入不少于 5000 万元,最近两年营业收入增长率均不低于 30%。净利润以扣除非经常性损益前后较低者为计算依据。

(2) 资产要求:最近一期期末净资产不少于 2000 万元。

(3) 股本要求:企业股票发行后的股本总额不少于 3000 万元。

3. 新三板

(1) 业务明确。业务明确,是指公司能够明确、具体地阐述其经营的业务、提供的产品或服务及其商业模式等信息;公司可同时经营一种或多种业务,每种业务应具有相应的关键资源要素,该要素组成应具有投入、处理和产出能力,能够与商业合同、收入或成本费用等相匹配。

(2) 具有持续经营能力。持续经营能力,是指公司基于报告期内的生产经营状况,在可预见的将来,有能力按照既定目标持续经营下去。

(四) 独立性要求

企业的业务体系必须完整,且具备独立经营能力。

1. 资产完整

具备基础的硬件设施(如机械设备、厂房和土地),可自主完成原料采购、产品销售等活动,拥有商标、专利或非专利技术的所有权或使用权。

2. 人员独立

公司高层人员(如总经理、副总、财务负责人、董事会秘书)不得在本公司以外的企业中担任董事、监事等管理职务,也不允许财务人员兼任本公司以外的任何事务。

3. 业务独立

发行人除具备独立的组织机构和财务机构外,还应建立独立的业务体系。上市公司应正确处理与同行企业之间的竞争关系,严禁利用有失公平或不正当的经营手段进行关联交易。

(五) 股本及公众持股要求

1. 主板

(1) 发行前不少于3000万股。

(2) 上市股份公司股本总额不低于人民币5000万元。

(3) 公众持股至少为25%;如果发行时股份总数超过4亿股,公开发行的比例可以降低,但不得低于10%。

(4) 发行人的股权清晰,控股股东和受控股股东、实际控制人支配的股东持有的发行人股份不存在重大权属纠纷,发行前股本总额不少于人民币3000万元。

(5) 发行后股本总额不少于人民币5000万元。

其中,中小板:

(1) 发行前股本总额不少于人民币3000万元。

(2) 发行后股本总额不少于人民币5000万元。

(3) 发行后股份总数在4亿股以上的,公开发行的比例不低于10%;发行后股份总数在4亿股以下的,公开发行的比例不低于25%。

(4) 一般来说,拟在上交所发行上市的,其首次公开发行的股份总数应不少于1亿股。

2. 创业板

发行后股本总额不少于3000万元。

3. 新三板

发行前股本总额不少于500万元。

四、上市公司需要承担的费用

在企业的上市过程中,有一些费用是按照比例来计算的,比如承销费用按照承销金额的1.5%~3%支付,审核费用20万,上网发行费用按照发行金额的0.35%计算;有一些费用是参照行业标准由双方协商确定的,比如保荐费用、辅导费用、会计师费用、律师费用、评估费用。

新三板:利美康的迅速发展

利美康是一家三级专科整形医院。市值达人民币4.68亿元,2015年6月4日,利美康以“隆胸第一股”的名头挂牌新三板，当时的挂牌方式为协议转让。根据公开资料，目前其已发行 2 次定增，分别是以每股 10 元的价格向不特定对象募集不超过 3000 万元和以每股 9 元的价格向 3 家证券公司定增 2070 万。

2016 年 1 月 21 日，利美康开始由协议转让方式变更为做市转让方式，做市商包括海通证券、国信证券、安信证券、广发证券、东兴证券、信达证券以及东莞证券，价格为每股 15 元，市值达 4.68 亿元。根据说明书披露，利美康成立于 2003 年，主要提供整形外科、口腔科、激光微整科、综合科及其他特色的整形美容服务，业绩也十分好：2015 年全年营收为 1.3 亿至 1.4 亿，净利润则在 1500 万以上。

据其挂牌资料显示：公司实际控制人骆刚，以作价 274 万的房产、313 万的车辆和 377 万的设备总计实物出资 964 万元，持股比例为 31.9%。2014 年，骆刚将其以实物出资的 4 处房产作价以货币补足并支付资金占用费，总计支付约 903 万。也就是说，骆刚仅用了一年多时间就把 900 多万资产升值到 32 个亿！

据安信证券的研究报告分析：中国医疗美容行业 2014 年的市场规模达 5530 亿元，未来 5 年复合增速超过 15%，2019 年其市场规模有望达到 1 万亿元。深圳市的一位基金经理认为，随着人们消费需求的提升，女性对于自我展现的诉求也在提升，未来大家对于“外在美”的关注和花费会越来越多。

（案例来源：http://www.pedaily.cn/）

创业资讯站

新三板（全称为“全国中小企业股份转让系统”）挂牌审计中，涉税问题是新三板上板一大审核重点。全国中小企业股份转让系统的业务规则也对挂牌后的信息披露是否完全，关联交易定价是否公允，股权激励方案是否合理等常见问题做了严格规定，是否合规直接关系到公司独立责任承担的重要问题，因而在申报审核材料时要重点关注。如果企业忽略这些问题，很可能就会导致挂牌新三板的时间延长，甚至导致挂牌失败。

一、用分红转增股本的风险

用分红转增股本，相当于用盈余公积、未分配利润转增股本，税务局一般会将这种情况视同分红（利润分配），要求企业按照 20%的税率缴纳个人所得税。

企业挂牌前，一定要把挂牌前企业的利润和挂牌后的企业利润分割开来。挂牌前企业取得的利润有一部分属于盈余公积和未分配利润，需要转增股本。而转增股本的部分就相当于股东收到分红后，重新投资给企业，这是其中一种需要缴纳 20%个人所得税的情况。

还有一种是企业在进行多套账合并时，会在某一个会计期间出现利润猛增的情况。企业在挂牌新三板之前，需要将内外账合并来达到合规，有可能会出现利润猛增的情况。企业需要针对这部分利润缴纳企业所得税，交完企业所得税（25%）之后，如果要用这部分转增股本，那么还需要缴纳个人所得税（20%）。

另外，在改制时资本公积，包括接受捐赠、股本溢价以及法定财产重估增值等原因所形成的公积金和盈余公积、未分配利润转增股本时，部分可以免税，部分需要纳税，企业也需要注意。

二、以专利投资增加风险

财税〔2015〕41 号针对用无形资产投资缴纳个税的问题，有详细的规定。个人以非货币性资产投资，属于个人转让非货币性资产和投资同时发生，比如前例中无形资产虽然属于个人，但是投入到企业的生产经营中，这就相当于转让无形资产和投资同时发生，企业上市就要对个人转让非货币资产的所得，按照财产转让所得的项目，依法缴纳个人所得税。如果投资时没有缴纳个人所得税，那么在挂牌前也一定要缴纳个人所得税。

三、股东股权转让风险

在国家税务总局发布的公告《关于发布〈股权转让所得个人所得税管理办法（试行）〉的公告》（2014 年第 67 号）中规定从 2015 年 1 月 1 日起，按照 67 号文的精神，当股权转让协议签订生效后，纳税义务就产生了，不论现金交易是否完成，是否收到股权转让款，协议生效的同时纳税义务就已产生。因为当股权转让协议生效后，风险义务就转移了。此时，扣缴义务人和纳税义务人必须在次月的十五日内，向主管机关申报纳税。比如：A、B 在 1 月 2 日进行股权转让谈判，在 1 月 5 日签订股权转让协议，双方约定 B 在 3 月 15 日支付 A 股权转让的全额价款，那么 A 此时就不在 4 月份纳税，而是在 1 月签定股权转让协议的次月，也就是必须在 2 月 15 日之前向税务机关申报纳税。

（来源：http://www.ceconline.com/financial/ma/8800080795/01/）

要找风险投资的时候，必须跟风险投资共担风险，你拿到的可能性会更大。

——马云

巩固与训练

1. 小王是位大四的学生，自 2016 年 5 月起开始有了创业的想法，他考察了许多创业项目，对其中代收代发邮件业务感兴趣。在这个项目中前期，规划的每月资金支出包括：房租 600 元，雇佣一名同学 500 元，材料费用 50 元，水电、通讯费用 100 元，还要购买一辆电动车 1800 元，而每代收一件 1 元，代发一件 1 元。

要求：

(1) 小王所考虑的前期费用支出是否全面？

(2) 帮小王算一下，一个月的业务量达到多少才能保本？

(3) 对于后期的发展你有什么想法？

2. 某企业现着手编制 2016 年 6 月份的现金收支计划。预计 2016 年 6 月月初现金余额为 8000 元；月初应收账款 4000 元，预计月内可收回 80%；本月销货 50000 元，预计月内收款比例为 50%；本月材料采购费用 8000 元，预计月内付款 70%；月初应付账款余额 5000 元需在月内全部付清；月内以现金支付工资 8400 元；本月制造费用等间接费用付现 16000 元；其他经营性现金支出 900 元；购买设备支付现金 10000 元。企业现金不足时，可向银行借款，借款金额为 1000 元的倍数；现金多余时可购买有价证券。要求月末现金余额不低于 5000 元。

要求：

(1) 计算经营现金收入。

(2) 计算经营现金支出。

(3) 计算现金余缺。

3. 某工业企业现为小规模纳税人。年应税销售额为60万元(不含税),会计核算制度也比较健全,符合作为一般纳税人的条件,适用17%的增值税税率,但该公司可抵扣的购进项目金额只有20万元(不含税)。

要求:

(1) 若企业申请认定为一般纳税人,则企业应纳增值税税额为多少?

(2) 若企业仍作为小规模纳税人,则企业应纳增值税税额为多少?

(3) 如果你是创业者,你会怎么做?

第九章　创业初期的客户管理

学习目标 ……

知识目标：熟知提升客户满意度策略、企业的差异化经营策略，以及如何通过上述策略达到留住客户的目标。

技能目标：掌握创业企业提升客户满意度，挽回流失客户的方法和技巧。

态度目标：始终保持乐观积极的创业态度。

第一节　以客户为中心的公司才能获得成功

学习提示 ……

本节阐述了客户对企业效益的重要性，并具体讲述了提高客户忠诚度和留住客户的方法。目的是使学生明白，不论多么好的产品和服务，如果没有客户的购买，也不能给企业带来利润，有助于学生理解经营真谛。

获得良好的公司效益，只有为客户提供可以满足客户某种需要的产品、为公司的目标客户提供优质服务这一条捷径。

一、吸引客户不是某一个部门的事

很多公司认为吸引客户是营销和广告的作用，事实上，在公司吸引和留住客户的工作中，营销和广告仅占其中的一部分。即使是最优秀的营销人员也无法销售劣质、无人需要的产品，即使是广告投入再多，也无法把对顾客无用的产品推广出去。所以，只有公司上下从产品质量、售后服务、公司文化以及公司形象上都给顾客以高度的重视，才会带来顾客的满意和良好的口碑。

如果能够将资源进行有效的整合，就能创造出很好的盈利模式，小本钱照样做大生意。那么怎样才能运用好这种盈利模式呢？关键在于把握好以下两点。

(1) 推出的产品或服务必须有社会需求。

(2) 分析全局，对资源进行最佳的配比，尽管闲置的资源很多，但并不都是创业者所需要的。

营造共赢的局面，让所有的合作者都能获利。这一点至关重要。既然要借别人的资源，就必须让所有的参与者、合作方都能获得利益；否则，就不可能说服可能的参与者、合作方和创业者合作，将资源共享。

二、客户忠诚度的衡量

客户对某品牌的忠诚度，可以通过以下指标来衡量。

（一）客户重复购买的次数

客户重复购买的次数是指在一定时期内，客户重复购买某种品牌产品的次数。客户对某品牌产品重复购买的次数越多，说明对这一品牌的忠诚度越高，反之则越低。

企业一般将忠诚客户量化为连续 3 次或 4 次以上的购买行为，但现实中，不同消费领域、不同消费项目有很大差别，因此不能一概而论。

（二）客户购买费用的多少

如果客户对某一品牌支付的费用与购买同类产品支付的费用总额的比值较高，即客户购买该品牌的比重较大，则说明客户对此品牌的忠诚度高，反之则低。

（三）客户对价格的敏感程度

客户对价格都是非常重视的，但这并不意味着客户对价格变动的敏感程度相同。事实表明，对于喜爱和信赖的产品或者服务，客户对其价格变动的承受能力强，即敏感度低。而对于不喜爱和不信赖的产品或者服务，客户对其价格变动的承受力弱，即敏感度高。

因此，可以依据客户对价格的敏感程度来衡量客户对某品牌的忠诚度。对价格的敏感程度高，说明客户对该品牌的忠诚度低。对价格的敏感程度低，说明客户对该品牌的忠诚度高。

（四）客户挑选时间的长短

客户购买都要经过对产品的挑选，但由于信赖程度的差异，对不同品牌的挑选时间是不同的。

通常，客户挑选时间越短，说明他对该品牌的忠诚度越高，反之，则说明他对该品牌的忠诚度越低。

（五）客户对竞争品牌的态度

一般来说，对某种品牌忠诚度高的客户会自觉地排斥其他品牌的产品或服务。

因此，如果客户对竞争品牌的产品或服务有兴趣并有好感，那么就表明他对该品牌的忠诚度较低，反之，则说明他对该品牌的忠诚度较高。

（六）客户对产品质量的承受能力

任何服务或产品都有可能出现各种质量问题，当出现质量问题时，他们会采取宽容、谅解和协商解决的态度，不会由此而失去对它的偏好。

相反，如果客户对品牌的忠诚度较低，当出现质量问题时，他们会深感自己的正当权益被侵犯，从而会产生强烈的不满，甚至会通过法律方式进行索赔。

当然，运用这一指标时，要注意区别事故的性质，即是严重事故还是一般事故，是经常发生的事故还是偶然发生的事故。

三、实现客户忠诚的策略

（一）努力实现客户满意

客户越满意，忠诚的可能性就越大，而且只有高等级的满意度才能实现高等级的忠诚度。可见,企业应当追求让客户满意,甚至完全满意。

施乐公司提升客户满意度

1987 年施乐公司在进行客户满意度的评估中发现,不仅满意与再购买意愿相关,而且完全满意的客户再购买率是满意客户的 6 倍。为了追求客户完全满意,施乐公司承诺在客户购买后三年内,如果有任何不满意,公司保证为其更换相同或相似的产品,一切费用由公司承担,这样就确保了相当多的客户愿意持续忠诚于施乐公司。

(资料来源:李肖鸣,朱建新.大学生创业基础.北京:清华大学出版社,2015)

(二)奖励客户的忠诚

我们知道,想要让某人做某事,如果能够让他从做这件事中得到好处,那么,他自然就会积极地去做这件事,而用不着别人引导或监督。

同样的道理,企业想要赢得客户忠诚,就要对忠诚客户进行奖励,奖励的目的就是要让客户从忠诚中受益,从而使客户在利益驱动下维护忠诚。

奖励客户需要注意的问题:

(1) 客户是否重视本企业的奖励。如果客户对奖励抱着无所谓的态度,那么企业就不必花“冤枉钱”。

(2) 不搞平均主义,要按贡献大小区别奖励。

(3) 奖励是否有效果。奖励效果一般由现金价值、可选择的奖品类别、客户渴望的价值、奖励方法是否恰当、领取奖励是否方便等因素决定。

(4) 不孤注一掷,要细水长流。也就是要注重为客户提供长期利益,因为一次性促销活动并不能产生客户的忠诚,而且还浪费了大量的财力,即使促销有效,竞争者也会仿效跟进。因此,企业要考虑自己是否有能力对客户持续进行奖励,能否承受奖励成本不断上升的压力,否则,就会出现尴尬的局面——坚持下去,成本太高;取消奖励,企业信誉受影响。

(三)增加客户对企业的信任与感情

1. 增加客户对企业的信任

一系列的客户满意产生客户信任,长期的客户信任形成客户忠诚。企业要建立高水平的客户忠诚还必须把焦点放在赢得客户信任上而不仅是客户满意上,并且要持续不断地增强客户对企业的信任,这样才能获得客户对企业的永久忠诚。

那么,企业如何才能增加客户的信任呢?

第一,要牢牢树立“客户至上”的观念,想客户所想,急客户所急,解客户所难,帮客户所需,所提供的产品与服务确实能够满足客户需要。

第二,要提供广泛并值得信赖的信息(包括广告),当客户认识到这些信息是值得信赖并可接受的时候,企业和客户之间的信任就会逐步产生并得到强化。

第三,要重视客户可能遇到的风险,然后有针对性地提出保证或承诺,并切实履行,以减少他们的顾虑,从而赢得他们的信任。

第四,要尊重客户的隐私权,使客户有安全感,进而产生信赖感。

第五,要认真处理客户投诉,如果企业能够及时、妥善地处理客户的投诉,就能够赢得客户的信任。

2. 增强客户对企业的感情

建立客户忠诚说到底就是赢得客户的心，联邦快递的创始人弗莱德·史密斯有一句名言："想称霸市场，首先要让客户的心跟着你走，然后才能让客户的腰包跟着你走。"

那么，如何增强客户对企业的情感牵挂呢？

第一，积极沟通，密切交往。

企业应当积极地与客户进行定期或不定期的沟通，进行拜访或者经常性的电话问候，了解他们的想法和意见，并邀请他们参与到企业的各项决策中，让客户觉得自己很受重视。在客户的重要日子（如生日、结婚纪念日、职务升迁、乔迁之喜、子女上大学、厂庆日等），采取恰当的方式予以祝贺，如寄节日卡、赠送鲜花或礼品等，让客户感觉到企业实实在在的关怀就在身边。

第二，超越期待，雪中送炭。

生活中我们常说"将心比心，以心换心"，企业与客户之间特别需要这种理解与关心，当企业对于处于困困之中的客户"雪中送炭"，那么，很可能为自己培养了未来的忠诚客户。

假如，客户因为搬迁不方便购买，企业主动送货上门，就会使客户觉得自己得到了特殊的关心。假如，客户因为资金周转问题不能及时支付购买产品的费用，企业通过分期付款、赊账的形式予以援助，那么客户就会心存感激，当其资金问题解决后将回报以忠诚。

（四）提高客户的转换成本

一般来讲，如果客户在更换品牌或企业时感到转换成本太高，或客户原来所获得的利益会因为更换品牌或企业而损失，或者将面临新的风险和负担，就可以加强客户的忠诚。

例如，软件企业一开始为客户提供有效的服务支持，包括提供免费软件、免费维修保养及事故处理等，并帮助客户学习如何正确地使用软件。那么，一段时间以后，客户学习软件使用所花费的时间、精力将会成为一种转换成本，使客户在别的选择不能体现明显的优越性时自愿重复使用，成为忠诚客户，而不会轻易转换。

（五）建立客户组织

建立客户组织可使企业与客户的关系更加正式化、稳固化，使客户感到自己有价值、受欢迎、被重视，从而使客户产生归属感，因而有利于企业与客户之间建立超出交易关系之外的情感关系。

例如，上海华联商厦对持有"会员卡"的客户在商厦购物可享受一定的折扣，并根据消费的金额自动累计积分；会员还可以通过电话订购商厦的各种产品，不论大小，市区内全部免费送货上门，对电视机、音响等产品免费上门进行调试，礼品实行免费包扎；商厦还注意倾听会员的意见和建议，不定期地向会员提供产品信息和市场动态等各种资料，会员生日还能收到商厦的祝福贺卡及小礼物。

（六）加强业务联系，提高不可替代性

加强业务联系是指企业渗透到客户的业务中间，双方形成战略联盟与紧密合作的关系。

我们知道，婚姻的稳定单靠"满意"是不够的，因为人们对"满意"的追求往往是无止境的，谁也不能保证自己是最美、最帅、最年轻、最好的，要防止见异思迁、朝三暮四，还要靠感情、靠责任、靠纽带。

同理，企业要想办法与客户建立深层的联系，如通过交叉持股或者双方共同成立合资企业、合伙企业或合作企业等形式，建立双方共同的利益纽带，你中有我，我中有你，这样彼此就不容易分开了。

个性化的产品或者服务是客户发展到一定程度时的必然要求。一个企业如果不能满足客户的这种需求，将始终无法成为客户心中最好的企业，也就是无法成为客户唯一、持久的选择。

因此，企业如果能够为客户提供独特的、不可替代的产品或者服务，如提供个性化的信息、个性化的售后服务和个性化的技术支持，甚至个性化的全面解决方案，就能够成功地与竞争对手的产品和服务相区分，就能够形成不可替代的优势，增加客户对企业的依赖性，从而达到增进客户忠诚的目的。

IBM 就是服务

“IBM 就是服务”，这句话被从国外传到国内，事实上 IBM 确实存在差异于竞争对手的绝对竞争优势：IBM 全球服务部不仅可为客户提供基于软硬件维护和零配件更换的售后服务，更重要的还能提供诸如独立咨询顾问、业务流程与技术流程整合服务、专业系统服务、网络综合布线系统集成、人力培训、运维服务等信息技术和管理咨询服务，从而满足客户日益复杂和个性化的需求，正是这种服务优势实现了客户对 IBM 的忠诚。

（资料来源：苏朝晖.客户关系管理——客户关系的建立与维护[M].北京：清华大学出版社，2016.）

德士高“瘦身购物车”服务

德士高为女性购物者和对健康很在意的客户，特别推出了“瘦身购物车”。这种推车装有设定阻力的装置，客户可自主决定推车时的吃力程度，阻力越大消耗的卡路里就越多。推车购物过程中，客户的手臂、腿部和腹部肌肉都会得到锻炼，相当于进行一定时间的慢跑或游泳而得到的锻炼。手推车上还装有仪器，可测量使用者的脉搏、推车速度与时间，并显示出推车者消耗的热量。这种“瘦身购物车”造价是普通推车的 7 倍，但它的使用受到了客户的热烈欢迎，因为他们得到了其他商场没有提供的“健身服务”。

（资料来源：苏朝晖.客户关系管理——客户关系的建立与维护[M].北京：清华大学出版社，2016.）

花旗银行根据客户的年龄、性别、地域、偏好、职业、受教育程度、收入、资产等标准进行细分，在此基础上实施有效的市场定位，针对不同层次的客户提供适合他们需求的金融产品和服务，使银行服务由统一化、大众化向层次化、个性化转变。花旗银行的口号是：代替统一服务的是那种能满足每一个单独顾客需要的服务。

2012 年 8 月 1 日，建设银行公布面向私人银行战略客户进一步大力开展一对一理财产品定制服务，通过定制化服务，客户可以在理财产品的认购额度、投资收益、交易时间、投资结构、投资期限等方面充分享受量身定制的服务。通过加大与行内外各类产品供应商的合作与联系，建立起优先认购、额度预留、差别化定价、单一产品发行、第三方产品引入、产品组合等全方位、多层次的定制化服务体系，丰富完善了定制化服务功能。

此外，企业还可以通过技术专利与对手拉开差距，构筑防止竞争者进入的壁垒，从而使自己成为不可替代的，那么就可以降低客户的“跳槽率”，实现客户的忠诚。

例如，微软公司就是凭借其功能强大的 Windows 系列产品，几乎垄断了 PC 操作系统软件市场，而功能实用、性能良好的 Auto CAD 软件在计算机辅助设计领域占有很大的市场份额，它们都是凭借不可替代的产品或者服务赢得了客户的忠诚。

（七）加强员工管理

企业应该通过提升员工的满意度和忠诚度来提升客户的满意度和忠诚度，同时，通过制度避免员工流动造成客户的流失。

企业通过寻找优秀的员工、加强对员工培训、给员工授权、建立有效的激励制度、尊重员工、不轻易更换为客户服务的员工等方法，通过培养员工的忠诚实现客户的忠诚。

通过轮换制度、以客户服务小组代替单兵作战、客户数据库在企业内部实现客户资源共享等制度，避免员工的流失造成客户的流失。

（八）以自己的忠诚换取客户的忠诚

企业不应当忽视自己对客户的忠诚，而应当以自己的忠诚换取客户的忠诚。

麦德龙专注服务中小零售商

德国商业巨头麦德龙以现购、自运著称，主要特点是进销价位较低，现金结算，勤进快出，客户自备运输工具。麦德龙考虑到中国市场上的情况，决定其服务对象是中小型零售商、酒店、餐饮业、工厂、企事业单位、政府和团体，即主打团体消费，不为个人客户提供服务。

麦德龙之所以不面向个体客户，是因为麦德龙的一条宗旨“给中小零售商以竞争力”，既然已经为中小零售商提供了服务，按照利益共享的原则，个人客户由中小型零售商负责提供服务。

由于麦德龙充分考虑了中小型零售商的利益，忠诚于中小型零售商，所以也赢得了中小型零售商对麦德龙的完全满意和忠诚。在麦德龙的帮助下，它们增强了与大型超市竞争的能力。中小型零售商壮大了，自然增加对麦德龙的需求，这样双方相得益彰，形成双赢的格局。

（资料来源：苏朝晖. 客户关系管理——客户关系的建立与维护[M]. 北京：清华大学出版社，2016.）

快捷旅馆的顾客会员制

在某公园附近有一家快捷旅馆，创业者希望顾客可以记住他们的品牌，并且时常光顾他们的旅馆。他们首先把目标顾客确定为那些个体商务旅行者，然后为这些旅行者设计了一个优惠的形式，以维护与这些顾客的联系。他们从细致体贴的服务入手，与每位会员签署一个契约:请加入我们顾客会员俱乐部,住满几天可以送一天,而且可以累计,凡此种种,他们都尽力去满足顾客的要求,最后,量变产生了质变。

如今,这家旅馆在商务旅行的顾客中很稳定,而且,这个俱乐部的四分之一的顾客,都表示不会去其他旅馆,成了他们忠诚的顾客群体。

(资料来源:李肖鸣,朱建新.大学生创业基础[M].北京:清华大学出版社,2015.)

公司的品牌是需要满意的顾客的口头传播来传递的,每一个获得满意服务的顾客,或者对产品赶到满意的顾客,都有可能成为你的忠诚顾客,也可能给你带来更多的新顾客,因此,树立品牌,要从服务入手。

四、留住老顾客的必要性

维护好现有的客户,老顾客会带来的利益远远大于第一次。转介绍的客户会有80%的成交率。其开发成本是新客户开发成本的20%。

(一)留住老顾客的重要性

美国西北大学教授、当代市场学权威飞利浦·科特勒的研究结论如下。

(1)获取一个新顾客的成本是留住一个老顾客的5倍。

(2)公司每年老顾客的流失率为10%。

(3)一个公司如果将其老顾客的流失率降低5%,就可以提高利润25%~85%。

(4)转换一个竞争对手的满意顾客,需要付出大量的努力。

(二)避免老顾客流失的方法

1. 建立累计消费优惠制度

累计消费优惠制度,即顾客消费达到某个程度就可以享受某种折扣。有的顾客为了不放弃这块价值,就不太愿意离开这个品牌。

2. 提高顾客满意度

如果你的服务让你的顾客足够满意,那么,就算你的竞争对手用底价或者其他手段,也很难拉走你的顾客。

快捷酒店的顾客优惠策略

如今,在一些快捷酒店实行注满十次送一次的方法,就是为了吸引那些老顾客再次光临他们的酒店,同时鼓励顾客买会员卡。这样在每次入住时还可以给予优惠,以留住老顾客、培养客户的忠诚度。

(资料来源:李肖鸣,朱建新.大学生创业基础[M].北京:清华大学出版社,2015.)

第二节 企业的差异化经营

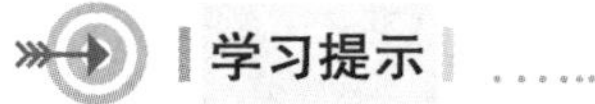

使学生明白差异化经营是企业避免同质化竞争的有效策略,理解只有创新和差异化经

营才可以真正提升企业的竞争力。

一、差异化竞争经营实例

动物园的差异化经营

同样是动物园，上海西郊动物园是把动物圈进笼子让人观赏，而上海南汇的野生动物园更注重照顾动物的野性，把动物散养，让人坐在笼子样的车内去浏览。野生动物园就是用这样不同于传统的经营模式，开展了差异化竞争，使原来光顾传统动物园的顾客转而关注起野生动物园了。

（资料来源：李肖鸣，朱建新. 大学生创业基础. 北京：清华大学出版社，2015）

通常那些成功的公司与一般公司的区别，就在于他们往往更注重培养公司的核心竞争力，核心竞争力通常表现在以下方面。

（一）具有一种竞争优势的资源

如拥有特殊技术的领域和产品专利，这些决定企业的差异化能力，例如耐克公司具有在运动鞋设计和销售的优势。

（二）竞争者模仿难度很大

如微软公司的企业文化，很大程度上与比尔·盖茨的个人风格有关。

二、致力于打造企业的核心竞争力

创业者必须致力于始终如一地发展一个核心理念，而且绝不动摇。

用对顾客负责的核心理念打造核心竞争力

IBM公司的原则是：尊重个人、让顾客满意和永不止步地改进质量。强生公司的原则是：对顾客负责，对员工负责，对社会负责，对股东负责。公司的核心竞争力除体现在核心理念上以外，还体现在公司各部门的协调与合作中。

公司的核心理念要启发式地贯彻到员工的工作中去，表现为员工不仅要积极做好本部门的工作，同时还要考虑公司的大局，能与其他相关部门进行协作，否则，让顾客满意就会成为一句空话。例如，运输部门送货延迟了，致使顾客等待时间加长，这些会使顾客对销售人员产生不满；客服人员电话采访处理慢了，会造成顾客不满，不再购买产品，使销售部门受到牵连。

也就是说，任何一个工作环节的脱节，都会损害公司的形象，进而使给顾客提供的优质服务得不到落实。

（资料来源：李肖鸣，朱建新. 大学生创业基础[M]. 北京：清华大学出版社，2015.）

沃尔玛用高效服务打造核心竞争力

沃尔玛的核心竞争力，在于它在安排商品从供应商到各家门店时，拥有难以模仿的高效率。当沃尔玛商店在销售商品时，同时就把销售信息传给了沃尔玛总部，还传给供应商，而且这些供应商几乎在他们的商品刚被从货架上买走，就立刻把补充的商品运到沃尔玛商店里。

（资料来源：李肖鸣，朱建新. 大学生创业基础[M]. 北京：清华大学出版社，2015.）

第三节　提升客户满意度

本节介绍了客户满意度的衡量指标以及提升客户满意度的策略，可以使学生理解"企业的经营策略和做法，都是为了客户满意"的根源是为了企业的生存。

Oliver 认为客户满意是客户得到满足后的一种心理反应，是客户对产品和服务的特征或产品本身满足自己需要的程度的一种判断，判断的标准是这种产品或服务满足客户需求的程度。换句话说，客户满意度是客户对所接受的产品或服务过程进行评估，以判断是否能达到他们所期望的程度。

总的来说，客户满意是一种心理活动，是客户的需求被满足后形成的愉悦感或状态，当客户的感知没有达到期望时，客户就会不满、失望；当感知与期望一致时，客户是满意的；当感知超出期望时，客户就感到"物超所值"，就会很满意。

一、客户满意度的衡量

客户满意度是指客户满意程度的高低，客户满意度一般可以以下面几个指标来衡量。

（一）美誉度

美誉度是客户对企业、产品或者品牌的褒扬程度，借助美誉度，可以知道客户对企业或品牌所提供的产品或服务的满意状况。

一般来说，持褒扬态度、愿意向他人推荐企业及其产品或者服务的，肯定对企业提供的产品或服务是满意或者非常满意的。

（二）指明度

指明度是客户指明购买某企业或某品牌的产品或服务的程度。

如果客户在消费或者购买过程中放弃其他选择而指明购买、非此不买，表明客户对这家企业或这种品牌的产品或服务是非常满意的。

（三）回头率

回头率是客户消费了某企业或某品牌的产品或服务之后，愿意再次消费的次数。

客户是否继续购买某企业或某品牌的产品或者服务，是衡量客户满意度的主要指标。

如果客户不再购买该企业或该品牌的产品或服务而改购其他企业或品牌的产品或服务，无疑表明客户对该企业或该品牌的产品或服务很不满意。调查表明，如果一个网站不能够吸引人，那么75%的客户不会访问第二次。

在一定时期内，客户对产品或服务的重复购买次数越多，说明客户的满意度越高，反之则越低。

（四）投诉率

客户的投诉是不满意的具体表现，投诉率是指客户在购买或者消费了某企业或某品牌的产品或服务之后所产生投诉的比例，客户投诉率越高，表明客户越不满意。

但是，这里的投诉率不仅指客户直接表现出来的显性投诉，还包括存在于客户心底未予倾诉的隐性投诉。研究表明，客户每四次购买中会有一次不满意，而只有5%的不满意客户会投诉，另外95%的不投诉的客户只会默默地转向其他企业或品牌。

所以，不能单纯以显性投诉来衡量客户的满意度，企业要全面了解投诉率还须主动、直接征询客户，这样才能发现可能存在的隐性投诉。

客户对某企业或某品牌的产品或服务出现事故的承受能力，也可以反映客户对某企业或某品牌的满意度。当产品或服务出现事故时，客户如果能表现出容忍的态度（既不投诉，也不流失），那么表明客户对该企业或该品牌肯定非常的满意。

（五）购买额

购买额是指客户购买某企业或某品牌的产品或者服务的金额的多少。

一般而言，客户对某企业或某品牌的产品或者服务的购买额越大，表明客户对该企业或该品牌的满意度越高，反之，则表明客户的满意度越低。

（六）对价格的敏感度

客户对某企业或某品牌的产品或服务的价格敏感度或承受能力，也可以反映客户对某企业或某品牌的满意度。

当某企业或某品牌的产品或服务的价格上调时，客户如果表现出很强的承受能力，那么表明客户对该企业或该品牌肯定非常的满意；相反，如果出现客户的流失，那么说明客户对该企业或该品牌的满意度不够高。

总之，客户满意是一种暂时的、不稳定的心理状态，为此，企业应该经常性地进行测试，如可经常性地在现有的客户中随即抽取样本，向其发送问卷或打电话，向客户询问：对企业的产品或服务是否满意？如果满意，达到了什么程度？哪些方面满意？哪些方面不满意？对改进产品或者服务有什么建议？

如果客户的满意度普遍较高，那么说明企业与客户的关系是处于良性发展状态的，企业为客户提供的产品或服务是受欢迎的，企业就应再接再厉；反之，企业则须多下功夫、下大力气改进产品或者服务。

二、如何让客户满意

如果企业能够掌握、甚至引导客户的期望，那么就可以用最小的代价——让客户感知价值稍稍超出客户期望一点点，来获得客户的满意。这既是最经济的思路，也是最科学的思路。

（一）把握客户期望

我们知道，如果客户期望过高，一旦企业提供给客户的产品或服务的感知价值没有达到客户期望，客户就会感到失望，产生不满。

可见，过高的期望在无形中会增大企业的服务成本，如此一来，企业的努力是事倍功半之举，因为负责的企业总不能让客户乘兴而来，扫兴而归。

但是，如果客户期望过低，可能就没有兴趣来购买或者消费企业的产品或服务了。

看来，客户期望过高、过低都不行，企业必须对客户期望加以把握。那么，如何把握客户期望呢？

1. 以当前的努力培育良好的客户期望

客户以往的消费经历、消费经验、消费阅历，客户的价值观、需求、习惯、偏好、消费阶段，他人的介绍，这三类影响客户期望的因素都属于企业不可控的因素，企业可以直接作为的余地和机会不大。

但是，如果企业能够认真做好当前的工作，从身边的事情做起，从小事做起，从细节做起，努力使客户得到满意的产品或服务，长此以往、坚持不懈就能够使客户逐渐对企业形成良好的印象，进而使客户对企业形成良好期望。

2. 不过度承诺，留有余地地宣传

在一定的感知水平下，如果企业的承诺过度，客户的期望就会被抬高，从而会造成客户感知与客户期望的差距过大，因此降低客户的满意水平。

人们对承诺捐赠却没有兑现的企业的不满意程度，远大于未捐赠也未提捐赠的企业，就说明了这一点。

可见，企业要根据自身的实力恰如其分地承诺，只承诺能够做得到的事，而不能过度承诺，更不能欺诈客户。承诺如果得以实现，将在客户中建立可靠的信誉。正如 IBM 所说："所做的超过所说的且做得很好，是构成稳固事业的基础。"

如果企业在宣传时恰到好处并且留有余地，或者干脆丑话说在前头，使客户的预期保持在一个合理的状态，那么客户感知就很可能轻松地超过客户期望，客户就会因感到"物超所值"而"喜出望外"，自然对企业十分满意。

日本美津浓注重承诺

日本美津浓公司销售的运动服里，有纸条写着：此运动服乃用最优染料、最优技术制造，遗憾的是还做不到完全不褪色，还会稍微褪色。这种诚实的态度既赢得了客户的信赖，又使客户容易达到满意——因为期望值不高。假如运动服的褪色不明显，客户还会很满意。因此，这家公司每年的销售额都达到 4 亿日元。

（资料来源：苏朝晖. 客户关系管理——客户关系的建立与维护[M]. 北京：清华大学出版社，2016.）

迪斯尼乐园重视消费者承诺

迪斯尼乐园作为全球三大娱乐服务品牌之一，也非常善于在各个环节设定客户期望，而后往往给客户以超值惊喜。例如，有一种娱乐设施依照广播通知需要等待45分钟，这时选择等待的客户就会对等待时间产生需要等待45分钟的期望。然而，迪斯尼乐园总是能够在不到45分钟时就提前让客户达成心愿，对于这样的结果客户总是很满意。

（资料来源：苏朝晖．客户关系管理——客户关系的建立与维护[M]．北京：清华大学出版社，2016.）

3. 通过价格、包装、有形展示等来影响客户期望

企业可以通过合适的价格来影响客户期望，如果试图使客户形成高期望就可以定高价格。

企业也可以通过包装、有形展示等来影响客户期望，如果试图使客户形成高期望值就应该通过精美豪华的包装、高档的装修、现代化的设施与装备等来实现。

例如，零售机构处在繁华的地段提示零售的商品档次不会低，而整洁的环境又提示严谨的作风，统一的着装、标准化的服务、热情的招呼、举止的文明也提示服务机构格调的高雅。

此外，满目的证书和奖状，冠有“××之星”“××标兵”“××模范”称号的机构和人员，也会增加客户的期望。

当然，如果企业试图使客户的期望不那么高，相应地，价格、包装、有形展示等也就不应该过高、过好、过考究。

总之，企业要提高客户满意度，就必须采取相应的措施来引导、甚至修正客户对企业的期望，让客户的期望值处在一个对企业有利的恰当的水平，这样既可以吸引客户，又不至于让客户因为期望落空而失望，产生不满。

（二）让客户感知价值超越客户期望

如果企业善于把握客户期望，然后为客户提供超期望的感知价值，就能够使客户产生惊喜，这对于提高客户满意将起到事半功倍的作用。

提高客户的感知价值可以从两个方面来考虑：一方面，增加客户的总价值，包括产品价值、服务价值、人员价值、形象价值；另一方面，降低客户的总成本，包括货币成本，时间成本、精神成本、体力成本。企业要使客户获得的总价值大于客户付出的总成本，这样才能提高客户的感知价值。

1. 增加客户的总价值

（1）提升产品价值。

美国哈雷摩托车公司就是始终坚持质量第一的信念，其对产品质量的要求是苛刻的，在工业化批量生产、追求规模效应的今天，哈雷公司仍然坚持手工工艺和限量生产，从而使每一辆哈雷车的品质都很过硬，给每一位车迷都留下坚固、耐用、物有所值的满足感。

众多世界品牌的发展历史告诉我们，客户对品牌的满意，在一定意义上也可以说是对其质量的满意。只有过硬的质量，才能提升客户的感知价值，才能真正在人们的心目中树立起金字招牌，受到人们爱戴。所以，企业应保证并不断地提高产品质量，使客户满意具有坚实的基础。

创业语录

质量是通用提升客户忠诚最好的保证，是通用对付竞争者的最有利的武器，是通用保持增长和盈利的唯一途径。

——通用电气公司前总裁韦尔奇

为客户提供定制的产品或服务,根据每个客户的不同需求来制造产品或者提供服务,其优越性是通过提供特殊的产品或超值的服务来满足客户需求,提高客户的感知价值,从而提高客户的满意度。

例如,美国戴尔公司按照客户的订单进行生产,不仅满足了客户对数量的要求,而且满足了客户对质量、花色、样式或款式等方面的要求,真正做到了适销对路。

海尔的"定制化产品"

为适应各地消费群体的不同需求,海尔为北京市场提供了最新技术的昂贵的高档冰箱;为广西市场开发了有单列装水果用的保险室的"果蔬王"冰箱;海尔冰箱从"大王子"到"小王子"再到"双开门",为的就是适应上海居民住房很小的现状,后来又为上海家庭生产了瘦长体小、外观漂亮的"小小王子"冰箱。由于满足了不同客户群的需求,客户对海尔的美誉度和满意度得到了大幅度提升,海尔也得到了丰厚的回报。

四川的客户反映,海尔的洗衣机洗地瓜时,经常阻塞出水道,为满足四川农民轻松洗地瓜的要求,海尔又为四川市场开发了"地瓜洗衣机",能洗土豆、地瓜。尽管"地瓜洗衣机"的销量不大,但却真正体现了产品开发以客户为导向的理念,因而提高了客户的感知价值和满意度。

(资料来源:苏朝晖.客户关系管理——客户关系的建立与维护[M].北京:清华大学出版社,2016.)

(2) 提升服务价值。

随着购买水平的提高,客户对服务的要求也越来越高,服务的质量对购买决策的影响越来越大,能否给客户提供优质的服务已经成为提高客户的感知价值和客户满意度的重要因素。这就要求企业站在客户的角度,想客户所想,在服务内容、服务质量、服务水平等方面提高档次,从而提升客户的感知价值,进而提高客户的满意度。

麦当劳提升服务价值

麦当劳快餐店专门设置了儿童游乐园,供孩子们边吃边玩,游乐园里播放美国著名小丑演出的电视节目,这些滑稽逗乐的节目,常使小孩子们笑得前仰后合。麦当劳快餐店还专门为小孩子举办生日庆祝会,吃什么,花多少钱,由家长决定,一切游乐服务则由快餐店负责。

(资料来源:苏朝晖.客户关系管理——客户关系的建立与维护[M].北京:清华大学出版社,2016.)

锦江饭店带来的惊喜

美国前总统里根访问上海时下榻锦江饭店,饭店打听到里根夫人喜爱鲜艳的服饰,于是特意定做了一套大红缎子的晨装,里根夫人穿上它竟然很合身,她感到很惊喜,对锦江饭店的细致服务自然非常满意。

斐济总统身材高大，来华访问期间一直没有穿到合脚的拖鞋，到达上海时也下榻锦江饭店，出乎他预料的是，锦江饭店为他专门定做了特大号的拖鞋，不用说，总统非常满意，而且锦江饭店也给总统留下了深刻的印象。

（资料来源：苏朝晖．客户关系管理——客户关系的建立与维护[M]．北京：清华大学出版社，2016.）

（3）提升人员价值。

提升人员价值包括提高“老板”及全体员工的经营思想、工作效益与作风、业务能力、应变能力以及服务态度等。

优秀的人员在客户中享有很高的声望，对于提高企业的知名度和美誉度，提高客户的感知价值及客户的满意度都具有重要意义。

例如，北京王府井百货大楼优秀营业员张秉贵以“一团火”精神热心为客户服务，创立了闻名全国的“张秉贵品牌”。

企业可以通过培训和加强管理制度的建设来提高员工的业务水平，提高员工为客户服务的娴熟程度和准确性，从而提高客户的感知水平，进而提高客户的满意度。

例如，星巴克对员工进行专业训练，使每位员工都成为咖啡方面的专家，他们被授权可以和客户一起探讨有关咖啡的种植、挑选和品尝，还可以讨论有关咖啡的文化甚至奇闻轶事，以及回答客户的各种询问，所以，客户在星巴克能够获得很高的人员价值。

（4）提升形象价值。

企业是产品与服务的提供者，其规模、品牌、公众舆论等内在或外部的表现都会影响客户对它的判断。企业形象好，会形成对企业有利的社会舆论，为企业的经营发展创造一个良好的氛围，也提升了客户对企业的感知价值，从而提高对企业的满意度，因此企业应高度重视形象的塑造。

企业形象的提升可通过形象广告、公益广告、新闻宣传、赞助活动、庆典活动、展览活动等方式来进行。

星巴克不断提高客户的总价值

星巴克咖啡公司是零售、焙制特色咖啡的世界一流公司，诞生于1971年美国西雅图，公司在世界上共建有五千多家连锁店。自从10年前挂牌上市之后，销售额以每年平均20%的速度递增，利润额每年的平均增长幅度为30%，去年达到1.812亿美元。而且，其增长的趋势还在继续。

星巴克采用的是自助式的经营方式，客户在柜台点完餐，可以先去找个位置稍加休息，也可以到旁边的等候区观看店员调至咖啡，等客户听到服务员喊自己的点的东西后，就可以满怀喜悦地去端取。在用品区有各式各样的调味品，如奶糖、奶精、肉桂粉及餐具，可以自行拿取。

由于采用自助式消费方式，来到店里的客户不会被迎面一声“请问您需要什么”而弄的失去心情，自助服务还让消费者摆脱了长长的等候队伍，减少了等候时间，并给了他们更多的控制权……让星巴克如此吸引人的正是这份自由的体验。

为了确保优势，星巴克一直以来从未放弃过在产品和服务中注入新的价值，根据口味、消费时尚、节气时令等的变化，星巴克在主力产品咖啡品种上的推陈出新一直让人应接不暇。

除此之外，星巴克在特色服务上的创新也一直没有懈怠，它在部分旗舰店设置了自动咖啡机，提高了服务速度；它向客户销售一种5美元到500美元的购物卡，将交易时间减少了一半；在美国本土，它建立星巴克快递公司，便于客户利用电话或网上预购饮料和点心；在世界市场上，它正逐步进行着将互联网服务引入咖啡店的试点，目前中国商店，人们已经开始了享受一边品尝咖啡一边无线上网的生活；甚至在一些地区如广州，星巴克正尝试性地在其二层开设一个约20平方米的高标准商务会议室。

（资料来源：苏朝晖.客户关系管理——客户关系的建立与维护[M].北京：清华大学出版社，2016.）

2. 降低客户的总成本

（1）降低货币成本。

合理地制定产品价格也是提高客户感知价值和满意度的重要手段。因此，企业定价应以确保客户满意为出发点，依据市场形势、竞争程度和客户的接受能力来考虑，尽可能做到按客户的"预期价格"定价，千方百计地降低客户的货币成本，坚决摒弃追求暴利的短视行为，这样才能提升客户的感知价值，提高客户的满意度。

例如，沃尔玛在与供应商的关系方面，绝对站在消费者采购代理的立场上，苛刻地挑选供应商，顽强地讨价还价，提出"帮客户节省每一分钱"的宗旨，提出了"天天平价、始终如一"的口号，并努力实现价格比其他商品更便宜的承诺，这无疑是使沃尔玛成为零售终端之王的根本所在。

（2）降低时间成本。

也就是在保证产品与服务质量的前提下，尽可能减少客户的时间支出，从而降低客户购买的总成本，提高客户的感知价值和满意度。

例如，世界著名的花王公司在销售其产品的商场中安装摄像头，以此来记录每位客户在决定购买"花王产品"时所用的时间。"花王公司"根据这些信息改进了产品的包装和说明，对产品摆设进行重新布置以及调整产品品种的搭配，让客户可以在最短时间内完成消费行为。经过产品摆设的重新布置和品种调整后，客户决定购买花王洗发液所用的时间比过去少了40秒。

（3）降低精神成本。

降低客户精神成本最常见的做法是推出承诺与保证。例如，汽车企业承诺永远公平对待每一位客户，保证客户在同一月份购买汽车，无论先后都是同一个价格，这样今天购买的客户就不用担心明天的价格会更便宜了。

（4）降低体力成本。

如果企业能够通过多种销售渠道接近客户，并且提供相关的服务，那么就可以减少客户为购买产品或服务所花费的体力成本，从而提高客户的感知价值和满意度。

对于装卸和搬运不太方便、安装比较复杂的产品，企业如果能为客户提供良好的售后服务，如送货上门、安装调试、定期维修、供应零配件等，就会减少客户为此所耗费的体力成本，从而提高客户的感知价值和满意度。

总之，企业要实现客户满意，就必须把握客户期望、提高客户的感知价值，同时使客户感知价值超越客户期望，那么，客户就必然满意。

第四节　挽回流失的客户

学习提示 ……

本节从客户流失的原因，区别对待不同的流失客户等角度入手，介绍如何挽回流失的客户。

一、客户的流失

客户流失是指客户由于种种原因不再忠诚，而转向购买其他企业的产品或服务的现象。

随着科学技术的发展和企业经营水平的不断提高，产品和服务的的差异化程度越来越低，市场上雷同、相近、相似的产品与服务越来越多，竞争品牌之间的差异也越来越小，客户因改变品牌所承受的风险也大大降低，因此，当前企业普遍面临客户易流失的困境。

客户流失的原因除了有企业自身的原因外，还有客户本身的原因。

二、区别对待不同的流失客户

由于不是每一位流失客户都是企业的重要客户，所以，如果企业花费了大量时间、精力和费用，留住的只是使企业无法盈利的客户，那就不值得了。

因此，在资源有限的情况下，企业应该根据客户的重要性来分配投入挽回客户的资源，挽回的重点应该是那些最能盈利的流失客户，这样才能实现挽回效益的最大化。

针对不同级别的流失客户，企业应当采取如下的基本态度。

（一）对流失的关键客户要极力挽回

一般来说，流失前能够给企业带来较大价值的客户，被挽回后也将给企业带来较大的价值。因此，给企业带来价值大的关键客户应该是极力挽回工作的重中之重，他们是企业的基石，失去他们，轻则会给企业造成重大损失，重则伤及企业元气。

所以，企业要不遗余力地在第一时间将关键客户挽回，而不能任其流向竞争对手，这也是企业必须做的事情。

（二）对流失的普通客户要尽力挽回

普通客户的重要性仅次于关键客户，而且普通客户还有升级的可能，因此，对普通客户的流失要尽力挽回，使其继续为企业创造价值。

（三）对流失的小客户可见机行事

由于小客户的价值低，对企业又很苛刻，数量多且很零散，因此，企业对这类客户可采取冷处理，顺其自然，如果不是很吃力，或者是举手之劳，则可以试着将其挽回。

（四）彻底放弃根本不值得挽回的劣质客户

例如，以下情形的流失客户就根本不值得挽回。

（1）不可能再带来利润的客户。

（2）无法履行合同规定的客户。

(3) 无理取闹、损害了员工士气的客户。

(4) 需要超过了合理的限度,妨碍企业对其他客户服务的客户。

(5) 声望太差,与之建立业务关系会损害企业形象和声誉的客户。

……

总之,对有价值的流失客户,企业应当竭力挽回,最大限度地争取与他们“破镜重圆”“重归于好”。对其中不再回头的客户也要安抚好,使其无可挑剔、无闲话可说,从而有效地阻止他们散布负面评价而造成不良影响,而对没有价值甚至负价值的流失客户则持放弃的态度。

三、挽回流失客户的策略

客户的维护需要“组合拳”,需要一系列组合策略,缺一不可,而客户关系的挽救则可以从“点”上着眼,找出客户流失的原因及关系破裂的症结,然后对症下药,有针对性地采取有效的挽回措施,就能事半功倍。

(一) 挽回流失客户的重要性

假设公司有 1000 名客户,每年的客户忠诚度是 80%,那么第二年还留下来的客户就是 800 名,第三年就是 640 名,第四年就是 512 名。也就是说,四年后,只有一半的客户还忠诚!

可见,在客户流失前,企业要防范客户的流失,极力维护客户的忠诚,而当客户关系发生破裂、客户流失成为事实的时候,企业不应该坐视不管、轻易放弃他们,而应当重视他们,积极补救,尽力挽回他们,尽快恢复与他们的关系,从而促使他们重新购买企业的产品或服务,与企业继续建立稳固的关系。

美国第一银行降低客户流失率

1982 年,美国第一银行总裁库雷召集了 300 多名员工开会,说他收到许多不满客户的来信,他指示从现在开始要致力于取悦、维系客户。为了实现这个目标,第一银行开始针对流失客户询问一些问题,包括为何离开、有什么要求。银行将收集到的整理后,制订出一个行动方案并开始执行,同时经常检查流程,以符合客户日益变化的需求。8 年后,第一银行的客户流失率在行业中最低,大约每年只有 5%,是其他银行的一半。在没有多做额外工作的情况下,第一银行的产业排名由第 38 名上升到第 4 名。

(资料来源:苏朝晖.客户关系管理——客户关系的建立与维护[M].北京:清华大学出版社,2016.)

(二) 调查原因,亡羊补牢

如果企业能够深入了解、弄清楚客户流失的原因,就可以获得大量珍贵的信息,发现经营管理中存在的问题,就可以采取必要的措施,及时加以改进,从而避免其他客户的流失。

相反,如果企业没有找到客户流失的原因,或者需要很长的时间才能找到流失的原因,企业就不能及时采取有效措施加以防范,那么这些原因就会不断地“得罪”现有客户而使他们最终流失。

因此,企业要在第一时间积极地与流失客户联系,了解流失的原因,弄清问题究竟处在哪里,并虚心听取他们的意见、看法和要求,让他们感受企业的关心。企业只有充分考虑流失客户的利益，并站在流失客户的立场上，对不同特点的流失客户进行及时、有针对性的、个性化的沟通，这样才可能挽救破裂的关系。

例如，IBM公司就非常重视老客户的保留，当一个客户流失时，IBM公司会尽一切努力去了解自己在什么地方做错了——是价格太高、服务不周到，还是产品不可靠，等等。公司不仅要和那些流失客户谈话，而且对每一位流失客户都要求相关的营销人员写一份详细的报告，说明原因并提出改进意见，并且采取一切办法来恢复客户关系，从而控制客户的流失率。

"亡羊补牢"为时未晚

美国显微扫描公司是为医院化验室生产自动化微生物化验设备的专业公司。20世纪90年代初，公司发现有些小型化验室的客户几乎全是公司以前的客户，为此，公司要求销售人员与每一个流失的客户交谈，了解他们选择其他公司的原因。

调查结果表明，问题出在客户既怀疑公司医疗设备的可靠性，又对公司的售后服务不满意。显微扫描公司虚心听取了流失的客户的意见，研制了新型医疗设备，提高了化验的精确性，缩短了化验的时间，并完善了售后服务。通过两年的努力，许多流失的客户又重新回到了公司，该公司不仅在市场上确定了领先的地位，而且经济收益也明显提高了。

（资料来源：苏朝晖.客户关系管理——客户关系的建立与维护[M].北京：清华大学出版社，2016.）

（三）"对症下药"，争取挽回

"对症下药"就是企业要根据客户流失的原因制订相应的对策，以挽回流失的客户。例如，针对价格敏感型客户的流失，应该在定价策略上采取参照竞争对手的定价策略，甚至采取略低于竞争对手的价格，这样流失掉的客户自然而然会自己跑回来。针对喜新厌旧型客户的流失，应该在产品、服务、广告、促销方面多一些创新，从而将他们吸引回来。

企业要根据实际情况，参照流失客户的要求，提出解决具体方案，并告诉他们正是基于他们的意见，企业已经对有关工作进行了整改，以避免类似的问题再次发生。如果流失客户仍然对整改方案不满意，可以询问他们的意见，向客户讨教，最后抓紧实施流失客户认可的提议，这样就可以打动他们并促使流失客户回头。

例如，随着健康观念的增强，中国消费者认识到洋快餐导致肥胖，在这种观念的影响下导致肯德基的部分客户流失。肯德基通过产品创新及推广活动，使品牌与健康、运动紧密结合，并且向"均衡营养、健康生活倡导者"的转化，从而挽回了流失的客户。

对症服务，挽回客户

某软件公司采取项目开发与服务方式，提供物流软件的项目服务，通过多年市场开发，形成一定的用户群。公司通常针对用户的需求特点，实施二次技术开发，确保软件安装成功及试运行稳定，同时，培训用户的软件管理或操作人员，使其能够正常使用该软件系统。

由于软件技术不断发展与完善，用户系统也需要不断升级换代。根据用户系统特点以及安装年限长短，也需要适当收取一定的升级或换代费用。但在升级换代活动中，公司发现原有用户中，18%用户的系统已被竞争对手的系统所替代，35%的用户不作升级换代的考虑，16%的用户放弃该系统方案的使用，只有12%的用户愿意接受升级或换代服务。

面对这种局面，公司大吃一惊，是什么原因造成这样的状况呢？于是，成立调研小组实施专项问题调查。

调查发现主要问题在于大部分用户的管理员或操作员使用不当或操作维护技术较低，造成系统不稳定、不适用。同时，厂商售后服务支持量加大，服务常常不及时或脱节，以致系统经常出现瘫痪现象，数据丢失屡有发生。而且一旦发生这种情况，系统管理员或操作员因担心自己的责任问题，也将所有过失推在产品身上，造成用户单位对产品不信任。

为了改变这种局面，公司推出“贴心大行动”，针对用户单位的系统管理员或操作员，实施常年技能培训，着重培养与提升实际问题解决能力。同时，针对各地区的技术支持要求，与当地软件服务商合作，成立技术服务队，对用户的系统问题提供技术支持，等等。

“贴心大行动”提高了用户回头率，重新燃起用户单位对公司的信任。在这一基础上，公司的软件升级换代工作顺利进行，也使用户系统在新技术支持下更稳定、更好用。

（资料来源：苏朝晖．客户关系管理——客户关系的建立与维护[M]．北京：清华大学出版社，2016．）

宜家的客户满意策略

宜家家居是目前世界上最大的家居供应商，瑞典知名的家居企业，是20世纪中几个令人炫目的商业奇迹之一。宜家自1943年初创，从一点“可怜”的文具邮购业务开始，现在已经发展到在全球有200多家连锁商店，分布在40多个国家，雇用了7万多名员工的企业航母。

1．不断提高客户价值

宜家产品系列广泛，共有10000多种产品供客户选择。基本上，任何品味的客户都能在宜家买到家里所需的家居产品，客户无须往返于不同的专卖店去购买家居用品。在IKEA可以找到从客厅家具、玩具、煎锅到餐具刀叉，从办公家具到绿色植物的所有物品。宜家还有一种“四季被”，属三被合一，一层是温凉舒适的夏季被，一层是中暖度的春秋被，也可以把两层放在一起组成温暖的冬季被。

宜家除木制家具外，还有陶土、金属、玻璃、硬纸等制品。小到杯子、刀叉、大到组合家具，宜家的产品简约、精美、时尚、温馨，搭配丰富的色彩，不矫揉造作。在满足人们物质、生理需要的同时，也满足了人们对美感的需求，这就是宜家创造的家居文化。另外，绝大部分的宜家产品都被设计成可分拆运输的结构，外包装是平板式，这样可以充分利用运输和储存的空间。

在宜家，商品测试是夺人眼球的一道风景线。在厨房用品区，宜家出售的橱柜从摆进卖场的第一天就开始接受测试器的测试，橱柜的柜门和抽屉不停地开、关着，数码计数器显示了门及抽屉可承受开关的次数：至今已有209440次。也许你难以相信，即使它经过了35年，26万次的开和关，橱柜门仍能像今天一样地正常工作！

此外，宜家还致力于不断提高服务价值，如提供：送货上门——送货服务只收取合理的费用，运费从未被加进您购买家具的售价中；组装服务——宜家的家具都采用平板包装，内含指示和说明及宜家的特殊工具，客户可以自行组装，如果需要帮忙，宜家也乐意提供上门服务；布料加工服务——宜家为客户提供指定式样的窗帘、靠垫套和桌布的布料加工服务；付款方式——宜家接受现金、转账支票及有银联、VISA 和 MASTER 标记的储蓄卡、借记卡及信用卡；儿童服务——宜家为孩子们专门开设了由专人看护的儿童乐园，孩子们可以在商场内任意玩耍。宜家餐厅和咖啡厅为孩子们准备了儿童餐、高脚凳和奶瓶加温设备。

十几年前，宜家集团便开始有计划地参与环境保护事宜，涉及的方面包括材料和产品、森林、供货商、运输、商场环境等。1990 年，制订宜家第一个环境保护政策；1991 年开始履行关于热带林木使用的严格规定；1992 年，禁止在宜家产品及其生产过程中使用对高空大气中的臭氧层有害的 CFCs 和 HCFCs；1995 年采用严格标准，控制偶氮染料的使用；1998 年，宜家按照环境标准评审宜家在欧洲的所有运载设备；2000 年，为了推动林业的可持续发展，宜家在瑞典出资支持了一项林业专业研究……这些措施都大大提高了企业的形象价值。

2. 不断降低客户成本

由于宜家的大多数货品采用平板包装，客户可方便将其运送回家并独立进行组装，这样客户就节省了提货、组装、运输等费用，享受了低价格。宜家还不断采用新材料、新技术来提高产品性能并降低价格。例如，奥格拉是近乎完美的一种椅子，很漂亮、很结实、很实用，质量又轻。起初奥格拉椅子用木材生产，随着市场变化，其价格变得太高，遂采用平板包装降低成本；当平板包装也不能满足低成本要求时，IKEA 的设计师采用复合塑料替代木材；后来，为了进一步降低成本，IKEA 将一种新技术引入了家具行业——通过将气体注入复合塑料，节省材料并降低质量，并且能够更快地生产产品。

宜家倡导“我们做一些，你来做一些，宜家为你省一些”的理念。所以，宜家采用自选方式，以减少商店的服务人员。目前仍有不少商家“趁火打劫”，而宜家雨伞的价格在下雨天会打折出售。此外，宜家还推出人性化的退换货政策：只要包装和货品没有损坏，并保持出售时的状态，便可在 60 天内带上原始发票或收银条及信用卡收据和完整的货品，前往购物商场更换等值货品或退款，这些措施都降低了客户的货币成本。

宜家的卖场设计有着其标准规范，客户进入商场后，地板上有箭头指引客户按最佳顺序逛完整个商场。主通道旁边为展示区，展示区的深度不会超过 4 米，以保证客户不会走太长的距离。展示区按照客厅、饭厅、工作室、卧室、厨房、儿童用品和餐厅的顺序排列，这种顺序是从客户习惯出发制订的。这种展示方法有利于给客户一个装饰效果的整体展示，还有利于连带购买，同时又为客户降低了购物时间成本。

宜家规定，除非客户要求店员帮助，服务人员不得主动向客户推销，不得像其他家具店的店员一样对着客户喋喋不休，以便降低客户的精神成本，让客户精心浏览、体验，轻松、自在地逛商场和挑选家具。

宜家还精心为每件商品制订“导购信息”，有关产品的价格、功能、使用规则、购买程序等几乎所有的信息都一应俱全。例如，宜家会用漫画的形式告诉客户如何鉴别毛毯的质量：一是把地毯翻开来看它的背面；二是把地毯展开来看它的里面；三是把地毯折起看它鼓起来的样子；四是把地毯卷起来看它团起来的样子。

宜家还鼓励、引导客户进行随意全面的体验。比如拉开抽屉、打开柜门、在地毯上走走、试一试床和沙发是否坚固等。所有能坐的商品，客户无一不可坐上去试试感觉，一些沙发、餐椅的展示处还特意提示客户：“请坐上去！感觉一下它是多么的舒服！”

此外，宜家的《商场指南》里写着："请放心，您有 14 天的时间可以考虑是否退换。"

立体式的逼真展示，无人打扰的购物范围，自由自在的随心体验，还有体贴入微的配套服务都让人感觉在宜家就像家里一样放松、惬意。客户在逛宜家时，累了可以在床或者沙发上休息，饿了可以享受宜家餐厅美味实惠的瑞典食品和适合本地客户口味的中国食品，在北欧淳朴浪漫的音乐环境中，客户的心情渐归平静，而宜家洗手间的水永远比五星级酒店的水更温暖，一年四季都是舒适的温度……这些美好的环境叫人不忍离去，宜家就这样用"春风化雨"的方式俘获了每位光顾者的心。

总之，宜家是"处心积虑"努力降低客户的精神成本，为客户创建温馨、娱乐的购物体验。宜家已不仅仅是一个家具销售商，它更出售一种生活方式、一种家居文化——不奢华不夸张，在简单之中体现品质和品味，以科技照顾生活的每个细节，正如其广告语所说的："好生活，宜家有办法。"

宜家倡导的这种简约实用、有品位的生活方式，迎合了现代大多数人的一致追求，最终使得宜家自然而然融入越来越多人的生活，并升华为中产阶级的一种文化符号。对于本土企业来说，宜家给我们带来了不少有益的启示，而且核心就是"以人为本"，一切以满足人的本性和需求出发。

（资料来源：苏朝晖. 客户关系管理——客户关系的建立与维护[M]. 北京：清华大学出版社，2016.）

巩固与训练

案例分析 ……

哈雷品牌的百年辉煌

从 1903 年第一辆哈雷摩托诞生到今天 100 多年来，哈雷经历了战争、经济衰退、萧条、罢工、买断和回购、国外竞争等种种洗礼，但它直面这些考验并善于把握这些考验多带来的市场机会绝处逢生。

100 多年来，哈雷以其超凡的生命力和脱俗的竞争力，创造出了让人目不暇接的世界摩托车制造行业一连串"唯一"——百年来唯一一家始终不离摩托车制造老本行的企业；唯一规模最大、生产时间最长的 V2 缸摩托车生产者；唯一一家把品牌升华为图腾的超长寿企业……由于它浓缩了激情、自由、狂热的独特品牌个性，最终登峰造极地幻化为一种信仰、一种精神象征、一种品牌文化、一种生活方式，因此也创造出一个世界品牌的神话。

哈雷百年辉煌的一个主要因素是它从制造哈雷摩托开始，就不仅仅致力于摩托车的设计与生产，而同时也在精心营造一种独具特色的"哈雷文化"。一个世纪的沉浮，一个世纪的文化沉淀，孕育出丰富灿烂的哈雷文化——自由、神圣、美国精神、哈雷传统和男子气概等，一直作为哈雷品牌的精神要义，令无数的哈雷车迷们为之倾倒，为之痴狂。

在哈雷文化中的每一个小群体都有共同的核心价值，但不同的群体由于其特殊的地位而对这一核心价值的诠释也不尽相同。哈雷精神建立在一系列核心价值之上，其中个人自由尤为重要，它包括两个方面，即解放和特许，相应的有两个标志，即展翅的哈雷雄鹰和奔驰的哈雷骏马。展翅的哈雷雄鹰象征着美国的民主、政治的自由，体现着从各种限制中解放出来，包括汽车、办公室、时刻表、权威和各种关系，从工作和家庭中解放出来。

奔驰的骏马是一个暗喻，常常用在诗歌和小说之中，它来自于西部牛仔和西部的民间英雄，这突显了表现美国人文和价值取向的“牛仔精神”。因为哈雷是美国摩托业唯一幸存的品牌，因此它也代表着美国。在哈雷文化中，美国主义也是一个重要的价值观。这种爱国主义色彩体现在诸多方面，如哈雷集会时的美国国旗、纹身和车体艺术等。此外，哈雷文化也很重视男子气概，这可以在诸多方面得到体现。他们宣扬的口号是“真男人穿黑色”等。

潜在于哈雷文化中的这些可以识别的精神或一系列的核心价值，获得了其所有成员不同程度的接受。这些精神和价值在产品或品牌以及消费者对其使用中得到了深刻体现。

奔放洒脱、彰显个性、张扬自我、崇尚自由，创造了一个将人性与产品融为一体的精神象征，树立了品牌文化的魅力。

学者冯国江分析说，哈雷文化从一个侧面记录了美国整整一个世纪从工业到科技、文化雄踞世界的历史。因此，骑哈雷摩托车就是对美国文化的接纳和认同。对美国人来说，骑哈雷摩托车比遵守法律更能表达爱国精神，正是这样，哈雷摩托让无数车迷陶醉、倾倒。

（资料来源：苏朝晖. 客户关系管理——客户关系的建立与维护[M]. 北京：清华大学出版社，2016.）

案例思考题：

1. 哈雷摩托车是怎样管理客户期望的？
2. 哈雷摩托车是怎样超越客户期望的？
3. 客户为什么会对哈雷摩托车感到满意？